福島みずほ 編

# グレートウーマンに会いに行く

それぞれの人生と活動にリスペクトを込めて

現代書館

# はじめに

みなさん、こんにちは。福島みずほです。

全国各地、それぞれの分野で活動をし、道を切り拓いてきた素敵な先輩たちに会いに行きたい、そう思った。わたし自身は彼女たちのことをすでに知っていたり、いろいろなところでお会いしていても、長い時間はなす機会はなかなかとれないことが多い。だが、彼女たちの思いや考えをもっとしっかり聞いてみたい。若いときに、あるいは、いまも影響を受け、背中を押してもらった方々に感謝の思いを伝え、改めてはなしを聞きたい。それぞれの人生と活動にリスペクトを込めて、はなしを聞きたい。そこで「グレートウーマンに会いに行く」という企画を思い立った。

多くの人にすばらしい女性先駆者たちがいることをぜひ知ってほしいと思った。そのなかには有名な方もいる。だが、長い長い活動が実は知られていなかったり、若い人は彼女たちのことをまったく知らなかったりするかもしれない。だから一人でも多くの人にもっと知ってほしいと思った。

＊

世界では、グレートウーマンの発掘、紹介が次々となされている。たとえばアメリカである。『ハリエット』（二〇一九年）という実話にもとづくある女性の半生を描いた映画では、黒人奴隷だった女性の当事者が、虐待を受け逃亡せざるを得ず、北部に逃れたのち、今度は南部から逃亡してくる多くの黒人奴隷の人たちを助け、活動するのである。わたしはこの映画を観て彼女のような黒人奴隷の当事者かつ活動家であった女性がいることをはじめて知った。

『RBG最強の85才』（二〇一八年）という映画では、残念ながらもう亡くなったが、当時現役最高齢の女性最高裁判事、ルース・ベイダー・ギンズバーグの歩みが描かれている。『ドリーム』（二〇一六年）は、アメリカがソ連と熾烈な宇宙開発競争を繰り広げていた一九六〇年代初頭のNASAで数式の計算などをして宇宙開発に貢献していたのは、実は黒人の優秀な女性たちであったことを描いた映画である。

また、イギリスでは、一九〇三年、女性の参政権を求めて「サフラジェット」という女性団体ができた。その歴史は『未来を花束にして』（二〇一五年）という映画になっている。彼女たちは女性参政権獲得のために激しい運動をして投獄されるが、決してひるまない。激しい闘争の結果、女性が参政権を得たことを改めて認識した。

日本でも二〇二四年四月より、NHKの朝の連続テレビ小説で日本ではじめて弁護士になり、その後判事になった三淵嘉子《みぶちよしこ》さんをモデルとした『虎に翼』が放映された。わたしは弁護士でもあるが、先輩たちががんばって、道をつくり、広げてくれたことに改めて感謝の念を抱いている。

*

コロンブスディスカバーアメリカ。アメリカディスカバードバイコロンブス。コロンブスがアメリカ大陸を発見した。しかし、コロンブスが発見する以前からアメリカ大陸は存在していたのだ。

その地には当然女性たちもいて、そのなかには本当にがんばる女性たちがたくさんいた。しかし単に世界の人々から可視化されていなかった。知られていなかったのである。わたしはそのような輝く女性たちが発見され再評価をされてほしい。あるいはすでにその存在は知られているとしても、もっともっと彼女たちの思いや活動、業績をたくさんの人、あらゆる世代の人に知ってほしいと思っている。

「グレートウーマンに会いに行く」は、ＹｏｕＴｕｂｅ「みずほチャンネル」での動画配信によってはじまった。地域で、法の現場で、ケアの現場で、教育の現場で、共生社会を目指して、そしてジェンダー平等を目指して、さまざまなところで活動し、たゆまぬ努力をし、傷つきながら道を切り拓いてきたそれぞれの女性たち。あっぱれ。不撓不屈の精神。そして、彼女たちはみな優しいのだ。根底に溢れんばかりの愛とシスターフッドがある。

わたし自身が憧れたり影響を受けてきた女性たちなので、はなしをはじめるときはドキドキもしたが、本当に楽しかった。改めてエンカレッジ、勇気づけられた。

この度、ＹｏｕＴｕｂｅ配信を見た現代書館の方が、これはおもしろいと本にしてくれることになった。本当に嬉しい。インターネットだけでなく、今度は本という媒体で、さまざまな人にお届けしたい。

まずはじめに、わたしからそんな女性たちのどこが「グレート」なのか、一言ずつご紹介しよう。

市場恵子さんは、岡山を中心にシスターフッドに女性たちのネットワークづくりに取り組んできた。

高里鈴代さんは、沖縄を中心に性暴力の問題に一貫して取り組む。

狩俣信子さんは、沖縄で組合運動、ジェンダー平等に取り組んできた沖縄の肝っ玉ママ。

戒能民江さんは、学者という立場で、現場から、ＤＶ防止法や困難を抱える女性のための支援法を立法。

林陽子さんは、国連の女性差別撤廃委員会の委員・委員長を長年務めてきた国際的な弁護士。

大谷恭子さんは、困難な刑事事件、障がい者差別撤廃、働く女性の男女平等に熱く取り組み、若草プロジェクトをはじめとする数多くの運動を立ち上げた。

角田由紀子さんは、日本ではじめてのセクシュアルハラスメント裁判である福岡裁判を担当し、女性への暴力、性暴力の事件に取り組む。

齊藤朋子さんは、犬猫殺処分ゼロを目指し去勢手術などを精力的に手がける動物のためにがんばる獣医師さん。

澁谷路世さんは、地域の友人と介護事業を営み、女性が働きやすい職場づくりと利用者さん第一の介護に力を注ぐ。

小島美里さんは、介護事業を営み、介護保険制度をよくするためいくらでもがんばると言う。

山下泰子さんは、女性差別撤廃条約の研究者であり、ネパールで女性の先生育成のため寮や学校をつくる。にっこり笑って行動力抜群。

田中優子さんは、元法政大学の総長で江戸の研究者。平和と民主主義のために発信と活動をしている。

武藤類子さんは、長年反原発の活動に取り組む。包容力があって、彼女の言葉には説得力がある。

清末愛砂さんは、現場主義の憲法学者。憲法九条と二十四条を守り、活かすことに力を注ぐ。

山本すみ子さんは、神奈川県における朝鮮人虐殺の問題に長年取り組む。

三上智恵さんは、戦争とはなにか、平和をつくるにはどうしたらいいか問題提起を続ける映画監督。

鴨桃代さんは、全国ユニオンの元会長。特に非正規雇用の問題などに取り組んできた。

浜矩子さんは、鉄火肌の経済学者。経済が苦手な人にもわかりやすい講義が大好評。

袴田ひで子さんは、死刑囚の弟の無実の立証のために不屈の精神でがんばり続ける。

中山千夏さんは、歌手、俳優、作家、元参議院議員。マルチな才能で時代を切り拓いてきた。

上野千鶴子さんは、社会学者。フェミニズムの最前線で、道を切り拓き、時代をつくってきた。いまは特に介護保険を守るために闘っている。

田中美津さんは『いのちの女たちへ――とり乱しウーマン・リブ論』を書いたウーマンリブの旗手。八月七日、八十一歳でお亡くなりになった。


それぞれの人生と活動に限りないリスペクトを込めて。

活字化するにあたって、写真を対談者のみなさんに提供していただいたり、対談を補足する注を入れるなどの工夫を随所にこらした。巻末にはグレートウーマンたちの歩んだ時代やできごとが一目で把握できる年表を入れている。なお、便宜的にそれぞれのご活動を七章のパートに大別したが、みなさんの多岐にわたる活動は複層的に絡み合っていることは言うまでもない。偉大な女性たちの活動を、時代の空気感とともに網羅的にご紹介できる一冊となったと思っている。

ぜひ読んでください。

＊本文には、今日の人権意識からみれば不適切と思われる用語・表現もみられますが、本書の内容と時代背景を考慮して修正せずそのまま掲載しました。

＊「章扉」の文字は福島みずほによるものです。

# グレートウーマンに会いに行く

～それぞれの人生と活動にリスペクトを込めて

＊目次

第一章

# 地域で輝くグレートウーマンたち

# 地域で支え合うフェミニズム

市場恵子

GREAT WOMAN's PROFILE

いちば　けいこ

1951年1月、広島県生まれ。岡山県内の大学や看護専門学校で心理学・社会学・人間関係論・ジェンダー論を講じるかたわら、相談機関で心理相談・グループカウンセリング・スーパービジョンを担当。県内外で市民向けの講演・相談員養成・研修にも携わる。「NPO法人子どもシェルターモモ」理事。岡山市保健所「出前」性教育講師。岡山県青少年健全育成事業講師。「女たちのおしゃべり会」主宰。健康維持のため、ラジオ体操・山歩き・ヨガ・座禅を続けている。

**福島**　長い親友である市場恵子さんに会いに、岡山県にやって来ました。一九八〇年代から今日まで、しなやかに女性たちのネットワークを紡ぎながら活動を続けていらっしゃいます。性教育、ジェンダー平等、ＬＧＢＴＱ＋、ハンセン病など、さまざまな講演をしたり、教えたり。本当にグレート！　本日はよろしくお願いします。

## フェミニストになったきっかけ

**福島**　市場さんがフェミニストになったきっかけはなんでしょうか？

**市場**　わたしは自分でフェミニストと名乗ったことはないんです。だけど思い当たるのは結婚後の暮らしです。いろんな読み物を読んで、女性解放についての知識はあったけれど、まだ自分ゴトではなかったんですね。夫と暮らしはじめたとき、「あれ？」（『虎に翼』流にいえば「はて？」）って。夫は働いて、夜遅く帰ってきて、炊事・洗濯・掃除は？　子育てがはじまると、軒並み家事が妻の肩にかかってくるじゃないですか。やりたいことはいっぱいあるのに。

**福島**　お子さんが四人いらっしゃるものね。

**市場**　はい。恵まれてよかったと思うのですけれどね。そのころ、主婦の痛みとか、「おかしいんじゃない？」という声を、新聞などで目にする機会が増えていました。もちろん、環境や人権や平和の問題に取り組むときだって自分ゴトとして考えていたけれど、もっと自分に近い課題があるようだと気がつきました。結婚という家族の暮らしのなかでは、女性が我慢している部分がかなりあるぞ、と。問題が自分ゴトになったんですね。

わたしは我慢せず夫に要求するほうなので、「これをして、あれをして」と家事を教えて分担していきました。だけど電気器具が壊れたり、トイレの水が詰まったりなどのトラブルはだいたいわたしが修理していましたね（笑）。これはわたしたち二人だけの問題ではなく「性別役割分業」ひいては性差別に根源があるようだということを、実感として確信するようになりました。

そのことを言語化するようになってから、フェミニズムに目覚めました。フェミニストになったとは言わない、「目覚めた」んです。時代もとてもよかったですよ。上野千鶴子さん（347頁）や樋口恵子さん、みずほさんをはじめ、言葉で明確にしていく人や前を走っていく人たちのおかげで横のつながりや連帯もできたんですね。

## ウィメンズセンター岡山について

**福島**　一九九一年にここ岡山で、五人の女たちで「ウィメンズセンター岡山」をつくられました。きっかけをおはなしいただけますか？

**市場**　「横のつながり」と言いましたけど、一九八四年ごろから近隣に住む、同世代の五人の女たちがつながり合ったんです。意気統合して、「なにかやりたいよね」というはなしになって。仲間の一人（杉村洋子《すぎむらようこ》さん）はアメリカでフェミニズムの洗礼を受けて帰ってきた人。主婦から公民館の職員になり「女性学研究会」を立ち上げていました。そこに上野さんや関西のフェミニストたちを講師に招いていたんです。共通の思いをもった五人で語り合っているうちに、あるとき「女性監督がつくった映画の上映会をしたい」と仲間（時岡世津子《ときおかせつこ》さん）が言いはじめて、「やろう、やろう！」と。まとまったお金のかかる仕事ははじめてでした。五人が三万円ずつ資本を出して、上映費・会場費・ＰＲ費を賄おう！　ということで、『痴呆性老人の世界』（羽田澄子《はねだすみこ》監督、一九八六年）上映会の企画がまとまりました。

なぜこの映画を選んだかといえば、上映費がほかより安かったこともありますが、杉村さんがつねづね、「将来宅老所をつくりたい」と公言していたので、彼女の希望でもありました。そこで、「わたしたち痴呆のことなにもわかってないよ」ということで、まずは勉強会を開きました。いまは「認知症」といいますね。専門医のはなしを聞いたり、福祉施設でケアにあたっている人のはなしを聞いたりしながら仲間を集めていきました。午前・午後二回にわたる上映会を開いたところ、立ち見が出るほどの大盛況。上映会後のトークタイムには、若くして認知症の親を看ている人が涙ながらに体験を語ってくれました。

こうしてわたしたちは学びと仲間を得たうえに、上映会が大成功したものですから、黒字が出ました。「どうする？　この大金」って。個人がもっておくわけにはいかないから通帳をつくりました。そして通帳の名義を「ＧＯＪＯんな」という名前にしました。「五人の女」、互いに助け合う「互助」、「強情」な女たちをかけ合わせて、「ＧＯＪＯんな」。

ちょうどそのころ、もっといろんな講師を招いて、広く啓発をしていきたいと思っていました。それで「女・からだ・こころ講座」を近隣の公民館で企画しました。ステキなチラシは仲間（徳田恭子《とくだきょうこ》さん）がデザイン。講師料は薄謝でしたが、フェミニストの講師が手弁当で来てくださった。大阪や京都や東京に足を運ばなくても、岡山にいながらにしてフェミニズムの各論を学ぶ時間ができたんです。学ぶと同時にお互いのはなしを聞き合って、支え合う、助け合うという癒やしの部分、それから連帯。この一連の活動を民間の五人の女たちからはじめたわけです。

初期には、川名紀美《かわなきみ》さん（当時、朝日新聞社記者）をお招きしたこともありました。子育て中は女が追い詰められることが多いし、虐待も起きやすい。そういうときは加害者として母親が責められるけれど、実は母もこの社会の被害者じゃないですか。地域のなかで母に寄り添えるようなつながりをつくっていきたいねって。企画した講演会には、たくさんの人が集まってくれました。時代の追い風もあって、わたしたちの活動が成り立ったのだと思います。

**福島**　わたしもウィメンズセンター岡山に呼んでいただきました。集会がすごく楽しかったです。漫才もありましたね。

**市場**　「さっちゃん、ゆみちゃん」（高村幸子《たかむらさちこ》さんと清水由美子《しみずゆみこ》さんの「ジェンダー漫才」）ですね（笑）

**福島**　すごくおもしろくて、楽しくて。当時一九九〇年代初頭くらいですかね。みんなで笑い飛ばしたり、そこに手づくりのよさもありました。みんなが楽しそうにアイデアを出しながら、なんだかんだ言いながら、ネットワークでやっていらっしゃった。当時の公民館運動というのも大きいですよね。

**市場**　岡山市の公民館は日本の社会教育のなかでも当時は先端を行っていたと思います。公民館職員は非常勤だけれども、簡単に首切りに遭ったりしないようにとか、給料体系を整えようとか。労働運動が心強い進歩を遂げた領域なんです。

さて、映画の余剰金をどうするかとはなし合ったところ、仲間（林順子《はやしじゅんこ》さん）が、「ウィメンズセンターを立ち上げないか」と。当時大阪に「ウィメンズセンター大阪」があって、わたしたちもよく学びに通っていたのですが、当時岡山には男女共同参画推進センターがひとつもなかったので、「このお金をつかって民間で立ち上げようよ」って。それで余剰金はウィメンズセンターの設立につぎ込むことに。電話を買い、パンフレットをつくり、準備をはじめました。

こうして、「ウィメンズセンター岡山」は林さんの自宅の八畳間から始まりました。その後わたしが以前住んでいた家が空き家になったので、しばらくはそこでやり、次は杉村さん家のご実家が空いたというのでそこに移り、次々と空き家を活用しながら続きました。

**福島**　空き家のところは、「ガタピシ！　ガタピシ！」って音を立てながら二階に上って。本当に楽しくてね。いろいろやりましたよね。

**市場**　古い家だったから（笑）。大勢集まって、楽しかったですね。

## 心理学の領域で

**福島**　市場さん自身は、さまざまな市民活動と同時に、非常勤講師としてさまざまな大学でも教えていらっしゃいますね。

**市場**　わたしはもともと社会学系の志向が強くて、大学は社会学科の社会心理学を専攻しました。世の中を構造的に変えていくのは壮大な夢ですが、社会は急には変わらないし、もちろん暴力的に革命なんか起こせない。どんな思想や主義が先行しようと、一人一人が幸せで個人の人権が守られない限り平和じゃない。いかなる状況でもその人らしく生きていける方法はないかと考えて、心理学に行き着いたんです。

社会心理学を学び続けながら臨床心理も身につけたいと思って、岡山大学の聴講生になりました。当時、文学部では臨床心理が扱われてないことがわかったので、並行して民間で修行をはじめました。大学院で社会心理学を修めながら、現場で臨床心理のスキルを磨いたわけです。やがて先輩や教授から紹介された学校へ非常勤講師として教えに行きはじめて、その後、「女性フェスティバル」や「日本女性会議１９９７岡山」に携わった縁で、行政の相談機関で心理相談の職を与えられました。両方が仕事につながったんですね。それらの仕事をいまも続けています。

## 性教育とジェンダー平等の時代の変化

**福島**　性教育やジェンダー平等などの相談に対応されてきて、時代の変化は感じますか?

**市場**　四十年近く続けてきましたが、一九九六年あたりから、バックラッシュがはじまりました。「うわ、これどこまで引き戻されるのだろうか」と暗澹としたこともありましたね。

だけど、大きな流れのなかでは、ちゃんと若者たちが社会を見据えています。ジェンダー平等やLGBTQ+への食いつき方が変わってきていますね。彼らの隔世的な共感も伝わりますよ。孫がおばあちゃんに近づいてくるような感じですけれど（笑）

**福島**　多様な生き方や価値観に対して、柔らかい優しいきもちが広がっていますね。自分から意見を発信する若者も増えてますよね。

ところで、わたしは日本に宝物があるとすれば、全国津々浦々の、現場でネットワークを組んでやっている人たちだと思っているんです。シスターフッドという言葉を聞くと、まず市場さんを思い出すんですよ。いろいろな人の相談に乗ったり心理学をやったりしているけれど、はっきりものを言いながらも受け入れてくれますよね。それは市場さんがもって生まれたものですか？

**市場**　もともと人と喧嘩したり闘うタイプではなかったのです。夫とのコミュニケーションで鍛えられましたね。「これくらいまぁいいや」って黙っていてもダメ。譲ったり我慢したり呑み込むんじゃなくて、ぐっと前へ出たほうがいいな、というケースがあると思います。それは子どもとの関係でもありました。わたしが闘わなければ子どもが被害を受けてしまいますから（笑）。そうやってスキルを磨きながら、さらにフェミニズムが「アサーティブ・トレーニング（AT）」（自分の意見を適切に伝えられるようにするトレーニング）を提供してくれました。

ＡＴを経験することで、より自分の肌感覚にスキルが追いついてきました。ＡＴでは自分が嫌いなことをはっきり断ったり、自分のきもちを「アイメッセージ」で伝える練習をします。相手を「ユーメッセージ」で攻撃してしまいたくなるけれど、そこをちょっと立ち止まる。自分の思いどおりにならないとき、相手に圧をかけるのではなくて、「心配したよ」「寂しかったよ」と自分のきもちや希望を伝える。それだけで関係が変わっていくと思うんです。黙って我慢するのではなく、また相手を攻撃するのでもなく、自分のきもちをアイメッセージで表現する手法を身につければずいぶん人間関係がよくなるんじゃないかな？　って。こんなことを広めたくて、授業や講演で発信しています。

## 経験が語り継がれる場所

**福島**　毎月一回「おしゃべり会」にも取り組んでいらっしゃいますね。

**市場**　最初は、井戸端会議のなかで、「わたしたちは意外と戦争について知らないよね、戦争体験者のはなしを聞いてみたいね」というところからはじまったんです。

それで敬愛している石田米子さん（岡山大学名誉教授）に「東京大空襲のときにいくつだったの？」と聞いたら、十歳だったと。「十歳の少女の目に見えた戦争とはどんなものだったのか、はなしを聞かせてもらえないですか？」ということで、おしゃべり会を企画。疎開先で描いた絵巻物を彼女は大切に保管されていて、それを示しながら、「学童疎開」について詳細に語ってくださいました（石田米子《いしだよねこ》『疎開絵巻』（吉備人出版、二〇一五年）として発行。寄附を募って、岡山市内の小・中学校の図書館へ寄贈）。目からウロコでしたね。実は「学童疎開」は、国が残したい子どもたちを国費で疎開させていたんです。あとで振り返ってみれば、障がい児クラスは疎開させられていなかったのだそうです。

こうして、疎開ひとつとっても国策があったことに気づかされました。当初は、この一回でおわろうと思ってたんです。そうしたら仲間が「一回じゃダメだ」「あと三回はやろう」って。それで中国から帰還してこられた方や、子ども時代に満州から命からがら引き上げてこられた方に生でおはなしを聞く会を企画。今度こそここでおわろうと思っていたのに、「いやいや、やめるな」という声が上がって……今回で一〇一回（みずほさんには第八三回と第一〇一回に来ていただき、二〇二四年九月現在では一一三回続いています）。

**福島**　一〇一回！　楽しい空間ですよね。

**市場**　あの会はCR（コンシャスネス・レイジング）を活かしてると思いますよ。CRではいまのありのままの自分を語りながら、あるいは人のありのままを聴きながら、気づいて、変わり、意識が向上していくんですよね。たとえ意見が違っていてもまずは受け入れ合うこと、それが安全ルールなんです。おしゃべり会は、ある程度似たようなタイプの人がゲストのはなしを聞きに集まりますが、感覚やバックボーンや経験はみんな違いますよね。正直に語り出すと当然食い違いが出てくるんです。自分の思いをユーメッセージで相手に押しつけると、次からは来たくなくなってしまう。だから「ともかく人のはなしは黙って聞きましょう」って。それから一部の人が時間を独占するのではなくて、できるだけみんなはなせるようにしようと決めています。一人ずつ発言して（パスもあり）、それぞれが感じたこと、考えていることを喋り合おうよ、という雰囲気をつくっていったんです。知識や経験の多少にかかわらず、いまここにいる自分の思いを語ろう。おしゃべり会にはそれが定着しているので、はじめて来た人も「自分はありのままここにいていいんだ」という感覚を掴んでくださって、また来られるわけですね。

**福島**　お互い違いがあることを認めつつ、対等にはなせる人間関係のなかで、共通する部分でどう進めるか検討するということが、もっと大事にされるといいですよね。

**市場**　はい。その場合「安全である」ということがすごく大事だと思います。
わたしの座右の銘にジョーン・ボリセンコの「学ぶ準備ができると教える人が現れる」という言葉があります。相談の現場でも、大学や看護学校で教える現場でも、双方向ですよね。講義では必ずコメントペーパーを返してもらったり、発言してもらったりしています。わたしに学ぶ準備ができていれば、自分とは違う経験や自分とは違う感じ方をしている人が、わたしに教えてくれるわけです。それを一旦自分のなかに入れて対話し、「でも、やっぱりわたしはこう思う」というところをアイメッセージで伝える。その雰囲気がおしゃべり会には浸透していて、そのルールを破る人はめったにいないようです。

## これから取り組んでいきたいこと

**福島**　市場さんに会うと、また次におもしろい人やいろいろなことに取り組んでいる人を紹介してくださるじゃないですか。ネットワークが豊かですよね。いろいろな関係性を紡いできた市場さんが、これからやりたいことや、いま思っていることはなんですか？

**市場**　地域にもう少し入っていって、わたしができることがあったらやりたいですね。そのためにも、健康は維持したいです。物忘れは激しい、身体はだんだん老化していく……衰えにブレー

**2015年から113回続いてきた「おしゃべり会」の様子**

第1回　石田栄子さん（2015年5月）

第10回　奥津幸さん（2016年4月）

第51回　北村年子さん（2019年8月）

第 80 回　安積遊歩さん（2022 年 1 月）

第 96 回　奥田圭さん（2023 年 5 月）

第 101 回　福島みずほさん（2023 年 11 月）

キをかけながら、お役に立てることがあれば仲間と協力しながら、楽しいことを続けていきたいです。仕事が立て込んでくると、身体と心が「あー自由が欲しい」と訴えてきます。仕事がおわって楽になると、映画やお芝居を観に行こうとか、漫画や小説を読もうとかって、選択肢が増えるじゃないですか。わたしはあの自由な時間の幸せ感を手放したくないんです。みずほさんもそうでしょう？　ずっと忙しくされているから。

**福島**　わたしは結構映画を観に行ったりしてるんですよ。

**市場**　知ってる（笑）。わたしもそんな自由や、人と出会えるチャンスは歳を重ねても離したくない、できれば一生続けたいと思っています。

わたしは一九九〇年前後に戦時性暴力の問題にもかかわるようになりました。石田米子さんや尹《ユン》貞《ジュン》玉《オク》さん（当時、韓国の梨花女子大学教授）との出会いが大きかった。九〇年代後半にはバックラッシュが起きたり、国家間でのはなし合いがつかなかったりということもありましたし、教科書問題では、岡山県議会とも闘いました。解決にはいまだ至っていないけれど、女性の人権や歴史教育をめぐって政治や地方自治がどうあるべきかということまで考えさせられました。大学の講義でもこの問題をとり上げ、学生と一緒に考えてきました。できるだけ若い人たちと語り合える場は続けていきたいと思っています。

**福島**　カウンセリングって、優しさとか包容力とかスキルが必要だし、はなしていて癒やされるという部分もあるじゃないですか。それもとても大事なことですよね。

**市場**　はい。たとえプロに聴いてもらわなくても、そういう場や人とのつながりが、そこここにあるといいなと思います。虐待を受けたりDV環境に育ったり、すさまじいいじめにあったとしても、自分や他人に暴力を向けてしまう人と、そうならない人がいます。その違いはなにか？それは、誰か一人でも親身になってはなしを聴いてくれる人がいたかどうかということ。

たとえすぐに問題解決につながらなくても、きもちに寄り添ってくれる人がいてくれたら、さらなる傷つきや孤立を防ぐことができます。そういう目には見えないつながりがあちこちに生まれて広がっていけば、平和に近づいていくと思いますね。

**福島**　つながるネットワークというのは今日のキーワードですね。地域でサロンやおしゃべり会や

NGOを組織して、いろんな支え合いをやっている宝物のような女性たちのはなしも、これからもっと聞いていきたいと思います。また楽しくやりましょうね。

**市場**　はい。グレートではありませんが、リトルで一歩一歩やっていきたいと思います。ありがとうございました。

■この対談は、二〇二四年一月九日に公開された動画を加除・修正したものです。

「シスターフッド」という言葉を聞くと、わたしは市場恵子さんの名前を真っ先に思い出す。シスターフッドの意味するところや、そのあたたかさ・楽しさを教えてくれたのも彼女だった。彼女たちのつくった「ウィメンズセンター岡山」にはなしをしに来てくれませんかと言われたのは、わたしが若い弁護士のとき。市場さんとゆっくりはなしていると、心が落ち着き、問題がなんとなく解決していくようなところがある。自分の矛盾や、いろいろな部分を全部受け止めてくれる人である。岡山県の彼女の自宅にときどき泊まらせてもらっている。朝、「せっかくみずほさんが来ているのだから」と何人も女友達を誘ってくれて、みんなで朝ご飯を食べるというとっても楽しい時間を過ごしたこともあった。まるで親類の家に泊まりに行くような感じ。「おしゃべり会」を一〇〇回以上楽しく重ね、対等で豊かなネットワークを紡いでいる。全国各地のそんな女たちこそが日本の希望であり、支えである。

# 性暴力をなくすために

高里鈴代

GREAT WOMAN's PROFILE

## たかざと　すずよ

1940年台湾生まれ。東京都女性相談センターで電話相談員、那覇市婦人相談員を経て、1989年から2004年まで4期15年那覇市議会議員を務める。現在、「強姦救援センター・沖縄」代表。「基地・軍隊を許さない行動する女たちの会（1995年設立）共同代表、「軍事主義を許さない国際女性ネットワーク」沖縄代表。沖縄平和市民連絡会共同世話人など。著書に『沖縄の女たち：基地・軍隊と女性の人権』明石書店、1996年。エイボン功績賞（1996年）、土井たか子人権賞（1997年）、2005年「1000人の女性をノーベル平和賞へノミネート」の一人に入る。沖縄タイムス賞（社会活動）2011年。

**福島**　大尊敬する高里鈴代さんに会いに、沖縄にやって来ました。わたしは一九八八年からほかの弁護士と一緒にアジアからの出稼ぎ女性の緊急避難所「女性の家ＨＥＬＰ」[*1]のアドバイザーロイヤーをやっていましたが、当時からあちこちで高鈴さんのおはなしを伺っていました。本日はよろしくお願いします。

## 高里鈴代の原点

**福島**　高里さんは一貫して性暴力、暴力、ジェンダー平等、平和の問題に取り組んでいらっしゃいますね。その原点はどこにあるのでしょうか？

**高里**　それはわたしの生い立ちにも関係しています。わたしは左ぎっちょなんです。明治生まれの母親からみれば、まるで身体障がい者であるかのような扱いでした。愛情深い、すばらしい母だったんですが、いつもわたしの左手を叩いて、「右、右」と矯正されました。わたしは「みんな同じ人間なのになんで？」といつも不思議でした。

もうひとつ、わたしは中学の三年のときに、強姦未遂に遭ったんです。中学校が分離して新しい学校ができた最初の新学期でした。二十時ごろ、ノートを買って帰ろうとしたら、男性に声をかけられたんですよ。「僕は新しくできた学校の三年生の英語の先生で、訪ねたい家があるから教えてくれる？」と。英語が大好きな科目だったわたしは、信じてしまいました。道案内をしましたが、訪問した家は留守だったとすぐに戻ってきました。すると彼は突然、「今度先生になるので一緒に仲よくしようね」と、突然わたしを抱き寄せたんです。すごく居心地が悪くなって、「先生でも失礼します！」と言って、相手を強く押したら、尻もちをついたので、必死になって家まで逃げ帰りました。翌朝母が学校に行って確認しましたが、新しい先生の着任の予定はないと言われました。職員会議でとり上げられ、他の地区に連絡しましたら、そこでも被害に遭った子がいたそうです。特に性被害の経験は、わたしが人権意識を強くするきっかけになりました。

戦争のことや女性のことに気がつくようになったのは、戦争がおわって十五年目に二年間フィリピンに留学した経験が影響しています。クラスメイトの家を訪ねたとき、楽しい祭りのあとに親たちが日本兵による戦争体験を語りはじめました。わたしはそれまで沖縄の戦争被害ばかりが大きかったと思っていましたから、視野が広がりました。フィリピン滞在中、夜に友達に誘われてアジアで最大の米軍基地に行ったこともありました。すると、沖縄に連れ戻されたかと思うほどに、同じ景色だったんです。米軍基地があって、女性たちは立ちんぼをしていました。

**福島**　一九七五年のメキシコ会議[*2]で兼松佐知子《かねまつさちこ》さんにお会いしたことがきっかけで、女性相談員になられるんですよね。

**高里**　メキシコで第一回世界女性会議が開かれるということで、東京で女性のシンポジウムがあったんですよ。兼松さんは発言者、わたしはは沖縄のことをはなすための登壇者として、一緒のステージに並びました。わたしは彼女の発言にすごく感動して、シンポジウムがおわってから、

「あなたのようになるにはどうしたらいいですか」と相談したんです（笑）。兼松さんからは、「売春防止法ができて婦人相談員をはじめる前に、一年間東京都立社会事業学校に行きました」とアドバイスをいただきました。わたしはすぐに決意して、彼女と同じ学校に入りました。

**福島**　相談員としての活動はいかがでしたか？

**高里**　実はわたしは、女性問題についての電話相談員第一号なんです。当時、美濃部亮吉《みのべりょうきち》都知事に対して俵萠子《たわらもえこ》さん（評論家・エッセイスト）などさまざまな方が「もっと女性相談の門戸を開け」と要求していました。美濃部都知事はこれに応え、東京都婦人相談所に電話相談窓口を設置したんです。わたしはたまたま社会事業学校で勉強したあと相談員になることができ、四年間務めました。大学教授の妻であろうと労働組合委員長の妻であろうと立場や肩書きなどは関係なく、密室のなかで暴力を受け続けている人から匿名で電話が入ります。継続していくなかでその人のバックグラウンドがわかってきて、わたしは彼女たちをカウンセリングにつないでいました。女性たちは相談する機関もなく、沈黙のなかで暴力を受け続けていたんだと痛感しましたね。

## うないフェスティバル

**福島**　「うないフェスティバル」[*3]などの市民活動もされていますよね。沖縄での活動についておはなしいただけますか？

**高里**　一九八一年に東京から戻ってきて、夫が牧師になったので一年間西原《にしはら》で暮らしました。西原には本土復帰のときに「うるま婦人寮」（ＤＶ被害者等を長期的に保護する婦人保護施設）ができて、寝食をともにしてる女性たちがたくさんいました。精神的な問題を抱えて、精神科に通っている人もいました。そこでわたしは一年間、ボランティアとして彼女たちと一緒に内職をしたんです。そのうちに那覇市の婦人相談員の席が空いて、今度はその職を七年間務めました。

一九八五年にはナイロビで第三回世界女性会議があって、売春の問題について準備し数名が参加しました。女性たちの「祭り」は、八五年のナイロビ会議からはじまっていたんです。わたしはうないフェスティバルで四年間座長をしました。ラジオ沖縄の取材班が土井たか子さんに取材をしたり、沖縄の女性議員全員にステージに座ってもらって、「女性の参加で社会が変わる、政治が変わる」というテーマでシンポジウムもやりました。だけど当時、沖縄の女性議員は十三名ほどしかいなかったので、もっと女性議員を増やそうということで、わたしに白羽の矢が立ちました。東京まで行って松井やよりさんに相談をしたところ、「出たら」と言っていただいて、補欠の選挙に出る決意をして沖縄に帰って来ました。

一九九五年に北京で第四回世界女性会議が開かれたときには、松井やよりさんを沖縄にお呼びして講演をしてもらいました。そのあと松井さんは朝日新聞を退職し、アジア女性資料センターを立ち上げたのですが、アジア女性資料センター（ＡＪＷＲＣ）が北京女性会議の英語の行動綱領を日本語に訳していたので、日本語に訳したものを手に入れて読んでみました。すると、北京会議より二年前の国連の人権会議のなかですでに、ボスニア・ヘルツェゴビナの問題から発展して「紛争下における女性の暴力は戦争犯罪である」という定義が出されていました。沖縄でアメリカ軍が長期駐留し、ひどい暴力事件が起こり続けていることも、「紛争下における女性の暴力」と同じ文脈で考えられるべきだと思いました。行動綱領は政府代表が討論することになっていたので、わたしは総理府にＦＡＸを送りました。まったく見過ごされ、無視されましたけどね。

## 婦人相談室での出会い

松村やよりさんに相談をして、補欠選挙に出馬しようと沖縄に戻ってきた翌日、婦人相談室に深刻な相談が入りました。嫌で嫌で仕方がないにもかかわらず、叩かれ鞭打たれながら川崎のソープランドで働いていた女性が、ほかのソープランドのメンバーのカンパで逃がしてもらったとのことで、わたしの目の前に現れました。「こんな大事な相談を受けているときに、補欠議員になどなっている場合ではない」と思い、選挙のはなしは断りました。

一年後、那覇市議会議員の本選がありました。すると今度もまた一人の女性が現れました。売春宿で業者からひどい扱いを受けて、逃げ出してきたということでした。そしてわたしに、「確実に返しますから四〇〇万円貸してください」と言うんです。詳しいことはなにも明かさず、貸してくれと繰り返すんです。一日中埒が明きませんでしたが、彼女が夕方になってわーっと泣き出して言うことには「子どもがとられている。四〇〇万がなければとり戻せない」と。すぐに警察に電話し、彼女はうるま婦人寮、子どもたちは養護施設に保護されました。彼女は売春宿を警察に訴えようとしたのですが、売春防止法では現場を押えなければ犯罪として立件できません。だけどあるとき子どもを連れて病院に行ったら、その病院のお医者さんが売春宿の客だったというんです。医者が証言をして、警察は証拠を固めて検察庁に書類を送りました。日本の売防法は客の証言があれば事件化できるんです。この客が罪に問われることはありませんけれど。

こうして彼女はようやく裁判を起こせたのですが、なんと検事が「これはやりがいのないケースだ」ということで、うるま婦人寮の男性課長に起訴をとり下げさせました。「この女はしたたかだ」というのがその理由でした。彼女は電化製品を二〜三か月のローンで買い、それをフリーマーケットに売って現金を得ていました。そうして三人の子どもを食べさせていたんです。とり下げの事実を知って、女性はうるま婦人寮から逃げ出しました。そして、いなくなりました。

性差別主義の社会の実態、そして公的な地位に就いている人たちのあまりの意識の低さ……。このはなしの顚末を聞いてわたしは、「もう婦人相談をやってる場合ではない」と思いました。

## 市議会委員に

**福島**　だから那覇市議に出馬され、四期十五年お務めになったんですね。一九九五年の北京会議の年に、沖縄米兵少女暴行事件*4が起きました。北京会議から戻ってすぐに行動を起こされたんですよね。

**高里**　北京会議に行くために、七十一名の女性が一年間かけて十一のワークショップを準備しました。わたしは沖縄の従軍慰安婦問題を含め「軍隊その構造的暴力と女性」というワークショップにまとめました。発表が最後の日に設定されたのでわたしは北京に残り、ほかの六十五名は九月四日に帰国しました。

事件は、まさに九月四日に起きました。警察は被害者の心情を慮って大きな報道をせず、九月七日の「沖縄タイムス」「琉球新報」に、四行程度のとても小さな記事を掲載しました。桑江テル子さんたちはその小さな記事を見て大変驚いたそうです。NHKのラジオ放送を聞いた女性たちも、「一体なにが起こったの」って。彼女たちは集まって抗議文をつくり、団長のわたしの帰国を待ち空港に迎えに来ました。わたしは新聞の切り抜きと抗議文を見た瞬間、後悔の念に駆られました。「北京まで行ってる場合ではなかった」と、北京での高揚した思いが一気に萎みました。

空港に着いたのは夜十時ぐらいだったので、次の日の朝八時半に東門《とうもん》美津子《みつこ》副知事室に集合と号令をかけました。翌朝、被害にあった少女と家族の思いを伝える意味も込め抗議文を少し書き換え、お昼の十二時に記者会見をセットしました。会見を開くと、マスコミがこぞってこの話題をとり上げました。会見のあとは女性たちで継続して三日間の集会を行いました。被害者を慮ることは重要ですが、慮って小さく報道することは、むしろ加害者の犯罪をサポートすることにつながると考えました。

**福島**　それ以降、基地と女性の問題に取り組まれ、一九九五年に「強姦救援センター・沖縄（Rape Emergency Intervention Counseling Center Okinawa）」（REICO＝レイコ）を立ち上げられますね。さらに、沖縄における強姦事件を洗い出し、『沖縄・米兵による女性への性犯罪[1]』という冊子もつくられました。すでに十三版ですね。

**高里**　二〇一六年四月に、二十歳の女性が強姦され、殺害され埋められたという事件が起きて、そのときに十二版を出したんです。それから六年経っていますので、そのあいだの新聞の資料を丁寧に掘り起こして作成しています。当初二八ページの本でしたが、いまは三倍の六九ページになりました。

**福島**　性犯罪がこれだけ起きているということは、ここまでしなければ伝わらないのでしょうか？

**高里**　ベトナム戦争のときには、ある年などは五名の女性が締め殺されています。売春していた女性たちが米兵の暴力の受け皿になり、沖縄の経済を支える防波堤のように扱われていた時代があります。わたしは、これをひとつひとつ明らかにして、一体何人の女性が命を落としたのか、被害に遭ったのかを記録として残すことが、一人一人の

基地・軍隊を許さない行動する女たちの会発行『沖縄・米兵による女性への性犯罪　第13版』

女性の命の尊厳を回復することだと思っているんです。

日本では女性は性暴力を受けても警察に訴えないことが多いですよね。一九九五年の沖縄米兵少女暴行事件では、三人の黒人兵の加害者のうちの一人が、「自分の同僚もレイプしているが捕まっていない」「日本の女性は銃やナイフを護身用にもっていないから襲っても返り血を浴びることはない」と供述しています。さらにもう一人は、「自分たちは日本人には似たように見えるから、面通しでもバレない」と言っているのです。彼らはまるで訓練のひとつのように、コンドームとガムテープを買い、基地のなかでレンタカーを借り、そういうことを確認しながらターゲットを物色しているのです。

## 基地・軍隊を許さない！

**福島**　だから基地と女性の人権は両立しないという活動をやっているんですね。

**高里**　一九九五年に、県民広場の前で十二日間座り込みをして「基地・軍隊を許さない行動する女たちの会」を立ち上げました。すると座り込みの最中に、ハワイの米太平洋軍のリチャード・マッキー司令官が三人の米兵のことを指して「あいつらバカだ。レンタカーを借りる金で女を買えた」と発言したんですよ。ベトナム戦争のときの沖縄では、売春料金は五ドルだったのですが、一九九五年の時点では町に出て売春をしようと思うと、二十ドルから五十ドルです。それは彼らにとっては高いわけです。「あいつらバカだ」というのは、ベトナム戦争の時代に米ドルをティッシュペーパーのように使っていた経験があっての発言です。
　一九九五年の日本ではまだ、親告罪（被害者からの告訴がなければ公訴を提起することができない犯罪）が改正されていませんでした。一九九三年に、十九歳の女性がレイプされて、加害者が基地のなかに逃げ込み民間航空機を使ってアメリカに逃げ帰った事件がありました。彼の捜査をしていたアメリカは、国際機関にも捜査情報を流しました。彼は交通事故を起こし、国際捜査がかけられていました。だけど日本の法律には親告罪があるので、被害に遭った女性が訴えなければ裁判を起こせないんです。結局裁判はとり下げられ、加害者はもち場を離れたという罪だけで裁かれました。つまりアメリカ軍は、アメリカ側にいるときには地位協定、そして日本側の親告罪という法律でいつも守られているんです。

**福島**　地位協定があるから、日本の警察は被疑者段階における身柄の拘束ができません。つまり、加害者がアメリカ兵であった場合には、処罰できません。

**高里**　加害者は起訴されていない以上自由に動けるので、アメリカに逃げ帰っていたんですね。

**福島**　沖縄の地から基地をなくす運動もやってらっしゃいますよね。

**高里**　一九九五年の十一月に大阪でＡＰＥＣ（アジア太平洋経済協力）の閣僚・首脳会議が開催されるため、クリントン元大統領が来日することになっていました。結局、沖縄の事件が起こったため、代理でゴア元副大統領が出席されました。わたしたちはそのとき「基地・軍隊を許さない行動する女たちの会」の座り込みをしていたのですが「クリントン大統領に会うためにアメリカに行こう」と決心しました。一九九六年二月に二週間の計画で、サンフランシスコ、ワシントン、ニューヨーク、ハワイに行きました。

　すると、アメリカの女性や環境、平和のグループが、わたしたちを迎えるために組織をつくって迎え入れてくれました。サンフランシスコでは市民集会をやりましたが、先方のメンバーが『サンフランシスコ・クロニクル』という日刊紙の編集者に連絡を入れ、わたしたちを取材してくれました。『サンフランシスコ・クロニクル』には、「小さなバジェットで大きな望みをもって十三人がサンフランシスコに来ている」という見出しの記事が載りました。

第７回　軍事主義を許さない国際女性ネットワーク（2009年９月、グアム）。テーマは「抵抗、回復、人権の尊重」

　さらに、日本に行ったことがあるという女性が一〇〇〇ドルのカンパをくださいました。「アメリカ軍と暴力」「アメリカ軍と環境」という問題で二回の市民集会をやりました。すると帰国後に参加していた女性二名からメールが届き、「沖縄でフィリピンや韓国の女性たちも迎えて、基地や女性の問題をはなす集会を開きませんか」と提案をいただいて。わたしたちはそれを受け入れて、一九九七年に沖縄で「第一回軍事主義を許さない国際女性ネットワーク会議」を開催しました。

　会議は二六年経ったいまでも続いています。二〇二三年の五月には十回目の会議をフィリピンでやりました。これまで、沖縄、韓国、フィリピン、サンフランシスコ、ワシントン、グアム、プエルトリコなどで開催しました。
二〇〇〇年にはG8サミットが沖縄で開かれるということで、沖縄で開催しました。そのときはプエルトリコの女性を招待しました。プエルトリコでもビエケスという島の環境が軍事演習で破壊されているということで、反対運動をされている方とつながったんです。
二〇〇六年には日米で、アメリカ軍の基地再編計画が検討されていました。沖縄の負担軽減のために海兵隊八〇〇〇名をグアムに移すということでした。新しい基地の建設費用は七〇〇〇億。小泉純一郎元首相は「沖縄の負担軽減のためなら安いもんだ」とおっしゃいました。わたしたちは本当に怒りました。沖縄の負担を真に認めるのなら、基地をほかのところに移すなんておかしいじゃないですか。撤退すべきですよね。だから、二〇〇七年にサンフランシスコで会議を開催するときに、グアムの女性を招待しました。グアムはすでに三分の一が米軍基地なんです。どうしてそこにさらなる負担をかけるのでしょうか。二〇〇九年にはグアムで会議を開きました。

第９回　軍事主義を許さない国際女性ネットワーク（2017 年６月、沖縄）。テーマは「軍事主義に抗し、持続可能な未来を!」

**福島**　沖縄の基地負担はすさまじいけれど、沖縄からどこか別の場所に移転すればいいというはなしではないんですよね。本当に、現役でがんばっていらっしゃいますね。

## 高里鈴代さんからのメッセージ

**福島**　沖縄でグローバルに活動されている高里さん。あたたかくて、みんなからすごく尊敬されていらっしゃいます。それでは最後に一言お願いします。

**高里**　福島さんは、沖縄県主催の講演にもいらっしゃいましたね。慰安婦問題でも、元慰安婦として名乗り出た金学順《キム・ハクスン》さんの弁護団に入ってらして。さらに辺野古の新基地建設の署名を拒否されて……。

**福島**　大臣罷免になりました。

**高里**　軍による性暴力の問題も、軍が駐留し続けている問題も、みんなつながっていますよ。そこにしっかりとつながっていらっしゃる福島さんを、これからもずっと応援しています。

**福島**　みなさん、沖縄で本当にがんばっている「グレートウーマン」高里鈴代さんの活動を知って、ぜひ応援してください！　本日はありがとうございました。

■この対談は、二〇二四年一月二十三日に公開された動画を加除・修正したものです。

高里鈴代さんとのつき合いも本当に長い。高里さんは、那覇市議会議員やＮＧＯ活動を通じて、まっしぐらに筋を通し、豊かに活動を続けている。「女性の人権と基地は両立しない」と、女性への暴力、性暴力をなくすために、たくさんの人ととりわけ沖縄の地でがんばっている。米軍基地をどこか別の場所にもっていくことを目指すのではなく、グアムやハワイなど基地のある島の女性たちと連携しているところも、彼女のすばらしいところだ。こんなにがんばってるのに、彼女はいつも暖炉のようにあたたかくどこかゆったりしていて、会うととてもほっとする。激しさと優しさと豊かさとおだやかさが同居している、すばらしい沖縄の女性である。沖縄にはグレートウーマンがたくさんいる。

**【注】**

＊1 「女性の家ＨＥＬＰ」（Asian womens' shelter, house in emergency of love and peace）……国籍・在留資格を問わない、女性とその子どもたちのための緊急一時保護施設。矯風会（日本キリスト教婦人矯風会）の創立一〇〇周年を機に一九八六年に設立された。

＊2 メキシコ会議……第一回世界女性会議／国際婦人年世界会議。国際婦人年である一九七五年にメキシコシティで開催された。「平等・発展・平和」をテーマに一三三か国の政府代表、国連機関、非政府組織ＮＧＯから千名を超える代表が参加した。メキシコ会議以降の世界女性会議は、第二回　コペンハーゲン（一九八〇年）、第三回　ナイロビ（一九八五年）、第四回　北京（一九九五年）。

＊3 うないフェスティバル……「国連婦人の十年」の最終年である一九八五年から二〇一四年まで三十回にわたり開催された情報発信型のイベント。平和を基調に、人権・子ども・福祉・環境・表現・身体など、多

くの課題に取り組んでいる人たちやものづくりをしている人たちが一堂に会し、日ごろの活動を発表した。

＊4　沖縄米兵少女暴行事件……一九九五年九月四日に沖縄県に駐留するアメリカ海兵隊員二名とアメリカ海軍軍人一名の計三名が、女子小学生を拉致したうえ集団強姦した強姦致傷および逮捕監禁事件。

**【高里鈴代さんブックリスト】**

（1）基地・軍隊を許さない行動する女たちの会発行『沖縄・米兵による女性への性犯罪　第13版』二〇二三年

# 沖縄を平和に導く

狩俣信子

GREAT WOMAN's PROFILE

## かりまた　のぶこ

1941年那覇市松下町に生まれる。那覇高校を卒業後、琉球大学法政学科卒業（15期)、琉球大学大学院修士課程修了（憲法専攻)。28年間教員を務め、高教組委員長、「てぃるる」初代館長を経て、2001年より2003年まで那覇市議会議員。2003年より2008年まで、および2012年より2020年まで沖縄県議会議員（4期)。保護司12年。

福島　沖縄にやってまいりました。本日は「沖縄のママ」こと、狩俣信子さんにおはなしを伺います。本当にがんばり屋の狩俣さん。那覇市議会議員、沖縄県議会議員としても力を尽くしてこられました。みんなが「信子ママ、狩俣ママ」と慕っているんです。本日はよろしくお願いします。

## 狩俣信子ママ　ライフ・ヒストリー

福島　狩俣さんは、八人姉妹の四番目のお生まれですよね。お母さまは、男の子が生まれるまで子どもを産まれたということでしょうか？

狩俣　明治生まれの母ですからね。男の子の跡取りができるまで、八人産んだのです。結局男の子は生まれなかったのですが。

福島　狩俣さんの原点をお伺いできますか？

狩俣　「女の子でなにが悪い」という負けん気で育ってきました。大学も法学を専攻しました。日本国憲法のなかでは「男女平等」と謳われているのに、女性は社会から外れたところに追いやられることに憤りを感じていました。女性も男性も関係なく、男女平等のなかでがんばっていこうという強い思いがあったんです。

福島　平和と、男女平等ですね。沖縄ですものね。

狩俣　とても大事なことだと思っています。

## 二八年間の高校教員生活

**福島**　まずはじめに高校の先生になられたのですね。なんの教科を担当されたんですか？

**狩俣**　二八年間、高校教師を務めました。担当教科は社会科です。地理、現代社会、日本史、世界史、政治経済、倫理社会と、六つを受けもちました。

**福島**　わたしが高校生のときは、それぞれ先生がわかれていたのですが、全部一人で担当されたのですね。

**狩俣**　社会科の教師のなかではなしをして、割り当てを決めました。結果的に全部もつことになりましたね。

## 日本初！　高教組委員長に

**福島**　二八年間の高校で教師をされて、そして高教組（日本教職員組・沖縄県高教組）の委員長に！　なんと日本初なんですよね。

**狩俣**　四十二歳のときに高教組副委員長に就任し、その一〇年後に委員長になりました。

**福島**　お二人のお子さんがいらっしゃいますよね。子育てと先生のお仕事をしながら、さらに組合活動にもとても熱心に取り組まれたと伺っています。

狩俣　あのころは出張がありましたから、一か月間の三分の一は家にいませんでした。そのあいだ子どもたちは夫がみてくれました。娘はちょうど中学生で、反抗期でした。わたくしが高教組の委員長に立候補しようというとき、「高教組大嫌い」と、大学ノートに悪口がたくさん書いてありました。

福島　ママに見せるために書いたわけですね。

狩俣　驚きました。当時の委員長にすぐに電話をして、「すぐには引き受けられないので、子どもたちがもう少し大きくなってからやります」と。娘・息子が大学生になったときに、改めて委員長に立候補しました。

福島　それまでは組合活動をやりながら、お子さんのことも考えざるを得なかったんですものね。すごく忙しかったでしょうね。

狩俣　本当にハードな生活でしたね。

福島　いまでもまだ組合の幹部や委員長は男性が多いですよね。やりがいや、大変さはどういうところにありましたか？

狩俣　あのころ沖縄高教組には組合員が四千名あまりいました。主任研修などさまざまな行事も入ってきて、時間がいくらあっても足りませんでした。午後九時くらいまで仕事をして、家に帰るのは深夜一二時すぎです。子どもたちが寝たあとにしか帰れませんでした。そういう生活がずっと続いたので、彼らはかなりストレスを溜めていたと思います。

## 沖縄県男女共同参画センター「てぃるる」

**福島**　高校の先生を退職されてからは、「てぃるる」の館長になられたのですね。

**狩俣**　てぃるるという男女共同参画センターは、大田昌秀《おおたまさひで》元沖縄県知事が県政のときにつくられました。てぃるるという言葉は沖縄に古くからあり、「照り輝くような美しい」という意味があります。女性にも輝いてほしいという願いを込めて太田知事が名づけました。「初代の館長に」という要請をいただき、三十分だけ悩んでお受けしました。

**福島**　三十分！　悩んだといえるのかな（笑）

**狩俣**　教師を退職し、館長の道を選んだんです。わたくしはあんまり悩まないたちですね。パッと決めたらサッと行くくんです。

**福島**　パートナーにも意見を聞かなかったのですか？

**狩俣**　彼は全然知りません。自分で決めました（笑）

**福島**　事後報告（笑）。彼はなにかおっしゃっていましたか？

**狩俣**　彼は、自分が「あれはするな、これはするな」とわたくしにストップをかけて、あとから「あなたは、あれも、これもさせてくれなかった」と文句を言われるのが嫌なんだそうです。「やりたいことはなんでもどうぞ」という考え方だったんです。だからわたくしは、自分が「やりたい」と思うことは遠慮なくやってきましたね。

**福島**　すばらしいですね。ちなみに、わたしの夫も夫婦別姓にして本当によかったというんです。

もし夫婦同姓にしていたら、わたしが「なんで自分ばかり通称使用で苦労するのよ」と怒りまくって、関係がもたなかったんじゃないかと（笑）

**狩俣**　子育てもずっと彼がしてくれましたよ。子どもたちが中学生のときには制服のアイロンをかけてくれて、わたくしは一度もやったことがありませんでした。選挙のときには、彼は美術が好きなので、ポスターやのぼり旗のデザインを細かくみてくれました。助けられた部分がたくさんあります。

**福島**　てぃるるの館長時代の思い出や、やりがいをおはなしいただけますか？

**狩俣**　てぃるるは県の職員が運営しています。わたくしは外部から組織に入ったというわけです。一度、書類に用いるのは「元号か西暦か」と対立したことがありました。県の職員は元号だというのですが、わたくしはひとつの元号に縛られるのはどうかという思いがあり、「いや、西暦だ」と主張しました。結局、西暦も元号も併記することになりました（笑）

**福島**　重要なことは、やはり議論をするわけですね。

**狩俣**　その件では意見がお互いに噛み合いませんでした。結果的に両論併記となり、よかったと思います。

## 那覇市議会議員、そして沖縄県議会議員に

**福島**　てぃるるの活動のあと、那覇市議会議員を一期、沖縄県議会議員を四期務められました。立

候補されたときの思いや、活動についておはなしいただけますか？

**狩俣**　てぃるるは女性の自立や男女平等を推進する場所だったので、女性も議会の場で意見を発言することの重要性が身に染みていました。てぃるるを退職したあとは議員に、という道はわたくしにとって自然の流れでしたね。

**福島**　このときも三十分だけ悩んだのですか？

**狩俣**　このときは、悩む暇もありませんでした。たくさんの女性たちが、議員になるべきだと後押ししてくれました。わたくし自身も、てぃるるを辞めたあとはどうしようかと迷っていたところでしたので、すぐに決断しました。

**福島**　沖縄県議会議員の活動や、やりがいはいかがでしたか？

**狩俣**　沖縄は、米軍基地[*1]と切り離せません。日本の〇・六パーセントしかない国土面積のなかに、全国の七〇・三パーセントの米軍専用施設があるので、そこから発生するさまざまな問題がありす。議会の議題にも毎回とり上げましたし、議論の場にもさまざまな方をお呼びしてきました。議会も県知事も、基地を抱えていることによる大変さがあったと思います。

男女不平等の問題もありました。県職員のなかには、部長クラスの女性がほとんどいませんでしたので、女性の部長を育てる必要があると思いました。そのためには課長からきちんとしたステップを踏んで育成することが重要です。これも議会でとり上げました。

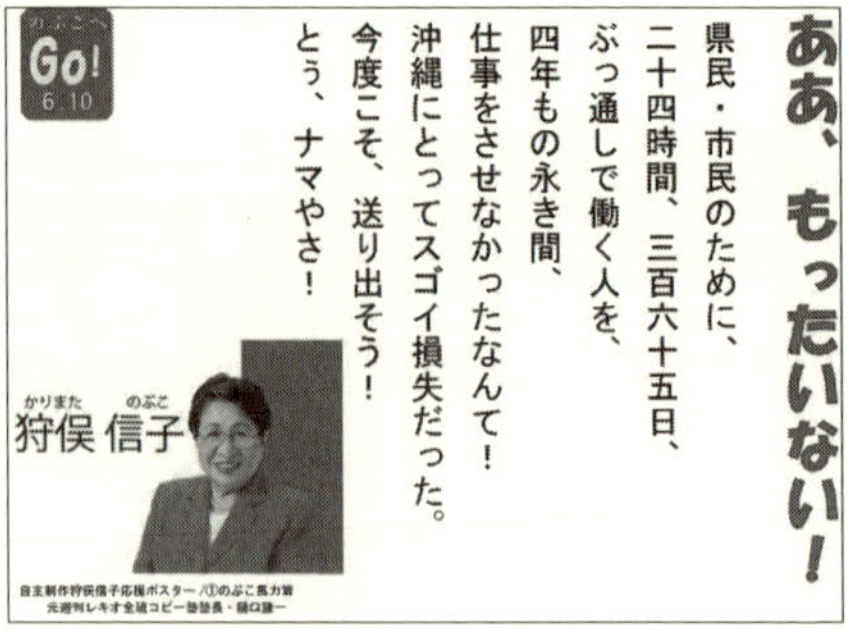
ああ、もったいない！
県民・市民のために、
二十四時間、三百六十五日、
ぶっ通しで働く人を、
四年もの永き間、
仕事をさせなかったなんて！
沖縄にとってスゴイ損失だった。
今度こそ、送り出そう！
とう、ナマやさ！
Go!
6.10
狩俣《かりまた》 信子《のぶこ》
2012 年沖縄県議会選挙の自主制作ポスター（のぶこ馬力篇）立候補の公式キャッチコピーは「弱者に寄りそう政治を!

## 沖縄の女性たちが抱える問題

**福島**　わたしは二〇〇九年に少子化対策担当大臣になったときに、沖縄の待機児童解消基金を使い、認可外保育施設を認可にすべく取り組みました。沖縄の保育園も何十か所とまわり、元気いっぱいの子どもたちをたくさん見ましたよ。

**狩俣**　沖縄の待機児童問題を福島さんがとり上げてくださって本当によかったと思っています。沖縄は待機児童が多いのです。保育所が整備されておらず、子どもを預かってくれるところがないわけですから、働きたくても働けない子育て中の女性たちがたくさんいます。

**福島**　子育てといえば、沖縄は出生率が高いですよね。「ゆいまーる」（助け合い）というか、地域みんなで子どもをみる文化があります。

**狩俣**　沖縄はいま、特殊合計出率が一・七くらい（二〇一四年一月時点）です。全国一位なのですが、その反面、離婚率も全国一位なんです。子育ての問題や働く場所の問題など、多くの課題が女性に降りかかってきました。

**福島**　シングルマザーの一人親が多いので、女性の働き方、つまり非正規雇用の問題もありますよね。上間陽子《うえまようこ》さんがやっている「おにわ」（若年ママの出産・子育て応援シェルター）など、さまざまな場所を、本当に困っている人や子どもたちに利用してもらいたいと思っています。

**狩俣**　妊娠した十代の子から行く場所がないと相談を受けたときには、そういう場所を紹介していました。行政が、子どもたちがもっと気軽に足を運べる場所になることも重要ですね。

また、米兵による強姦事件もあります。「強姦被害者が駆け込める施設を」という運動を受けて、うるま市の県立中部病院に二四時間三六五日体制の「性暴力被害者ワンストップ支援センター」ができました。そういう意味では行政や知事も一体となり動いたという思いはあります。

**福島**　平和、福祉、子ども、ジェンダー平等、性暴力。狩俣さんは本当に多様なテーマに意欲的に取り組んでこられました。みんなに「ママ」と慕われていますよね。

**狩俣**　息子の友だちも、応援アナウンスをしてくれた方々も、みなさんわたしを「ママ」と呼ぶのです。それがいつの間にか定着しちゃってね。「信子ママ」でとおっています。

**福島**　わたしにとっては、ママというより「ねーねー」（お姉さん）ですけれど（笑）

## 玉城デニー知事を応援！

**福島**　玉城デニー知事を支えていらっしゃいますね。

**狩俣**　一期目、二期目と本当に応援しましたね。さまざまな妨害はあるものの、これからも支援していきたいと思っています。

**福島**　翁長雄志《おながたけし》さんが病に倒れたときの玉城さんの背中を見て、この人はどれだけのものを背負っているのだろうと、胸が熱くなりました。沖縄には米軍基地が集中していますし、辺野古の新基地や弾薬庫の建設などさまざまな問題がありますね。

**狩俣**　防衛省沖縄防衛局は埋め立て申請前の段階で辺野古に軟弱地盤があるとわかっていながら、追加調査や報告をしませんでした。沖縄の人の人権についてどう考えているのでしょう。わたくしたちは、国は沖縄を差別していると受け止めているんです。

2024年那覇市議会議員補欠選挙に立候補、キャン幸容さん（現那覇市議）と（2024年7月15日）

## 狩俣信子ママの夢

**福島**　狩俣さんはこれまでたくさんのご経験をされていますが、特に大切にしてきたものはありますか？

**狩俣**　はっきり意見を言うこともありますが、わたくしはどっちかといえば、みなさんと仲よくやっていきたいんです。同じ組織のなかで、対立して欲しくないんです。男性は自分の意見を主張しすぎるのか、対立しがちですね。できる限り穏便にやっていきたいという思いはありますね。

**福島**　これからやりたい活動についておはなしいただけますか?

**狩俣**　クオータ制（議員候補者や議席の一定数を女性に対して割り当てる制度）で女性議員増を目指す会を立ち上げたんです。沖縄県は女性議員が少ないです。全国的に見れば増えてきているものの、市町村単位ではまだまだ少ないのが実情ですよね。福島さんのあとについていく女性たちを、もっと育てていきたいと思ってます。

**福島**　女性と政治のスクールも開催されていますよね。無所属で、元気な若い女性たちが出てきています。

**狩俣**　少し広がりが出てきました。平和とジェンダー平等と人権への思いと、そして元気なくじけない心が大切です。

**福島**　一方で、県議会議員を勇退されるときには幾人もの後継者に断られたという記事を読みました。家庭の事情で女性がなかなか候補者になれないというのはもったいないないですね。

**狩俣**　九名の方に打診しました。家族や夫の反対、お子さんが小さいなど、それぞれいろいろな理由があって実りませんでした。非常に残念でしたね。

**福島**　これからどんどん変わっていきますよね。

**狩俣**　女性たちには、もっと元気に逞しく美しく生きてもらいたいんです（笑）。わたくしはもう下支えになっていいと思っています。二〇二四年の沖縄県議選では、沖縄市選挙区からこうき愛《かなし》さんが出馬しています（こうき愛さんは当選し、沖縄県議会議員になりました）。「女性を育む、女性議員を増やす」という活動はこれからもずっと続けていきます。

**福島**　そのためには、大前提として平和でなければね。平和とジェンダー平等が手を携えてやってこなくては。

**狩俣**　そういう意味では、みずほさんがしっかりがんばってくださっています。とても尊敬しています。あなたこそ「グレートウーマン」ですよ。

**福島**　修行中です。まだまだその域に達していません（笑）

本日はグレートウーマン信子ママにおはなしを伺いました。元気で面倒見のいい、優しい女たちががんばっている沖縄で、これからも一緒にがんばりましょう。

■この対談は、二〇二四年一月十六日に公開された動画を加除・修正したものです。

沖縄の肝っ玉母さん。女性ではじめて高教組の委員長を務め、組合運動や女性問題、平和問題に取り組み、県議会議員としても力を尽くしてこられた。選挙のときには、アナウンスの女性たちから「ママ、狩俣ママ」と呼ばれ、とても慕われていた。まさにママ。とても面倒見がよく、包容力があり、親分肌である。だけど、言うべきときにははっきりものを言う。それが本当にすばらしい。わたしも何度も助けてもらったし、何度も何度も励ましてもらってきた。「なにがあっても応援するよ」と言ってくださったことは本当にありがたかった。男性社会や理不尽さと闘ってきた、頼もしいグレートウーマンである。

【注】

＊沖縄米軍基地……沖縄県には三一の米軍専用施設がある。基地の総面積は一万八六〇九ヘクタール。本県の総面積の約八パーセント（人口の九割以上が居住する沖縄本島では一五パーセント）にわたる広大な面積を占めている。

# 第二章

# 法の現場のグレートウーマンたち

# 困難を抱える女性に寄り添う立法を

戒能民江

GREAT WOMAN's PROFILE

**かいのう　たみえ**

お茶の水女子大学名誉教授。専門はジェンダー法学、ジェンダーにもとづく暴力研究。DV、若年女性への性暴力、婦人保護事業などの政策形成にかかわる。「女性支援新法制定を促進する会」会長、女性支援法基本方針策定検討会議座長、DV防止法見直し検討委員会委員、法制審議会家族法制部会委員などを歴任。2023年度朝日賞受賞。近著に、『婦人保護事業から女性支援法へ－困難に直面する女性を支える』（共著、信山社、2020）、『困難を抱える女性を支えるQ&A 女性支援法をどう活かすか』（共編著、解放出版社、2024）など。

**福島**　お茶の水女子大学の名誉教授であり、大先輩の戒能民江さんです。ドメスティックバイオレンスや性暴力など、一貫して困難を抱える女性の問題に情熱的に取り組んでいらっしゃいます。そこがグレート！　今日はよろしくお願いします。

## DV問題に取り組んだきっかけ

**福島**　ドメスティックバイオレンスの問題に取り組むようになったきっかけをおはなしいただけますか？

**戒能**　一九七〇年代と八〇年代にそれぞれ一年間ずつ、イギリスに行く機会があったんです。同じころ、一九七六年にイギリスとアメリカ・ペンシルバニア州で先駆的にDV防止法がつくられました。女性たちのシェルター運動が始まったころでもありました。これにともないイギリスでも、日本でいうところの新書や、DVの被害に遭って大怪我をした女性たちを写した分厚い写真集が刊行されました。DVに負けず闘う女性の記録に接する機会でもありました。わたしはこの問題に関心を抱いて、集会にも出ました。そして、DVは日本にもあるに違いないと思いました。イギリスでは子どもの性的権利について、ギリック事件[*1]という非常に有名な事件が起きて、それについても勉強しました。

日本に帰って海外と同じような運動がないか探したところ、当時は「ストーン」という団体があったので、その方々が開いた集会に参加しました。おわったあとに「イギリスではこうなんだけど、日本ではどうですか？」とおはなししたんです。そこから角田由紀子《つのだゆきこ》さん（113頁）など八名くらい、いろんな領域の方々に声をかけていただいて、日本にも絶対にＤＶがあるから調査をしましょう、と。アメリカで活動していた吉浜美恵子《よしはまみえこ》さん（ミシガン大学 社会福祉学大学院教授）も参加して、調査票をつくるだけで一年間くらい時間をかけて調査を行いました。すると、非常に多くの女性たちがＤＶの被害に遭っていることがわかったんです。それまで日本で本格的な調査結果はなかったので、データは国際的にも利用されました。

## ＤＶ防止法

**福島**　一九九八年にわたしは国会議員に当選しました。衆議院では児童虐待についての法律、そして参議院では当時の「共生社会に関する調査会」で女性への暴力についての法律を新しく検討することになりました。外国に視察に行ったりもして、ＤＶを防止する法律をつくろうということになりました。当時は韓国、台湾でも家庭内暴力禁止法ができていたことにも触発されて、国会の調査会のなかにプロジェクトチームもできました。超党派で、メンバーは全員女性でした。こうして二〇〇一年に「ＤＶ防止法」（配偶者からの暴力の防止及び被害者の保護等に関する法律）ができました。これまで五回改正しています。当事者市民や戒能さんたちと一緒に、議員立法というより市民立法でつくったような思いがあります。

**戒能**　「市民立法」というワード、まさにピッタリですね。ＤＶ防止法の立法過程ではシェルター

女性支援法が参院の厚生労働委員会で可決されたことを記念して国会議事堂の前で記念撮影。支援機関や市民団体の取りまとめを行ってきたメンバーとともに（2022年4月）

ネットのような支援団体だけではなく、法律家や研究者の団体や、議員さんが集まりました。それまで、国の法律はよほどのことがなければ個人のプライバシーに介入しませんでした。「夫婦喧嘩は犬も食わない」、法は家庭に入らずという考え方だったんです。DV防止法はそれを打破した画期的な法律でした。女性運動が力を合わせて、議員立法として成立させた意義はとても大きいと思ってます。

**福島**　「保護命令制度」（被害者からの申立てにより、裁判所が、相手配偶者に対して、被害者の身辺へのつきまとい等の一定の行為を禁止する命令（保護命令）を発令する制度）という新しい制度を設けることも大変だったのですが、みんなの力で実現したんですよね。シェルターネットやいろんな集会で、戒能さんが「DVをなくすためには女性差別、性差別を根絶しなくちゃいけない」とおっしゃっていたことが印象に残ってます。

**戒能**　DVとは実は性中立的概念で、男性も被害に遭い得ます。遭っている人もいるかもしれないのですが、被害者の圧倒的多数は女性なんですね。だけど個人的、偶然的な要因で女性が被害に遭っているのではなく、世界中で起きている構造的な問題だったというわけです。九十五年の北京会議でも、実はDVの部会がいちばん多かったんです。世界中のほとんどの国がこの問題に直面して、解決の道として法律をつくっていました。背景には、女性が男性に支配されているという問題がありました。支配の方法は体力や経済力など、いろいろあります。特に経済力の問題は本当に大きいのです。DV被害者に子どもさんがいれば、離婚したらどうやって暮らしていくのか、子どもに不自由をかけるのではないか、父親がいないと社会的に差別をされるのではないか、って。そうすると女性が我慢せざるを得なくなってしまいますよね。わたしは「逃げられない、逃げない被害者」を「在宅被害者」と呼んでいます。

DVは、背景にある社会構造や社会のしくみやありかたを見直して女性差別をなくしていく動きをとらなければ、根本的な解決にはなりません。もちろん被害者を支援して守るということが大切な第一歩なのですが、そこから先の根本的な原因にアプローチしなければ、この問題はなくならないんです。だから現在でもなくならないどころか、相談件数が増えているわけですよ。日本のジェンダーギャップ指数は一四六か国中一二五位。国際的に見ても性差は改善されていません。

## 困難な問題を抱える女性への支援に関する法律

**福島**　やっぱり立法をきちんと整備していくことが大切ですよね。「困難な問題を抱える女性への支援に関する法律」（女性支援新法）が全会一致で成立しましたね。みんなでがんばったんですが、戒能さんがとりわけ力を尽くされたと思います。

**戒能**　売春防止法を法的根拠にした旧婦人保護事業というのは、要保護女子の保護更生を図るという、非常に上から目線で差別的な考え方でした。社会の役に立たないかわいそうな女子は保護して更生させてあげましょうという、女性の人権とはかけ離れたものだったんですね。社会的にも知られておらず、政治家も課題にしてこなかった見えない世界で女性の人権がどのように扱われてきたかという問題は、なかなか女性運動や市民運動につながってきませんでした。だけど今回は、民間団体も含めたさまざまな機関や困難を抱えている女性を直接支援してきた人たちが声を上げて議員さんたちに働きかけました。心強かったですね。DV防止法から二十年経って、女性の人権立法が超党派の議員立法で成立したのです。大変でしたが、支援をしている人たちが立ち上がって、研究者と一緒になって取り組んで、社会の中で無視、排除されてきた女性たちの困難にようやく光を当てることができました。誇らしいと思います。

**福島**　民法の共同親権の問題では、審議会ですごくがんばられていますね。

**戒能**　法制審議会の案では、女性の現実をきちんと見ているのか、子どもの人権がきちんと保証される立法なのか、いまのところ伝わってきません。本当に立法して大丈夫なんだろうかって。実際に子どもを育てている多くの母親の現実が見過ごされてしまって、彼女たちが不利益を被らないでしょうか。子どもを連れて相手と別居する場合は、逃げざるを得ないわけですよね。日本のDV防止法は「逃げなさい」ということが前提になってますが、それさえも難しくなる可能性があるのでは、一体なんのための立法なのでしょうか。議員の方々にもがんばっていただかなければならないのですが、研究者としてなんとか阻止したいと思っています。阻止できない場合は、弁護士さんや当事者の団体と一緒にこれからも運動を続けていきたいです。

## 戒能民江さんの原動力

**福島**　お茶の水女子大学で若い女性たちの教育をされていたり、本もたくさん書いてらっしゃいますよね。戒能さんの人生は一貫しているというか、声を上げにくい女性たちの問題は実はとっても重要なんだと訴えて、彼女たちと一緒に弛まずがんばってこられています。戒能さんの原動力はどこにあるのでしょうか?

**戒能**　わたしは残念ながら、研究者として博士課程を終えて、就職先を見つけて安定的な環境で研究をしていくという人生ではなかったのです。職を見つけることが本当に大変でした。幸い研究職に就いたのですが、わたしのような研究は法学のメインストリームではないんですね。

**福島**　いまはメインストリームになりつつあるんじゃないでしょうか。

**戒能**　だけどいわゆる法律学の隙間みたいなところをやっているわけです。学会で発言しても変わった人間だと思われてしまう。わたしが研究対象としている女性に対するＤＶやその支援というテーマは、極めて個人的な問題で、法律学のテーマではないと受けとられるんですね。個人的な問題が、どうして研究として成り立つのかって。

**福島**　そこからなんですね。

**戒能**　そういう思いを散々してきたんです。だけどわたしの原動力というか原点は大学生時代ですよ。ふたつあります。ひとつは岩手県の山奥にある小繋《こつなぎ》という山村での経験です。有名な最高裁判決に「小繋事件」があります。わたしは法律学の条文解釈にはあまり関心がなくて、どちらかというと社会学や、社会的に動く人間の姿から出発する学問ができないものだろうかと思っていました。大学にも「法社会学研究会」があって、そこを経て「こつなぎ学生の会」がつくられて、わたしはその中心で一生懸命やっていました。インターカレッジで、経済学が専門とか、いろんな人がいました。それで、毎年夏休みに小繋部落に通いました。

**福島**　小繋事件についておはなしいただけますか？

**戒能**　明治時代からはじまります。山のもち主だった大地主がいました。ところがその山の周辺で暮らす農民たちはとても貧しくて、その山に入って木を拾ったりしないと生活が成り立たない。これは慣習法として昔からある、温泉権や水利権と同じく入会権《いりあいけん》（住民が特定の森林、原野、漁場等を共同で利用する権利）の問題なんですが、その人たちは自分たちには山に入る権利があると主張しました。それで山に入ったところ、地主の所有権を侵害していると訴えられ、捕まってしまったのです。その裁判を五十年もやりました。わたしは被告になった農民の方々とずっと交流を続けました。学生で、若いから力もあるだろうと農作業や下草刈り（植え付けした苗木が一定の高さになるまでのあいだ、周囲の雑草木類の成長に負けないように鎌等を使い雑草本等を刈り払う作業）を手伝ったり、小繋の子どもたちの学習会をやったり。もちろん裁判も傍聴し、そこで不屈の精神で闘う人々を目の当たりにしました。

もうひとつは、わたしが大学生のころは女子学生が少なかったのです。特に法学部が少なくて、それで女子学生は花嫁候補になるために、花婿を探しに大学に来ているのだ、みたいなことを評論家が言うわけです。要するに、「女子学生が国を滅ぼす」と。非常に有名な女子学生亡国論です。それで大学の女子学生が集まり合宿をして、『婦人公論』に反論を書いたりもしました。わたしは法学部だったので、弁護士とか裁判官になれたらいいなと考えていたんです。研究者になることは考えていなかったのですが、そのうち研究をはじめました。

わたしの原動力はそのふたつが大きいですね。それで、現場の方々といつも一緒に研究をするというスタイルでいままでやってきました。以前、ある方から言われたんです。「支援者は、本当になにか発言をしようとしても難しい。当事者は危ない場合もあるし、発言ができない。そして一方にたとえば政治家の方がいるとすれば、戒能はその中間にいて、通訳のようだね」って。これが印象深くて、たしかにわたしはそういう役割を果たしているような気がしています。裁判官が、これはいままでの理論と違う理論なんだということを納得しなければ、それはとり入れられないと思うんです。個人の関係や性のことという個人的な問題を理論化して、相手を納得させる、そういうことが本当に学問として必要なんです。いまは、国際社会でも、日本でも「#Me Too」と発信できる運動がありますよね。セクハラで各地の町長さんや自治体の首長さんがクビになったりもしていますよね。時代は大きく変わりつつあります。わたしだけではなくて、これまで活動をしてきた人たちが、これからもっと発言力をもてるといいなと思っています。

**福島**　やっぱり現場からスタートして法制度を変えることですね。法制度、政策を変えれば、みんなにとって生きやすい社会になりますよね。

**戒能**　「困難な問題を抱える女性への支援に関する法律」は二〇二四年四月から施行されています。残念ながらまだまだ理解が進んでいないですね。「なんで女性だけ」「どんな支援をすればいいのか」という意見も多いです。理解を深めるために、活動していかなければなりません。さらに、これまでの婦人保護事業といえばDV中心だったわけですが、そこからもっと広がって、たとえば中高年の方の貧困の問題、障がいのある方や、外国籍の方の複合差別の問題、民族差別までも対応しなければなりません。いまは、どうして女性支援が大切かというところが理解されていないように思うのです。

支援法ができたということは、単に売防法（売春防止法）から脱却するということだけを意味しません。ここ十〜二十年は女性運動の力やフェミニズム研究の蓄積が、さまざまな領域で大きな力になりつつありますよね。それが支援法の立法を後押ししたと強く感じるのです。一人一人の個人の問題かもしれない、だけど困っている女性たちを支援することで、男女差別の構造の問題があぶり出されてゆく。研究したり、運動することが、社会が女性にとって生きやすくなるように変わるきっかけになる。法律は力を与えてくれるものなのだという新たな意味づけをしていきたいですね。

エネルギーを発揮できない、税金も納められないという女性たちが多くいる社会よりは、逆のほうがいいでしょう。困っている人は地域で支援して、その地域のありかたも変えていく、そんな社会のほうがいいですよね。だからこれからも気長にね。だって売防法から六十年以上かかって、ようやく新法ができたんですよ。日本社会はいままでも本当に変わりませんでした。これからも急に変わることは難しいかもしれないけれど、少しずつ変えうると考えて、さまざまな人たちと一緒にやっていけばいいかなと考えています。

**福島**　すばらしいです。わたしは朝のNHK連続テレビ小説『虎に翼』を見ると元気が出るんです。戦前の民法では妻は無能力、夫は妻の財産を管理する、子はその夫の親権に服す。びっくりな時代ですが、主人公は「はて？」と言いながら、すごくシスターフッドですよね。たくさんの女の人が、悩みと境遇のなかでもがいて、弱音も吐きながら、みんなではなして、応援し合って、力づけ合っている。そして、法律や制度を変えることで社会を変えようという女性の息吹も感じる。いまの時代とも地続きで、大先輩に感謝！　グレートウーマンにも感謝！　と思うんですよ。

**戒能**　あのドラマは面白いですね。DVはなくさなければならない大事な問題です。家族関係、恋愛関係、恋人同士のような親密な関係を私的領域といいますが、私的領域において権力や力の支配の問題が起きることを、女性たちはおかしいと感じているわけですよね。ドラマで戦前の家父長制の問題を学ぶことができますよね。共同親権の問題も実はそこにつながっていくんです。暴力的な父の支配、夫の支配に時代が戻ることがあってはならないと、心から思います。

**福島**　状況は確実に変わっていると信じてがんばりたいですね。今日は本当にありがとうございました。

■この対談は、二〇二四年八月一日に公開された動画を加除・修正したものです。

戒能さんは学者であると同時に、実践家。ふたつの分野の情報がブレンドされて、実際の政治や政策を具体的に動かしている、そこがグレートなのである。そしてその根底にはフェミニズム、男女平等がある。戒能さんとの出会いは、二〇〇一年に制定・施行されたDV防止法を立法したとき。DV防止法はこれまで五回改正された。議員立法ではなく市民立法として法律をつくろうと、現場のみんなとも力を合わせて楽しく立法ができた。「DVを根絶するためには性差別を根絶しなければならない」ときっぱりおっしゃる戒能さんの言葉は、そのとおり。女性支援新法における活躍も本当にすばらしい。ジェンダー平等を現場から政策に転換する力に乾杯！

**【注】**

＊1　ギリック事件……一九八五年イギリスで十三歳の少女が十四歳の少年とのあいだに子どもを妊娠した際、少女に対して妊娠中絶や避妊用ピルの処方などの措置がとられるべきかが争点となった事件。

**【戒能民江さんブックリスト】**（著書、共著書より一部を抜粋）

・『ドメスティック・バイオレンス』不磨書房、二〇〇二年
・戒能民江、堀千鶴子共著『婦人保護事業から女性支援法へ――困難に直面する女性を支える』信山社、二〇二〇年
・戒能民江、堀千鶴子共編著『困難を抱える女性を支える　Q&A――女性支援法をどう活かすか』解放出版社、二〇二四年

# 国連で11年! 女性差別と向き合い続ける弁護士

林　陽子

GREAT WOMAN's PROFILE

## はやし　ようこ

弁護士（東京、アテナ法律事務所に所属）。1983年弁護士登録。外国人女性のためのシェルターでの法的支援、性暴力被害者のためのホットライン（相談電話）活動などに参加。1998年（公社）自由人権協会事務局長。2008年～2018年国連女性差別撤廃委員会委員。うち2015～2017年は日本人初の委員長を務める。2018～2019年G7ジェンダー平等諮問委員会委員としてG7のジェンダー平等政策に助言。2023年より現在まで（公財）市川房枝記念会女性と政治センター理事長。

**福島**　今回は、女性差別撤廃委員会の委員、そして委員長まで務められた大活躍のグレートウーマン、林陽子弁護士のおはなしを伺います。どうぞよろしくお願いいたします。

## 林陽子弁護士との出会い

**福島**　林弁護士とはじめてお会いしたのは、わたしが二十代後半のころでしたね。

**林**　そうでしたね。福島さんはまだ司法試験の受験生でした。

**福島**　わたしが司法試験に受かり弁護士になったとき、アジアからの出稼ぎ女性の緊急避難所「女性の家ＨＥＬＰ」（43頁）というシェルターのアドバイザーロイヤーに加城《かじょう》千波《ちなみ》弁護士や大島《おおしま》有紀子《ゆきこ》弁護士と一緒に誘ってくださったんですよね。

**林**　あのときは本当に押しかけ弁護団でした。「ＨＥＬＰ」という外国人女性のシェルターが都内某所にできると聞いて、わたしたちのほうから「仕事をやらせてください」とディレクターの大島静子《おおしましずこ》さんを訪ねたんです。そこに来る人身売買の被害者や、パスポートをとり上げられて最低賃金も支払われないという女性たちの代理人になり、刑事告訴をしたり。裁判で群馬県や埼玉県にも行きましたよね。

**福島**　大変だったけれど、すごくやりがいのある仕事でした。

## 女性差別撤廃委員会の委員長を務めて

福島　弁護士として長いあいだ大活躍され、さらに女性差別撤廃委員会の委員と委員長も経験されています。そのことをおはなしくださいますか。

林　まず、「女性差別撤廃条約」（女子に対するあらゆる形態の差別の撤廃に関する条約）とはなにかご説明します。一九八五年に日本はこれを批准しています。そのときに批准に向けて「国籍法改正」「男女雇用機会均等法の制定」など、一定の国内法の改正がありました。原則として四年に一回、国別《くにべつ》報告書というレポート審査があり、政府が自分の国の女性の権利に関する進捗状況を国連の委員会に報告をします。「女性差別撤廃委員会」はその報告を聞いて、改善勧告を出すことが主な仕事でした。いまは条約に「選択議定書」（女子に対するあらゆる形態の差別の撤廃に関する条約選択議定書）というものができていて、世界でも一一五カ国が批准しています。しかし残念ながらまだ日本は選択議定書に入っておらず、日本国内で起こったことについてはそれにもとづく「個人通報制度」を利用できないというのが現実です。

福島　女性差別撤廃条約を日本が批准するにあたって、国内法の改正が進みましたよね。

林　そうなんです。「実際に批准してどういう効果があったんですか」というご質問をよく受けるのですが、たとえば最近の法改正でもいくつか進歩がありました。婚姻年齢が、それまで男性が十八歳、女性は十六歳だったところが、どちらも十八歳に統一されたり、女性だけの再婚禁止期間六カ月は憲法違反だという最高裁の判決が出たあと、民法では一〇〇日に短縮されましたが、この一〇〇日さえも条約違反だということで、再婚禁止期間がなくなったり。昔の強姦罪が不同意性交罪と名前を変えたように、被害者の同意を中心とした刑法改正もそうです。これは女性差別撤廃委員会からの勧告に応えるかたちで、国内の女性運動や福島さんのようなフェミニスト政治家が、勧告を上手に使って国内法として実現してきた成果です。

**福島**　ありがとうございます。二〇〇九年にわたしが男女共同参画担当大臣になったとき、女性差別撤廃条約の委員会から日本政府に出る勧告を実現しようと思っていました。これは「通知簿」の評価みたいなもので、「もう少しここをがんばりましょう」とたくさん勧告が出るわけです。当時、この勧告を第三次基本計画に盛り込むということを重点的にやったんですよね。先程おっしゃった刑法改正の検討のほか、二十四時間三六五日女性の暴力についてのホットラインをつくるとか。これは「パープルダイヤル」から「よりそいホットライン」に名称を変更して、いまでも運用されています。あとは、アイヌ民族で女性、障がい者で女性、部落で女性、外国人で女性などという複合差別の問題の調査をすべきだとか、ＬＧＢＴＱ＋について盛り込むとかね。女性差別撤廃委員会で日本政府の状況を審議し、それが勧告として、日本の市民社会や国会・政府に投げかけられたことで、ずいぶん変わりましたよね。

**林**　そう思います。もちろん女性差別撤廃委員会だけではなくて、「子どもの権利委員会」や「自由権規約委員会」など、日本は国連の九つの主要人権条約のうち八つを批准しています。福島さんは日本人でほとんど初めて自由権規約委員会をジュネーブに傍聴に行ったんですよね。

**福島**　そうなんです。一九八八年の夏に行きました。

林　わたしはそのときケンブリッジに留学していて、あのころはまだＦＡＸもメールもなかった時代でしたから、福島さんから手紙をもらったんですよね。「ジュネーブに傍聴に行くから林さん一緒に来ませんか」って。覚えていますか？（笑）

福島　もちろん覚えていますよ。

林　わたしは残念ながらそのときは同行できなかったのですけど。福島さんがその報告を国内にされて以降は、日本のＮＧＯがたくさん行くようになりました。本当に先駆けでしたよね。

福島　傍聴のときにはたとえば、いまは廃止になっている「旧土人保護法」は国際人権規約の自由権規約に反するんじゃないかとか、代用監獄についてとか、日本の人権状況を世界的な教授やいろんな委員の方が真剣に議論していて、それがものすごく新鮮でしたね。「絶対日本にも国際人権のダイナミズムは押し寄せてくる！」と感じました。実際そうなりましたね。

林　委員の方々はみなさん優秀だし、勉強家なんですよね。真剣に、よく勉強してきます。もちろん残念ながら極めて例外的にそうではない人もいますけれども（笑）。女性差別撤廃委員会からの日本に対しての詳細な勧告も、民法改正とかクオータ制（議会における男女間格差を是正することを目的とし、性別を基準に女性または両性の比率を割り当てる制度）を導入しろとか、刑法改正とか、あるいは所得税法を改正して配偶者の控除の問題について改正しろとか、非常に細かい勧告でしたよね。ある人からは「あれ実は林さんが書いてるんでしょう？」と本気で言われましたね（笑）。その人はわたしがドラフトを書いて国連に渡して、それで勧告が出ていると思っていたのですが、もちろんそんなことはありません。逆に委員は自国の審査にかかわれないので、当然ドラフトは書けないし、採決にも一切関与できないんですよ。

## 女性差別撤廃委員になったきっかけ

**福島**　女性差別撤廃委員会の委員になるというのはすごいことですよね。かつては赤松良子《あかまつりょうこ》さんがいらっしゃって、現在は秋月弘子《あきづきひろこ》さんが務めていらっしゃいますね。どのような経緯で林さんに白羽の矢が立ったのですか？

**林**　わたしは実は、社民党と関係があると思っていて（笑）。一九九五年に北京会議が開催された当時、首相は村山富市《むらやまとみいち》さんだったんですね。NGOから政府代表団に代表を入れるということになり、福島さんも会員でいらっしゃる「自由人権協会」（JCLU）が推薦をしてくれて、わたしが入ったんです。外務省とはそこではじめて接点ができました。

前任の齋賀富美子《さいがふみこ》さんが委員会を辞められるとき、ショートリストにわたしの名前を入れていただいたのは、北京会議のときに政府代表団で仕事をしたことに対する一定の信頼関係があったのだろうと思います。もしもあのときずっと自民党政権が続いていて、NGOが政府代表団にかかわることがなければ、わたしがその後女性差別撤廃委員会の委員になることもなかっただろうと思っています。

**福島**　わたしもたまたま弁護士ですが、法律家が委員になるというのは、すごくいいなと思っているんです。

**林**　わたしもそう思います。前任の齋賀さんは女性の外交官のパイオニアで、ＩＣＣ国際刑事裁判所の裁判官の選挙に出るため委員を辞められたのですが、彼女は「自分の後任は法律家が望ましい」と強くおっしゃっていたそうです。というのはやはり、個人通報制度ができて、法律の解釈とか、いろいろな国の判決を読むとか、委員会のなかでも法的な作業の比重が多くなってきたのです。わたしも、全員が法律家である必要はないと思いますが、女性たちの日々の現実の生活を知っている女性の法律家が委員になることは、とてもいいことだと思っています。

**福島**　日本の弁護士であり、かつ女性差別撤廃委員会としてスイスのジュネーブに行かれていたわけですから、多忙を極められましたよね。

国際人権ＮＧＯ　反差別国際運動院内集会にて、女性差別撤廃委員会の複合差別に関する議論と各国の対応についての特別報告（2015年１月）

**林**　委員会は原則三週間の会期が年三回あります。それ以外に個人通報の作業部会などが入ると、その前後一週間延びるんですね。日本の会議も往々にしてそうですが、本当に大事なことというのは実は作業部会ですでに決まっていて、本会議はその結論しか出てこないことが多いのです。わたしは特に、今後日本が個人通報を批准するにあたってもぜひ作業部会に入っておきたいと思い、委員長になる直前の二年間は、個人通報作業部会の部会長をしていました。自分の国が批准していないのに、ほかの国に対して個人通報で「これは条約違反です」と勧告を書くということは非常に心苦しい思いでしたね。当時は、民主党政権が成立したこともあり、自分が委員でいるあいだに日本は批准してくれるのではないかと期待していたのですが、残念ながらそれは叶いませんでした。

## 個人通報制度選択議定書の批准とは

女性差別撤廃委員会、委員長として登壇（提供：Leory Felipe）

**福島**　個人通報制度選択議定書の批准というと、日本の国内法の手続をやったあとにそれでも女性差別撤廃条約違反だと思ったら、自分で委員会に申し立てることができるんですよね。

**林**　わたしたちは「救済手続」という言い方をしています。自分の国での最終的な解決手段は多くの場合は最高裁判所ですが、そこでも条約違反だという認定を受けられず負けてしまった場合、女性差別撤廃委員会に対して救済の申し立てができるということです。国際法上の救済は、単にお金を払うということだけではなく、謝罪広告という場合もあるし、再発防止のための研修であったり、さまざまな方法が含まれます。条約違反だという認定を受けた国に対しては、実際にそういった勧告が多く出されていますね。

また、人権先進国と言われる国では個人通報で争って仮に政府の言い分が認められたとしても、その後法律を改正して申立人の訴えに沿った行政的措置や法律改正を行っている例が多々あります。それは見習うべき点だと思いました。

**福島**　オランダやデンマークのようなジェンダー平等が進んでいる国では、逆に個人通報の申し立てが多いと言われていますよね。

**林**　国別で数えると、ノルウェー、カナダ、オランダ、イギリスは常に上位でたくさん申し立てがくるわけです。申し立てがくるということはつまり、その国の人たちは条約についての知識をもっていて、国連に申し立てができるということもわかっていて、仮にそういうことをしても逮捕勾留されるとか、抑圧されるということのない民主主義体制で、表現の自由がある国だということですよ。そういう意味では大変名誉なことなんです。わたしは日本が批准したら多分たくさん申し立てがくると思っていますが、それは日本政府にとって誇るべきことだと思います。

**福島**　すでに一一五カ国が批准しているので、最後の一国にならないようにしたいですよね。

## 世界各国の条約を審査

**福島**　条約を批准しているさまざまな国の審査をおやりになっての感想はありますか?

**林**　まず、形式面でお伝えしておきたいことは、条約審査というのは政府代表の答弁と、NGOなどの民間の人たちへのヒアリングを委員がおこないますが、それプラス国内人権機関（政府から独立して人権侵害からの救済をおこなう国家人権機関（国内人権機関））が発表する時間がきちんと確保されているということです。政府の報告書、NGOのレポート、プラス国内人権機関の報告書を読んで、委員会は審査をします。だけど、日本には国内人権機関がありませんので、その審査がないわけです。法務省は、「日本には人権擁護委員という人たちがいる」と言いますが、さすがに、国内人権機関をお呼びする場面で人権擁護委員会の委員は来ないですね。やはり政府（法務省）の一部ですから。国内人権機関の独立性についてはパリ原則と呼ばれる国連総会の決議があるのですが、それにのっとった人権救済機関ではないということは法務省もわかっているので、その部分は空白になっています。

先進国にはどこも国内人権機関がありますので、非常に優れた人権エキスパートの人たちが集まって書いた優れた報告書が届きます。市民社会といわれるNGOの人たちの活動も盛んです。人権水準が高い国ほどNGOは「自分の国の政府はダメだ、もっとできる」と言いますけれど、客観的にみるとそういう批判や対話がある国というのは、おこなわれている政策の内容も非常にレベルが高いものがあると思います。

**福島** 日本でも、包括的差別禁止法と国内人権救済機関をつくることと選択議定書の批准に、ずっと取り組んできてはいるんですけどね。委員長まで出して、よその国に勧告に言いに行きながらも、実は日本は批准してないんですものね。

**林** 居心地が悪かったですよ（笑）。個人通報作業部会はたったの五人で、アジアやアフリカといった地域別・大陸別に委員が出ます。キューバの委員がいたのですが、幸いキューバはまだ批准していないので、「キューバがいてくれてよかった、日本だけじゃなかった」と……（笑）

**福島**　つらかったですね（笑）。フランス語も勉強されたんですよね。国連の委員会で働くにあたって、英語はもちろん完璧だとしても、フランス語をもう一回勉強するというのは、本当にグレートウーマンというか、がんばっていらっしゃるなと感心しているんです。

**林**　ジュネーブはフランス語圏なので。それは遅々たる歩みで、いまでも湘南日仏協会の会員で、毎週フランス人の先生にフランス語を教わっています。

## 世界に羽ばたく若い世代へ

**福島**　十一年間の女性差別撤廃委員でのご経験を踏まえて、日本のみなさんへのアドバイスや伝えたい思いはありますか？

**林**　若い世代の人たちには、「世界は広い」ということを伝えたいですね。日本でいちばんの人が世界でいちばんかというとそうではなくて、もっと優れた人がたくさんいるわけです。外の世界に出ていけば、そういう人たちを知ることができ、そういう人たちと交わることができるんですよね。「自分と違うものを知る」というのは、単に高いレベルを目指す、上昇志向ということではありません。わたし自身も委員になる前にアジア太平洋地域の「ＡＰＷＬＤ」（Asia Pacific Forum on Women, Law and Development）というネットワークの活動にしばらく参加したことがありました。亡くなった元朝日新聞編集委員の松井やよりさんが一生懸命かかわっていて、わたしは松井さんに誘われスリランカやフィリピンやマレーシアに行ったり、会議でいくつかのアジア諸国を訪問しました。委員になってどういう経験が自分に役に立っているかというと、特に先進国以外の国で多少なりとも過ごした経験があるということは、想像力を掻き立てるうえで、わたしはすごくよかったと思っています。

あとはジェンダーの問題ですね。まさに女性差別撤廃条約においては「女性とはなにか」ということ自体が問われています。いまは男性による女性に対する差別ではなくて、ジェンダーにもとづく差別という条約の解釈指針が出ていますが、そういったなかで複合差別の問題がありますよね。女性といっても、障がいのある人もいるし、性的指向も一人一人違います。そのなかでもユニバーサルな、最低限守らなくてはならない人権の基準があるということで国際人権法は動いていますので、そういった揺るぎない価値の部分との違いをひとつひとつ認めていく必要があります。わたしは、実はこれは日本人はものすごく苦手な作業ではないかと思っているんです。阿吽の呼吸で「はなさなくても通ずる」社会で過ごすことは心地よいけれども、それではダメですよね。自分が感じた違和感、怒り、喜びをもっと言葉に出していくことが必要だと思います。政治に参画していくというのは、まさにそういうことなんですよね。

## 最近の活動

**福島**　「市川房枝記念会」の理事長、また、日本女性法律家協会の座長もされていますね。

**林**　女法協では、「レジェンドプロジェクト」という、まさに「グレートウーマンに会いに行く」

のような、法の世界のパイオニアの女性たちをビデオに撮って撮影するというプロジェクトがあって、その座長をしています。
二〇一九年にイギリスが女性弁護士一〇〇周年を迎えました。それで、「ザ・ファースト・ワンハンドレッド・イヤーズ」という一〇〇年間の女性の法律家の歴史を回顧するビデオをつくっている団体があり、登録すると、一人一〇分か一五分くらいのビデオができるたびにリンクを送ってくるのですが、それが非常におもしろくて。女性で最初に高裁の長官になった人や黒人ではじめて大企業の社内弁護士になった人など、さまざまなバックグラウンドをもった人たちが「ファースト・ウィメン」として出てくるのです。これが日本でもプロジェクトをやろうと思ったきっかけです。

**福島**　実はわたしも、以前林さんにそのはなしを聞いて、「よし！　日本でもさまざまな「グレートウーマン」に会いに行こう」と、この企画を思いついたんですよ（笑）

## これからやりたいこと

**福島**　女性差別撤廃委員会の委員を辞められて、これからは、ジェンダー平等によりいっそう取り組むとおしゃっていましたよね。

**林**　女性差別撤廃委員を一一年務めて、そのあいだは年のうち三〜四か月はジュネーブ、残りは東京を行ったり来たりという生活だったので、国内の女性運動にじっくり取り組むことをしないまま十年以上経ってしまったんですね。そして、久しぶりに日本に戻ってきてみると、変な言い方かもしれないけれど、留守にしていたあいだに庭が荒れ放題になっているというか……（笑）

安倍政権のあいだにジェンダーギャップ指数はどんどん落ちる一方で、それでいて政府は非常にむなしい「女性活躍推進」を掲げています。かといって女性政策をみると、少子化対策は一生懸命やるけども、刑法の堕胎罪は遺されたままで、女性のリプロダクティブ・ヘルス／ライツは守られていませんよね。女性に対する暴力の問題など、ほかの国が当然のごとく取り組んでいる課題をまったくやっていない。このことに非常に怒りを感じて、やはり女性運動を強めなくてはならないと思いました。

それからもうひとつ、G7（主要七か国）が二〇一八年から「ジェンダー平等諮問委員会」という活動をはじめて、わたしは初代の二〇一八年のカナダと、二〇一九年のフランスのときに委員として参加しました、カナダのような女性運動の先進国に対して、委員会が「カナダ政府はいまジェンダー平等のどこに力を入れていますか」と質問すると、最初の答えは「女性の権利を支える女性団体を支援することです」と、まずそこにいくんです。女性団体を支援するNGOとパートナーシップを組んで、カナダ社会を変えていくんだというわけです。

委員長だったときにカナダの政府報告書審査を経験しましたが、「総括所見」という改善勧告を出したあと、カナダ議会からわたし宛に招待状がきて、「総括所見について議会に解説をしてほしい」とリクエストがありました。そういう態度ひとつをとっても、国連勧告が出ると

「法的拘束力はない」とわざわざ閣議決定をするような国と、その受け止め方が全然違うと思いました。

日本には戦前からの市川房枝さんたちの運動という根幹があるわけですから、女性のリーダーシップや女性の意思決定への参画を強めるようなことを日本でやりたいと思い、市川房枝記念会の理事長をお引き受けしました。

## フェミニストになったきっかけ

**福島**　林陽子はいかにしてフェミニストになりしか。いかがですか？

**林**　わたしは高校時代から、「どうして女子だけが家庭科をやるの？」というようなテーマで同級生の女の子たちを集めて会をつくっていました。大学も文学部や教育学部ではなくて、社会科学を勉強したいと思って法学部を選びました。大学時代もフェミニズムの読書会など、いろいろなことを仲間たちとやり、早稲田大学の学生だったときには一度だけ市川房枝さんにもお会いしました。それは中島通子《なかじまみちこ》弁護士が連れていってくださったんです。そうそう、福島さんが司法試験に合格したときには、合格発表の日に中島先生がお祝いしてくださいましたよね。中島先生の期待どおりというか、期待以上に、福島さんは羽ばたきましたね。

**福島**　先輩の女性弁護士がみなさん応援してくださいました。林さんもお祝いしてくださって、ありがとうございます。

わたしは林さんとほぼ同じ年代ですが、高校生のとき、朝日新聞やいろんな家庭欄には、「どうして家庭科は男女共修じゃないのか」などと記事が出ていましたよね。わたしたちの世代はウーマンリブ世代より十年ぐらいあとですが、大学時代に国連のメキシコ会議（43頁）もあり、「女の子も元気でいいんだ」という雰囲気を浴びて育ちました。わたしも同じように大学で勉強会をしていましたね。

**林**　そうですよね。今日、女性の参政権に関してある新聞社の取材を受けていたのですが、記者の方が言うには、日本はいま四十代の元気がないのだそうです。氷河期で経済的にも大変だったということと、いま福島さんがおっしゃったような「女の子もこれをやっていいんだ」という社会的な雰囲気があまりなかったのではないかということでした。

**福島**　それは感じていました。わたしたちは、升味佐江子《ますみさえこ》さん（弁護士）や加城千波さん（弁護士）とも同じ世代です。NHKでも『十代とともに』という討論番組があったし、「女の子も元気でいいんだ」「発言していいんだ」「あらゆることは疑いうるんだ」という空気感をポジティブに感じていましたよね。ところが、安倍政権下で、性教育や諸々へのジェンダーバッシング期が十年ほど続き、そのあいだに女性へのポジティブなメッセージが社会のなかから少し消えたんじゃないかって。

**林**　いわゆるネット右翼のような、目立つ人、特に少数派を擁護するような発言に対して匿名でバッシングがくるということが起きはじめましたよね。昔は技術的にできなかった手法ですから、そういったことも影響しているのかもしれないですね。

**福島**　一九九五年の北京会議では、「中国は近いから」と日本のNGOもたくさん参加しましたよね。国際会議にみんなが行って元気になろうという機運が、あれ以降少し薄れたように感じているんです。世代論で語るのはよくないですが、もっともっといろいろな世代が元気になるといいなと思います。

**林**　市川房枝記念会も、従前は「女性の政治参画」という言い方をしていたのですが、いまは「若者の政治参加」も目指しています。

市川さんは女性のことだけではなく、金権政治と闘うということで、ロッキード事件について私費で渡米し調査をされたり、「きれいな選挙」のために企業献金廃止をかかげるなどに生涯をかけたという点でも偉大な方でした。だから、いまのパーティ券問題もね（笑）

**福島**　「大企業の大企業による大企業のための政治」を変えなければダメですね。

## 生涯政治、参画！

**福島**　弁護士で、女性差別撤廃委員を一一年間務めたグレートウーマン林陽子さん。最後にメッセージをどうぞ。

**林**　福島さんとは二十代のなかごろに知り合って、福島さんは政治の道、わたしは弁護士として国連の人権機関で働き、歩む道こそわかれましたが、非常に多くの価値観を共有しています。福島さんが大臣の時代には女性差別撤廃条約を国内実施するための集まりを開いていただいたりと、ここまで、一緒にさまざまな活動を続けてこられたことを大変嬉しく思います。いままでは中島通子さん、松井やよりさんたち、偉大な先輩方を目指し、またその人たちに導かれ仕事をしてきましたが、これからはわたしたちに続く若い世代を育てる順番がまわってきたというか、お返しをする順番がきたと思っています。

同時に、わたしは「若者」という言い方にも弊害があると思っています。市川房枝さんが参議院議員に初当選したのは、五十九歳十一か月のときです。還暦近くになって議員になり、八十七歳まで務められました。だからわたしは市川記念会の講座に来る方々に、「六十歳でも七十歳でも遅すぎることはない。どうぞ、選挙に出られる人は出てください」と訴えていきたいと思っています。あらゆる世代の人が政治に関心をもって、日本のなかの社会課題を変えていくことが、日本には特に必要だと思います。

**福島**　林さん、本日は本当にありがとうございました。

■この対談は、二〇二四年二月六日に公開された動画を加除・修正したものです。

わたしと林陽子さんは同世代の弁護士。しっかりしていて、的確で、まぶしい存在である。林さんのことは二十代のころから知っているが、当時からすでになぜか「ずっと活動している大先輩」という感じがしていた。チャラチャラしていなくて知的で、安心感がある。「女性の家HELP」のアドバイザーーロイヤーに誘ってくださり、いろんなことに一緒に取り組んできた。国連の女性差別撤廃委員会の委員、そして委員長も務め、国際的にもすばらしい活動は本当にグレート！　選択議定書の批准、国内人権救済機関をつくる、包括的差別禁止法をつくるなどの目標に向けて、これからも一緒にがんばりましょう。

**【林陽子さんブックリスト】**（著書、共著書より一部を抜粋）

・林陽子編著『女性差別撤廃条約と私たち』信山社、二〇一一年
・橋本ヒロ子、林陽子、芹田健太郎編『どうする、日本のジェンダー平等戦略』信山社、二〇二三年
・林陽子講演録『つくろう！　私たちの「包括的差別禁止法」』女性差別撤廃条約実現アクション、二〇二三年

# 障がい者や若者などのために情と熱をもってがんばる弁護士　大谷恭子

GREAT WOMAN's PROFILE

## おおたに　きょうこ

1950年生まれ。1974年早稲田大学法学部卒業。1978年弁護士登録。現在アリエ法律事務所所長。「永山子ども基金」代表、一般社団法人若草プロジェクト代表理事。主な著書に『死刑事件弁護人——永山則夫とともに』(悠々社)、『共生の法律学』(有斐閣)、『セクシュアル・ハラスメントのない世界へ——理解・対策・解決』(共著、有斐閣)、『若い女性の法律ガイド〔第3版〕』(共著、有斐閣)、『それでも彼を死刑にしますか——網走からペルーへ　永山則夫の遙かなる旅』(現代企画室)、『共生社会へのリーガルベース——差別とたたかう現場から』(現代書館) など。主な担当事件に金井康治君自主登校裁判、アイヌ民族肖像権裁判、仕事差別裁判 (鉄鋼連盟賃金差別事件)、永山則夫連続射殺事件、永田洋子連合赤軍事件、地下鉄サリン事件、重信房子日本赤軍事件、目黒区児童虐待死事件など。

福島　今日は大好きな大先輩の大谷恭子弁護士に会いにきました。障がい者の問題、アイヌの問題など、さまざまな刑事事件を含めた裁判を引き受け時代を切り拓いてこられました。裁判と政策と行動を実践してきた、情と熱の人です。そこがグレート！

大谷　お久しぶりです。最初の紹介でちょっと引いているんですけど（笑）

福島　『共生の法律学』(1)は二〇〇〇年の本ですが、感染症、ＬＧＢＴＱ＋、障がいのある人、外国人など、いまにつながるさまざまテーマがとり上げられています。「わたしはあなたの味方をするわよ」という姿勢が、大谷さんのよさですよね。今日はよろしくお願いします。

## 弁護士になったきっかけ

福島　大谷さんはどうして弁護士になられたのですか？

大谷　わたしが大学に入学したのは、大学闘争まっただなかの一九六九年。やれベトナム反戦運動*1、やれ安保延長反対*2と、世の中全体が「時代を変えたい」という気運で盛り上がっていた。大学では学業そっちのけで学生運動をはじめたのだけど、すぐに男と出会って、闘争に邁進するために彼と一緒になるべく同棲をはじめた。そうしたら、運動のなかで彼が逮捕されてしまった。

そのときの弁護人がアルバイトを募集していたから、彼の救援をやりながら法律事務所に出入りするようになったのだけど、そこで「弁護士になったほうがいいんじゃないの？」と言われて。彼との生活を支えるためになにか手に職をつけようと思い、一九七二年以降に方針を切り替え弁護士を目指しはじめた。
もともと社会を変える実践運動をやっていて、その延長線上で弁護士になったわけだから、当初やりたかったのは、公安事件、街頭闘争といった刑事事件。すでに非合法の運動がはじまっていた時代だったけれど、逮捕されたときに彼らの代弁者としてよい弁護をする人がいないと感じていたから、刑事弁護しか頭になかったね。アルバイトしている最中に連合赤軍事件[*3]が起き、それからリッダ闘争[*4]が起きてテルアビブで奥平剛士《おくだいらつよし》くんたちが亡くなった（テルアビブ空港乱射事件）こともあって、命を賭けている彼らに寄り添う弁護をする人が、わたしたちの時代から出なければならないという使命感もあった。いまとなっては、寄り道をたくさんしてきたけれども（笑）

## 金井康治さんとの出会い

**福島**　いえいえ、ずっと一貫していますよね。金井康治さんの事件以降は、一貫して障がい者差別撤廃を訴えてこられましたよね。

**大谷**　金井康治君の事件に出会ったのは弁護士二年目。一年目は、三月に開港が予定されていた成田空港が、これに反対する農民と学生たちによって管制塔が占拠され、千人規模の逮捕者が出て、接見と刑事事件ばかりの日々だった。金井康治君の事件は、たまたま接見依頼があったのだけど、小学校の門を乗り越えた建造物侵入事件だと聞いて、気軽に引き受けた。まさか起訴になるような事件だと思わなかった。わたしの弁護士生活をガラッと変えた、すごく大きな事件だよね。

**福島**　事件について、おはなしいただけますか？

**大谷**　一九七七年に起きた事件で、康ちゃんはもともと養護学校に通っていたのだけど、弟が地元の小学校に入学することになったんだよね。だから両親が「ならば弟と同じ地元の小学校に」と転校要求を出したところ、小学校が拒絶した。康ちゃんは地元の子どもたちとの出会いが欲しいと言っていたし、両親もそれを望んでいたから、自主登校というかたちで学校の前に机を置いて支援者が勉強を教えていた。

ただ、トイレだけは学校に貸してもらい、小さなバギーごと門を乗り越えて、支援者がつき添って学校に入っていた。これに対して校長は「出ていけ」と強硬な態度をとった。彼らはトイレの使用を拒否して、康ちゃんたちを追い出しにかかったのね。それで、支援者は建造物侵入事件で逮捕され、康ちゃんは校門の前で漏らしてしまった。

「そんなバカな」って。康ちゃんは地元の子どもだし、弟はその学校に通っていて、いわゆる「父兄のお兄ちゃん」なんだからさ。それがトイレを借りるためにたった一一〇センチの校門を乗り越えただけで、どうして建造物侵入になるの？　わたしは当然不起訴でおわると思っていたのだけど、起訴された。

支援者は公務員だったから、有罪になると職を失っちゃう。なんとか罰金以下にしなくてはいけない。そこで、そもそも学校に康ちゃんの学籍がないことが問題だ、と考えた。学籍さえ与えられていれば、当然支援者は一緒に学校に入れるからね。「学籍を与えないという処分そのものが違法、違憲」だと争うしかない。だからもう憲法裁判にしようということで、全面展開の裁判になった。

一審は簡単に負けた。控訴審は「小さいときからともに学ぶことは大事」という総論は認めてくれたけれど、「障がいがある子を受け入れるには日本全国の学校でまだ条件が整っていない。現時点では時期尚早につき教育委員会の処分は違法ではない。よって有罪」と。最高裁まで争ったけれど、結局、支援者の公務員は職を失った。

これは刑事事件として本当に敗北感があった。「絶対におかしい」とその後いろんな運動にかかわったけれど、制度を改革しなければ根本的には解決しないと思っていた。日本でも二〇〇九年ごろにようやく障害者権利条約の批准のはなしが出てきて少しずつ軌道修正しようとしていたから、「これに乗っかろう」と、国内法の整備に参加した。

**福島**　民主党政権時、障がい者制度改革推進本部の構成員になってくださったのですよね。そして、障害児支援合同作業チームの座長を務められた。二〇〇九年十二月、本部長が鳩山由紀夫さん、障害者担当大臣だったわたしは副本部長でした。あのとき、有識者会議では三割以上の女性に参加いただいたんですよね。

**大谷**　「会議に参加する女性の数が足りないからどうか」って打診されて、「福祉全般については音痴だけど、教育のことだけでいいならやらせて」と。

**福島**　ずっとインクルーシブ教育一筋、すごく一貫していますよね。二〇一二年以降は内閣府障害者政策委員会で障害者差別解消法の作成にも尽力された。事件を担当し、政策、そして運動。三位一体じゃないですか。

**大谷**　いや、しつこいんだと思う（笑）

## アイヌ民族肖像権裁判

**福島**　チカップ美恵子さんの肖像権の裁判もやっていらっしゃいますよね。

**大谷**　わたしが永田洋子《ながたひろこ》さんの連合赤軍事件の控訴審からの弁護人になって、そのとき裁判の傍聴に来ていたのがチカップさんだった。女性弁護士に弁護をしてもらいたいということで訪ねてきてくれた。連合赤軍の事件の延長線上でわたしはチカップさんと出会ったのだから、原点の時代の責任は負いたいと思っていたね。

**福島**　肖像権の裁判についておはなしいただけますか？

**大谷**　チカップさんが十五～十六歳の少女のころに、『ユーカラの世界』というNHKの映像作品に出演した。それを使って更科源蔵《さらしなげんぞう》さんなどアイヌ民族学者が『アイヌ民族誌』（第一法規出版、一九六九年）という本を書いて、彼女のスチール写真をふんだんに使った。

『アイヌ民族誌』はもちろん学術書として体裁は整っているけれど、「滅びゆく民族アイヌ」とレッテルを貼って、「いま残さなければアイヌ民族の文化はない、だから学者としてそれを伝える」という趣向で書かれたものだった。本人たちにとってはたまらないよね。大人になったチカップさんがこの本を見たら、墓を荒らされ顔を晒され毛深い裸の写真を撮られ、アイヌ民族の骨格が標本のように扱われていた。アイヌ民族自身のきもちにまったく配慮されていなかった。

わたしは彼女の訴えに対して、「まったくそのとおり」と共感した。学者はきっとアイヌの声に真摯に耳を傾けてくれるだろうと思って、チカップさんと出版社に謝罪要求に乗り込んだ。そうしたら、本人たちが出てきて「君たちに感謝されることこそあれど、糾弾される覚えはない」と……。彼女は黙ってしまった。わたしも「あぁ、こんなふうになるんだ」って。あなたたちは奪うだけ奪い学者として賞賛され、彼女たちは搾取されただけ。それで、これは肖像権の侵害というよりも尊厳を奪われたということで、アイヌ民族の尊厳をかけて裁判に訴えた。損害賠償というかたちにしかならなかったけど、一生懸命、理論構成して挑んだね。

ちょうど、アイヌ民族の人たち自身が先住民族や少数民族の権利を先住権というかたちで主張しはじめたころだった。チカップさんがこの問題に気がついたのも時代の流れだったのかもしれないけど、あのときの彼女はまさに「風を摑んだ」と思っているよ。

**福島**　時代を切り拓きましたよね。

## 鉄連　仕事差別・賃金差別裁判

**福島**　鉄連（日本鉄鋼連盟）の裁判についてもおはなしいただけますか？

鉄鋼連連盟仕事差別裁判判決の日に（1985年）

**大谷**　鉄連事件は、時代を象徴する裁判だと思う。それまで女性差別の裁判は賃金差別によるものがほとんどで、仕事で差別されているという視点がなかったんだよね。だけど仕事で差別されている結果、賃金格差が生じるということで、はじめてそこを問題にした裁判を起こした。中島通子《なかじまみちこ》さん以下、女性弁護士をたくさん集めて大弁護団を組んだ。

だけどそもそも大弁護団の結成には経緯があってね。わたしは30期（一九七八年）弁護士登録で、その年にはじめて女性が三〇人修習生になった。五〇〇人中三〇人。その前年は十五人だった。研修所は、女性が倍増したことに危機感をもったんだろうね。30期の入学式の教官の挨拶でビックリする発言が飛び出した。いわく、「君たちは修習生として二年間ここで学ぶ。その先に検事・裁判官・弁護士と道があるが、女性はそれ以外にもうひとつ方法がある。それは、あなたたちの能力を腐らせて、家族の肥やしになることだ」と（笑）

**福島**　川嵜義徳《かわさきよしのり》裁判官ですね。わたしも大学時代に罷免要求の署名をしましたよ。

**大谷**　在野の弁護士たちのほうが、これはとんでもない発言だから、裁判官を罷免要求しようと盛り立ててくれた。わたしたち30期は、直接発言を受けた被害者として、恩返しに大弁護団に入らざるを得ない雰囲気になってしまった。

**福島**　鉄連裁判は本当に画期的でしたよね。そのほかにも本当にたくさんの事件に携わっていらっしゃいますね。

## 永山事件を経て

**大谷**　弁護士は誰でもそうだと思うんだけど、事件に出会って、事件に育てられるよね。わたしはやはり、なかでも永山くんの事件に出会えて、曖昧にしていた死刑に対する考え方が確信に変わった。死刑の執行、遺体の引きとりも経験した。遺骨だったけどね。

**福島**　永山事件[*5]ですね。

**大谷**　永山君は、一審で死刑判決を受けたけれど、控訴審では船田三雄裁判長の名判決で無期懲役になった。だけど生きる希望をもった途端、最高裁に上告されて、高裁破棄差し戻し判決を経てふたたび死刑が確定、七年後に死刑が執行されてしまった。死刑制度そのものがそもそも残酷だけど、「死刑、無期、死刑」という執行に至る過程でこんな残酷なことが起きてよいのだろうか。絶対に許せない。こんなふうに人の命を弄んでいいわけがないと思うから、わたしは確信的な死刑廃止論者になったね。

永山君の遺骨を引きとりに行ったら「印税がもし入ったらペルーの子どもたちへ」って遺言を聞かされた。だからいまでも、二十年以上ずっとペルーの子どもたちにチャリティーコンサートをしながらでも奨学金を送り続けているよ。しつこいんだね、結局（笑）。だけど本当に許せないと思うの。

**福島**　「永山子ども基金」ですね。『死刑事件弁護人』[2]や、『それでも彼を死刑にしますか』[3]を読むと、永山則夫さん自身も大変な子ども時代を送っていらっしゃって、被告人と弁護人との関係も生易しくはないですよね。被告人とのつき合いが「重い」と感じたことはなかったですか?

**大谷**　背負わされるものは重いけど、人間関係は普通だよ。永山君とは普通にはなしができたし、弁護団も、それを支える支援の人たちも、いい仲間ができた。だから、一人きりじゃないよね。わたしたち刑事弁護人というのは必ず対象がいて、その人といい関係でさえいればどんな重いことも一緒に背負うことができる。そういう意味では、どんな事件でも同じという感じがするのだけどね。

「永山子ども基金」も、遺言を聞いて「なんでペルー?」とは思ったよ。たまたま一九九六年にペルー公邸占拠事件が起きて日本赤軍がペルーで逮捕され日本に強制送還されたときに、置き去りにされた子どもをペルーに迎えに行ったという経緯があって、彼の死刑執行は翌年だったから、関係しているのかな。とにかく縁もできていたし、もうやるしかないなと。永山君は、本当に不思議な人。こういうかたちで縁をつないじゃう人。

## 瀬戸内寂聴さんとの出会いと若草プロジェクト

**福島**　二〇一六年から「若草プロジェクト」の代表理事をされていますよね。

**大谷**　「若草プロジェクト」というのは、困難な女性、特に若い女性の支援をするために立ち上げたのだけど、最初からこれをやるつもりだったわけではなくて、まずはじめに瀬戸内寂聴《せとうちじゃくちょう》さんとの出会いがあった。

寂聴さんには永田洋子さんの弁護の過程で情状証人として控訴審に出てもらっていたの。永田さんの一審死刑判決はとてもひどい判決で、要するに、連合赤軍の山岳でのリンチは永田さん個人の女性特有の嫉妬心、猜疑心が原因だというわけ。それはないだろうと多くの女性たちが怒って、女性弁護士が必要だということで、当時まだ弁護士二～三年目だったわたしが弁護に入った。死刑回避が難しい事件で、それでも弁護をしてくれる人は一体誰がいるだろうかと考えて、思い当たったのが寂聴さんだった。彼女なら、女性革命家が時代を切り拓こうとしたときの行きすぎ、そこでの男女関係のもつれについて理解してくれるんじゃないかなと思って、突撃で情状弁護をお願いしたら引き受けて下さった。それ以来、瀬戸内先生とはずっと途切れない関係が続いたよ。

寂聴さんが九十歳を超えたころから、「寂庵をこの先どうしようか」という相談にのっていて、わたしは、「小さな庵だから、罪を犯して刑務所から出た人の更生保護施設なんかいいんじゃない?」と提案した。死刑にかかわるようになってから、死刑囚が刑務所のなかでどういう生活を強いられるかということに関心をもって、更生保護が気になっていて。このアイデアに寂聴さんもいいねとおっしゃった。それで、障がい者制度改革のときに出会って、当時厚生労働省の事務次官としてものすごくがんばっていた村木厚子《むらきあつこ》さんにご相談したの。役人にお友達がいなくて、彼女しか思い当たらなかったけれど、彼女ならなんとかしてくれるのではないかと思った。そうしたら、「更生保護施設もいいけれど、いまは困っている若い女性がたくさんいるので、瀬戸内さんに支援してもらいたい」と、急にそういうはなしになって。それで、寂聴さんが「若い女性はそんなに困ってるの？」と一念発起、立ち上げた。

**福島** すばらしい。

**大谷** 立ち上げたら本当に大変。永山君みたいな子がたくさんいるんだもん（笑）。永山君と十五～十八歳のときに出会っていたら、こんな目をしていたんだろうなと思ったよ。ジーッとしちゃう子とか、トラウマに悩んでいる子とか。なにも知らないでこの世界に入ったから、学ぶことばかり。だけど刑事事件をやって、女の子のほうが意思疎通が難しくなっているということはなんとなく感じていた。永山君も少年事件だったし、男の子のほうがわかりやすい。

そんなとき、公設事務所の刑事弁護士養成事務所「北千住パブリック」の所長を引き受けたのだけど、若い弁護士二十人ぐらいが刑事弁護と少年事件をすごく一生懸命やっていたんだよね。彼らの事件報告を聞いても、少年事件で少女が置かれている立場はものすごく難しい。だけどそれに取り組んでいる若い弁護士たちもたくさんいる。彼らの力と熱意を借りればやれるかなと思って若草プロジェクトがスタートしたんだけど、やりはじめたら底なし沼。

**福島** 保健室というか、秋葉原の近くにも場所をつくり、チラシを配っているとおっしゃっていましたね。

**大谷** コロナ禍でさえ風俗の客引きをしている彼女たちは、一体どういう生活をしているのだろうと思うけれど、やらざるを得ないように社会に吸いとられてしまっているんだよね。彼女たちに「もうちょっと違う生き方をしようよ」と声をかけるためには、外に出ていくしかない。だけど出たところで、向こうの吸引力が強すぎてキャッチすることは難しいよ。あちらでは住むところとお金が与えられて、「かわいい」と言ってもらえて、承認欲求が満たされる。現実の家や学校のなかでいじめられたり、親にバカにされたり、地域から疎外されている生活と比べれば、キラキラしている。どれだけやっても負けてしまうと思いながら、それでもどうにかならないかなって。ガールズの象徴的な街になった秋葉原の近くに、そういう子たちがフラッと立ち寄れる保健室みたいな居場所があれば来てくれないかと思ってはじめたの。

**福島**　いつも弁護士の枠をはるかに超えていますよね。大谷さんが瀬戸内寂聴さんを回想した記事（「恋と革命に生きた寂聴さん　弁護士の大谷恭子さん『女性たちを応援』」朝日新聞、二〇二四年三月十六日）にさまざまな女性革命家のはなしが出てきますよね。管野《かんの》スガさん（新聞記者、著作家、婦人運動家、社会主義運動家）とか金子文子《かねこふみこ》さん（アナキスト）とか、革命家・伊藤野枝《いとうのえ》さん（無政府主義者、作家、翻訳家、編集者）とか。わたしはその系譜に大谷さんがいるのではないか、つまり「大谷恭子は彼女たちの延長線なんだ」と思っているんです（笑）

## 「永田洋子はわたしだ」——女性弁護士の目線

**大谷**　わたしは激しくないんだってば。激しい女のそばにいただけ。被告になった刑事事件を起こした人は、やっぱり最後まで面倒見なくちゃいけないなって。

**福島**　大谷さんはそこで「永田洋子はわたしだ」と思えるところがすごいですよね。情と熱の人なんですよ。

**大谷**　あの時代をリアルタイムで生きちゃったから、目を背けられないよね。「わたしだったかもしれない永田洋子」って、道浦母都子《みちうらもとこ》さん（歌人）の歌にもあるけど、あの時代、本気で闘争に埋没した女性は、みんな共通して感じていたんじゃないかな。

**福島**　時代は少しズレますが、『いのちの女たちへ』を書いた田中美津さん（365頁）も、永田洋子はわたしかもしれないと語っていました。

**大谷**　男との関係で、性的な関係も含めて、不全感や悔しさがあるけれど、男たちがみんな逮捕されていなくなって女だけになったときにどうしていいかわからなくなって、組織の長になっていく。あの時代に感じた彼女の悔しさは、過程も含めてすごく時代を象徴してるはずなのだけど、往々にして彼女の個性だけが問題になっちゃうんだよね。

**福島**　大谷恭子は大谷恭子なんだけれど、やはり「女性弁護士」というファクターもすごくありますよね。これ以上男たちばかりに任せられない、永田さんの事件には女性弁護士の視点が必要だと、大谷さんを送り込んだ女たちもすばらしいですよね。

**大谷**　そういった意味では闘争での失敗のひとつに、男女間の関係性の歪みがあったということは明確だった。世論は一方的に彼女だけが悪いとみなしたけれど、「じゃあ、男はなにをやっていたんだ」という問題がまったく提起されていないと気がついた女の人たちがたくさんいたよね。

**福島**　一方的に「女が化け物」であるかのように言われていましたものね。同じ弁護士として思うけれども、大谷さんは弁護士の枠を超えて、やはり情を込めてやっていますよ。それに、ピュアで、熱いですよね。「しつこい」というのもキーワードとして出てきましたね。

**大谷**　超えてというか、やっていると超えちゃうんだよね（笑）。超えているつもりはないし、自分でもやめればいいのになぁと思うけれど、「あー、遺言聞いちゃったか」とかね。

## 大谷恭子さんの原動力

**福島**　大谷恭子さんのその原動力はなんでしょうか?

**大谷**　自らなにかを進んでやったって自覚はないんだよ。ズルズル、ダラダラとやってきて、出会った人に感情移入しちゃう。永山君もそうだし、ヤクザの若いお兄ちゃんにもそうだし、いまは優里《ゆり》さん……目黒区で長女の結愛《ゆあ》ちゃんを虐待死させたとされる事件のお母さん。彼女は本当はDVの被害者なのに。

**福島**　子どもがお父さんから虐待を受けていて、お母さんも虐待で刑事裁判にかけられたんですよね。

**大谷**　お母さんも共犯者だとされているけれど、彼女は夫のDVの被害者だよ。そのなかで子どもを守りきれなかったことに苦しんで、二重につらい思いをしている。そういった意味ではわた

しはいつも出会った人、特に遮蔽板の向こうの人に感情移入していているね（笑）

**福島** そこがすばらしいですよね。遮蔽板の向こうの人は、いつも人格者というわけじゃないし、ぐちゃぐちゃにいろんなものを抱えているわけじゃないですか。だけど大谷さんはそこで一緒に手をとって、一緒に泣いてあげられる。

**大谷** 基本、人間が好きなんじゃない？ 永山君の事件以来、遮蔽板に手を合わせて、「またね」って挨拶するんだよね。ぐちゃぐちゃになってなおかつ苦しんでいる人間はすごく深いし、「なんとかならんかな」ってことも含めて、その出会いに感謝している。人間がおもしろいと思っているんだよ。

シリアのパレスチナ難民キャンプ。坂東國男の供述書作成のため（1987年）

**福島** 嫌だなと思うことはありませんか？

**大谷** 遮蔽板の向こうの人には、全然そう思わないね。こっち側の人は、ちょっと疲れる。遮蔽板をつくって、そこで会おうよと言いたくなるくらい（笑）

**福島** 遮蔽板の向こうの人も、反省が足りないと思うことはないですか？

**大谷** それはそれで、ガンガン伝えればいい。わたしが検事以上の検事になって、バーっと怒鳴りつけるからさ。

**福島** 人間は自分のやったことに向き合うことが難しいから、本当に反省することは実はなかなか

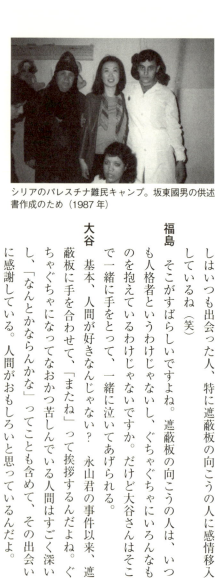

難しいんですよね。

**大谷**　それは、オウム事件で感じたね。この人を反省させたとしても絶対に死刑だよなと思ったら、もうこのままでいいんじゃない？って。それぐらい、彼らは苦しんでいるんだよね。要するに、混乱している。オウムの人々だって、自分の信じていた宗教世界から、急に現実の刑事事件の負荷を負わされて、これまで信じていたものはなんだったんだろうって。それは苦しいでしょう。

**福島**　大谷恭子さんの原動力はやはり愛ですね。愛と情と熱、そう思います。瀬戸内寂聴さんとはじめた若草プロジェクトで少女たちのことに向き合ったり、本当に豊かですよね。

**大谷**　瀬戸内さんとは本当に楽しくはなしをさせてもらったよ。彼女は男のはなしを聞くのが大好きだったから（笑）

**福島**　だから気が合ったのかもしれないね（笑）

**大谷**　歳の差を超えて、わたしは彼女との会話がとても楽しかった。

**福島**　寂聴庵で研修もやっていますよね。いろんな人を巻き込んで、人の輪をつくる、その才能があるんですよね。語りつくせないグレートウーマン大谷恭子弁護士、今日は本当にありがとうございました。

北海道にて（2012年夏）

■この対談は、二〇二四年四月一日に公開された動画を加除・修正したものです。

大谷恭子弁護士とは本当に長いつき合いである。学んだこと、助けてもらったことがいっぱいある。弁護士という枠、女性という枠を大きく超えて、エネルギッシュで、パワフル、とことん正直な方である。対談では大谷恭子さんのご自宅に伺った。「下町の太陽」ともいわれる彼女の実家はお米屋さん。リビングにはグランドピアノが置かれ、対談のあとは、ピアノの先生が来て、ピアノレッスンをするとのことだった。いいなあ。大谷さんのピアノを聞きそびれたことが残念だ。グレートウーマンの企画のなかで、冒頭から男の話が出てきたのは大谷さんだけだった（笑）。おもしろい。たくさんの重要な事件を担当してきた、愛とパワーに溢れる女性である。ほれぼれ。

**【注】**

＊1　ベトナム反戦運動……一九六一年から七三年まで続いたアメリカのベトナム侵攻に対する反対運動。日本では北爆が開始された一九六五年ごろから高まった。代表的な反戦運動団体は「ベ平連」（ベトナムに平和を！　市民連合）。

＊2　安保延長反対……日米安保条約が一九六〇年から十年の期限を迎えた一九七〇年に自動延長するに

あたり、これを阻止して条約破棄を通告させようと起こった運動（七〇年安保）。

＊3　連合赤軍事件……一九七一年から七二年に起きた連合赤軍による山岳ベース事件とあさま山荘事件のふたつの事件の総称。

＊4　リッダ闘争……一九七二年五月三十日にイスラエルのテルアビブ近郊都市リッダに所在するリッダ国際空港で発生した、パレスチナ解放人民戦線（ＰＦＬＰ）の対外作戦部隊（ＰＦＬＰ-ＥＯ）が計画し、日本人政治活動家（のちの日本赤軍）三人が実行した事件。

＊5　永山事件（永山則夫連続射殺事件）……一九六八年十～十一月に、東京、京都、函館、名古屋で発生した連続殺人事件。犯行時十九歳の少年であった永山則夫は米軍基地内で拳銃を窃取し、この拳銃を使用して四人を殺害した。第一審で死刑判決、控訴審で無期懲役判決を受けたが、最高裁での破棄差し戻し判決を経て死刑が確定し、一九九七年七月に死刑を執行された。

**【大谷恭子さんブックリスト】**（著書、共著書より一部を抜粋）

（1）『共生の法律学 新版』有斐閣、二〇〇二年

（2）『死刑事件弁護人―永山則夫とともに』悠々社、一九九九年

（3）『それでも彼を死刑にしますか――網走からペルーへ 永山則夫の遙かなる旅』現代企画室、二〇一〇年

・『共生社会へのリーガルベース――差別とたたかう現場から』現代書館、二〇一四年

# 性暴力をなくすために

角田由紀子

GREAT WOMAN's PROFILE

**つのだ　ゆきこ**

1942年北九州市(当時は若松市)生まれ。福岡県立小倉高等学校(旧制中学が前身)を経て東京大学文学部に進んだが卒業時に女性国語教師は採用しないとの東京都の方針で教師になれず、やむなく司法試験を受けて1975年から弁護士に。以後、二人の子どもを育てながらしこしこと日の当たらない女性の権利、なかでも性被害関係の権利の仕事を中心にして生き延びてきた。2016年には法制審議会で刑法(性犯罪関係)改正にも参加した。女性差別は弁護士になった動機からして当事者としてたっぷり味わってきた。弁護士にはすこしも向いていないと職業選択の誤りに悩み続けてきた50年であった。

福島　今日は女性弁護士のパイオニア、角田由紀子弁護士におはなしを伺います。角田弁護士のご活躍をたくさんの人にお伝えすることで、みんながもっと力を合わせて連携するきっかけになってほしい、そして、続く人たちが勇気づけられて前に進めるといいなと思っています。今日はよろしくお願いします。

## 角田弁護士との出会い

福島　角田弁護士とは、わたしが司法修習生のときにお会いしましたね。「活きがいいわね」って言っていただいて、嬉しかったことを覚えています。一九八〇年代にはすでに弁護士会で選択的夫婦別姓の導入を求める活動をやっていらしゃったんですよね。

角田　いろいろと男性弁護士の反対があって、おもしろかったわね。

福島　角田さんもわたしも、九州出身なんですよね。角田さんは北九州、わたしは宮崎。文学部の国文科に進まれたんですね。なにを勉強していらしたんですか？

角田　中世の説話文学をやっていました。民間のおはなしを誰かが採集して、お坊さんなんかが本にまとめている民衆の文学というのは、おもしろいなって。

福島　国文科から司法試験を受験された理由をおはなしいただけますか？　とてもいい成績で合格されたんですよね。

## 弁護士を目指したきっかけ

**角田**　将来は高等学校の国語の先生になるものだと思っていました。教育実習も済ませて、大学四年生の夏前に東京都の教育委員会に高等学校の先生になるにはどのような手続きをとったらいいのか聞きにいったのです。すると窓口の人が開口いちばん、「英語と国語の女は掃いて捨てるほどいるからいらないんだ」と。理科や数学なら女でもいいけれど、とにかく国語の女教師なんかいらないと言われました。そんなことを言われるなんて、考えてもみませんでした。カウンターで立ち往生しちゃってね。

つまるところ、女にはライセンスのいる仕事を自分でやるという道しか開かれてないのだと思いました。弁護士を目指していた夫が「司法試験を受けてみたら。教科書を読んで法学部の授業聞いていればそんな難しくないよ」と言うので、勉強をはじめたんです。

**福島**　わたしは高校一年のときに弁護士になろうと思って法学部に進みましたが、男女雇用機会均等法がなかったので求人は男子のみの募集で、就職はなかなか大変でした。女性の仕事は本当に限られていましたよね。だけど、こうして角田由紀子弁護士が誕生したわけですね。

## 性差別に取り組む原動力

**福島**　性差別や性暴力、女性の問題など、一貫したテーマに取り組んでこられた原動力はなんでしょうか?

**角田**　子どものときから、自分が女の子であるために馬鹿にされてきたことが理由のひとつにあります。わたしは福岡県立小倉高等学校という文武両道が自慢の学校に通っていたのですが、そういう学校ですから、女子学生を歓迎しないのです。わたしの時代は一学年に五百人程度の学生がいて、女子学生は三十〜四十人。県立高校だから女子をゼロにはできないけれど、できるだけ少なくしたいと学校側はさまざまな画策をしていました。学年で一組と二組だけがかろうじて共学のクラスでしたが、学校全体が「女は邪魔!　邪魔!」という雰囲気でしたね。たとえば、女子学生が宿題を提出しなくても知らん顔をするけれど、男子学生には叱るのです。多くの女子学生は「女は楽」って受けとっていたようでした。わたしは「女は馬鹿にされているんだよ、どうでもいいって言われているんだよ」と言ったんですが、通じなかったですね。それが日常だったんです。大学進学のときだって、女子学生が共学の大学に行くというと、先生が「女子大に行け」と反対するんです。

こうしてわたしの高等学校の三年間は、女を馬鹿にする雰囲気のなかでどうやって生き延びるか、どうやって教師たちをギャフンと言わせるかということが課題になってしまいました。教師たちが現役で東大に入った男子学生のことを褒めるから、あるとき「わたしも東大に入ればいいんじゃないか」と思ったんです。東大に入ってなにをしたいかではなくて、合格することが目標でした。

**福島**　わたしは宮崎県立宮崎大宮高等学校出身ですが、女性が多かったし、東大に行くと言ったら、

「いいね、がんばれ」という雰囲気だったので、そういう経験はないんですよ。角田弁護士のはなしを聞いてると、あからさまですね。それが大学進学の動機というのは、驚きました。

## 徳島ラジオ商殺し事件

**福島**　一九五三年に徳島で起きた冤罪事件、「徳島ラジオ商殺し事件＊1」についておはなしいただけますか？

**角田**　弁護士になって二年目のときに、弁護士の夫がアメリカに研修に行くというので、わたしも一緒に行ったのです。毎日暇でしょう。日本から「判例時報」だけは送ってもらっていたので読んでいたら、原田香留夫《はらだかるお》弁護士が担当した冤罪事件についての記事が載っていました。すると帰国後新聞で、徳島ラジオ商殺し事件で日弁連（日本弁護士連合会）が事件委員会を立ち上げるという記事を見たんです。判例時報の記憶があったので、おもしろそうだと思いました。委員になりたくて、ともかく日弁連に行って申し込みをしたんです。職員の方はびっくりしていましたね。しばらく経って同期の田中薫弁護士から連絡がありました。「自分から再審弁護団に入りたいなんて、もしかしたら検察のまわし者じゃないかと弁護団で話題になって、いろいろ調べた」ということでした。だけどなにも出てこない。そうしたら田中さんが「あらその人、わたしのクラスメートだよ」って。こうして弁護団に入れてもらえたのです。
弁護団で一審の有罪判決を見ました。容疑者の冨士茂子《ふじしげこ》さんは二回結婚に「失敗」して、夫はモテる人だったとありました。それは事実です。だけど、有罪を認定した判決では「嫉妬に狂って夫を殺した」とある。「ちょっと違うんじゃない」と感じました。嫉妬に狂って相手の女性を殺すのならばまだわかるけれど、夫を殺したら元も子もないじゃないですか。なんて馬鹿なことを書いているんだろうと思いましたね。最初の判決がおかしいですよ。たとえば彼女はたしかに再婚しているんだけど、なんで「結婚に失敗して」という表現になるんでしょうか。いろいろと引っかかるところがありました。その後、ご本人にも会ったけれど、本当に変な事件だと思いましたね。

一九五〇年代当時は、裁判官にしろ、検察官、弁護士にしろ、戦前に大人になった人たちばかりでしょう。結婚に対する考え方が戦前と変わっていないんです。古い家父長制の時代の結婚観ですべてを見ているわけです。わたしが徳島の弁護団に入る前にも男性の弁護士が一生懸命やっていたのですが、判決の動機の部分は問題になっていませんでした。見過ごされていたんです。

だから、結婚という制度を男性の視点からみると、離婚は「ペケ」なんですよ。いかなる事情があろうと、夫婦として生涯添い遂げなければならない。そんなことがなんの自覚もなく堂々と語られていたのが、徳島の一審判決だったと思います。

**福島**　わたしはそのはなしを修習生のときに聞いて、「やっぱり裁判のなかに女性が入っていくことはとても重要だ」と感じました。でなければ物事を理解できないし、人口の半分いる女性の弁護はできないですよね。

## 日本初のセクハラ裁判　福岡セクシュアル・ハラスメント事件

**福島**　日本初の「セクシャルハラスメント」訴訟である一九八九年の「福岡セクシャル・ハラスメント事件[*2]」も手がけられたんですよね。

**角田**　最初のきっかけは、一九八九年の三月ごろにわたしたちがセクシャルハラスメントについてのアンケートを実施したことでした。これがひとつのテーマになって、国立女性教育会館（NWEC）でセクシャルハラスメントに関する合宿をしたんです。そうしたら、合宿での議論を参加していた雑誌『MORE』の小形桜子《おがたさくらこ》さんという編集者が特集してくれました。

特集記事ではアメリカでのセクシャルハラスメントに対する法的な対応が紹介されました。「日本ではどうなんですか?」という質問に対してわたしは「アメリカの場合は市民的権利に関する法律で扱われますが、日本にこうした法律はない。だけど、日本の法律に置き換えれば、民法の不法行為法を使えば同じような裁判ができるんじゃないかと思います」とコメントしました。

するとコメントが載った『MORE』を、セクハラ訴訟の原告になった晴野《はるの》まゆみさんが美容院で読んで、「自分はそれについていろいろ考えている」と電話をかけてきました。わたしは東京にいたので、福岡であれば、辻本育子《つじもといくこ》弁護士や原田直子《はらだなおこ》弁護士が「女性協同法律事務所」（女性協同）を開設したばかりだと伝えたら、「その人たちに相談しているんです」と。辻本弁護士とは、日弁連の「両性の平等に関する委員会」で面識があったので、一緒にやることになりました。

いろんな偶然が重なったのですよね。『MORE』という女性向けの雑誌があり、小形さんという女性編集者が意識をもって特集記事を組んでくれたことはひとつのきっかけです。それに、福岡では西日本新聞の女性記者が、やはり女性協同の開設を新聞記事にしていたのです。情報がいろいろとつながって、裁判に結実していったのだと思います。

**福島**　一九八九年には「セクシャル・ハラスメント（セクハラ）」という言葉が流行語大賞となりましたよね。当時の労働省がようやく腰を上げ、均等法のなかにも配慮義務としてセクシャルハラスメントが入りましたね。

**角田**　だけど労働省の最初の意識では、セクシャルハラスメントは「コミュニケーションギャップ」だったんですよ。彼らが最初に実施した全国調査は、コミュニケーションギャップにかんする調査だったのです。セクハラの本質はいまでもよく理解されていませんが、これは性差別の問題ですよ。今日に至るまで、性差別、特に女性に対する差別だけ認識が普及していないですよね。

**福島**　当時の男性誌をよく覚えています。セクハラは「どこまでよくて、どこまでダメか」とかね。

**角田**　週刊誌の記者からも電話がかかってきました。どこからが強姦になるのかだとか、そういう質問が多かったですよ。「アホなことを聞くなー」と思っていました。だけど日本ではハラスメントの法的定義がないですからね。均等法は定義ではないんですよね。この国には、差別に対する定義、性差別の定義がないのです。

## 医学部入試女性差別事件

**福島**　医学部の入試で、男性と女性で試験内容が違うという問題もありました。これについての裁判もやっていらっしゃいますよね。

**角田**　聖マリアンナ医科大学の事件は二〇二三年十一月に結審になります（補足：二〇二三年十二月二十五日、東京地裁は女性を差別する得点調整があったと認定し、「差別を受けない利益を侵害された」として同大に計約二八五万円の支払いを命じた）。原告たちは上告し、いま最高裁の上告受理の返事を待っています。世の中に差別はたくさんありますが、二〇一八年まで女子学生だけ一律に点数を削るという露骨な差別がまかりとおっていたことにビックリしましたね。

医学部入試における女性差別対策弁護団のみなさんと（2019年6月20日、東京地方裁判所）
提供：WAN（https://wan.or.jp/article/show/9064）

法学者の辻村みよ子さんが、日本の女性差別は「永久凍土、ツンドラと同じです」とおっしゃっていたんです。本当にそうだと思いました。わたしは主観的には、女性差別の問題をたくさん扱い一生懸命やってきたつもりなのですが、それは単に表面を少し触っただけで、ちょっと鍬を入れれば下には巨大な永久凍土の性差別がありました。いままでなにをしてきたのかと、自分でも呆れ返りましたね。発覚したのが二〇一八年の夏ですから、たまたま文科省の役人と東京医大との関係で贈収賄事件についての内部情報が出て、東京医大の第三者委員会が入試結果を洗ってみたら、おまけで女子学生の差別がわかったわけです。事件がなければ、バレないでしょう? バレるきっかけがないので、いまでもやっていたと思いますよ。

## 男性視点で事件が語られる歪み　横浜セクシャル・ハラスメント事件

**福島**　非常に早い段階から、人権を考えるすばらしい本を出されていますね。一九九一年『性の法律学』[1]、二〇〇一年に『性差別と暴力』[2]、二〇一三年に『性と法律』[3]。わたしは今回刑法改正の法務委員会で質問するときに、改めて『性の法律学』を読み返したのですが、犯行を非常に著しく困難にするような暴行脅迫がなければ、強姦罪にならないということに対して、一九九一年から異議を唱えていらっしゃるんですよね。まさに女性の視点で強姦を考えておられます。

**角田**　一九八六年から、東京・強姦救援センター*3のリーガルアドバイザーということで、いろんな相談を受けるようになりました。わたしはそこで強姦被害者のはなしを聞いて、はじめて被害の実態を知りました。東大では團藤重光《だんどうしげみつ》先生の授業を受けていたのですが、授業で理解していた強姦と実際の被害者の語る強姦とは、天と地ほど違うということを知りました。たとえば、当時は暴行脅迫の要件がかなり厳密に要求されていたので、犯罪として立証できる強姦はものすごく少ないのです。それに、立法した人も、研究する人も、実務をする人も、事件に携わる人たちのほとんどが男性でしょう。被害者のはなしを聞かずに、男性の視点だけで事件が語られていたと気がついたんです。日本の法律は男性の視点だけからしかものを見ていない。世界の半分しか見てないのです。

**福島**　強姦の裁判で裁かれているのは男性ではなく女性ですよね。個人の経験とか服装とか、クレーマーじゃないかとか、逃げられたんじゃないかとか、そんなことが議論になってしまう。一九九五年の「横浜セクシャル・ハラスメント事件[*4]」もそうですよね。残念ながら一審は女性側の敗訴でした。だけどどうしろから抱きつかれたあとに、「わたしはここでセクハラを受けました」なんて、そんなこと言える人はいませんよ。

**角田**　あの判決は変ですよね。抱きつかれた場所が事務室で、あそことあそこにドアがある、出口がある、だから逃げられただろう、と詳細に書かれているんです。それが当時の男性裁判官の普通の認識だったのです。

**福島**　午後も変わらず仕事を続けたというけれど、ではセクシャルハラスメントに遭ったら弁当をぶちまけて帰ればいいんでしょうかね。驚いたり、ショックを受けて、そんなことできないですよね。だからやっぱり『性の法律学』は画期的で、現在におけるいろんな法律改正の元になったバイブルだと思っています。

**角田**　あの本が世の中に受け入れられるまで、そう簡単ではなかったんですよ。

**福島**　角田さんの本もわたしの本も、有斐閣の編集者満田康子さんが出してくれたんですよね。

**角田**　彼女は男ばかりの編集部に、「なんじゃこれは」という企画をもっていった。企画をとおすには、大変なご苦労があったと思います。

## セクシャルマイノリティへのまなざし

**福島**　『性差別と暴力』では、第一章で「性的マイノリティの権利」を扱っていますね。この本が出たのは二〇〇一年ですから、先見性がありますよね。

**角田**　以前、ミシガン大学のロースクールで研究員として勉強したことがあります。そこで「セクシュアルマイノリティの権利」という授業を受講しました。その授業は学生から大変な人気で、翌年からは学生が入りきらないからと大きな教室に変わっていたほどです。それだけ先進的で、みんなが興味をもつテーマだったんです。帰国後もセクシュアルマイノリティの人たちと縁ができて、つき合うようになりました。当時は、当事者の人と法的なはなしができる人がまだ誰もいなかったのです。女性差別の問題とつながっているところもあって、わたしは若干はなしができたので、シンポジウムなどに呼んでもらいました。

**福島**　一九九〇年に「府中青年の家事件[*5]」が起きて、アカーの講演があるということで、わたしも東大の駒場祭に参加しました。一九八〇年代にはすでにレズビアンのカップルから、異性愛者は婚姻届を出す／出さないの選択ができるのに対して、自分たちはそもそも届出を出すことができないから、裁判を起こしたいという相談がありました。当事者たちは脈々と声を上げたり、問題にしてきているんですよね。

**角田**　当事者の運動はひとつのカギだと思います。当事者はどうしても不利益な立場に投じられてしまうので、これまで自分の口で直接語ることができなかった、許されなかった、聞く人がいなかった。そういう時代だったのです。いままでは弁護士が代わりにいろんなことをやってきました。それが少しずつ、当事者が前に出てくる社会になりました。すると、なにが本当の問題かわかりますよね。

**福島**　二〇〇二年のドメスティックバイオレンス防止法も、当事者と支援者の人たちの声で法律がつくられましたものね。

## 買春防止法改正を！

**福島**　女性の問題について、もっと見直されるべきだと思う法律はありますか？

**角田**　たくさんありますが、時間が迫っているのは、性売買の禁止をどうするかという問題です。つまり、二〇二四年に「困難な問題を抱える女性への支援に関する法律」（女性支援新法）ができて売春防止法の一部がなくなったのですが、残っている部分をどうするかという問題。日本の売防法では売買春が禁止されていますが、売春も買春も処罰されないことになっています（補足：売買春をする本人が勧誘などをおこなうと処罰対象となる）。だけど、性を売っている被害者を処罰しないなんて当たり前のことじゃないですか。買春者だけを処罰するというのが新しいやり方で、北欧や欧米ではすでに導入されています。現状は、買春行為は禁止といえど具体的な処罰規定がないので、禁止を破ってもなんのお咎めもありません。買春者が我が世の春を謳歌しています。なんとかしなければいけないと思っています。

それから、ジェンダー平等についての議論は進んできましたが、やっぱり性売買の問題が落ちていると思います。性を売るしかない状況に追い詰められている女性たちが抱えている賃金問題などは、たしかにすごく重要ではありますが、いまはそこにしか注意が向いていません。究極的なジェンダー不平等である、性を売るしかない女性の人としての尊厳を守る法律をつくる必要がありますよね。わたしは売春防止法を改正しなければならないと思っているんです。

## 平和と女性について

**福島**　「平和と女性」について、一言いかがでしょうか?

**角田**　いま、安保三文書と軍拡がものすごい勢いで広がっています。戦前もそうだったように、戦争は女と子どもを抑圧し、人権を奪います。日本でまだ戦争がはじまっていないにしても、社会がそれを許容する方向に向かっているでしょう。社会全体の暴力許容度が上がっているんですよね。安保法制は憲法論を中心に議論されますが、女性が実際にどういう権利侵害を受けるのかということを中心におかなければ、見えない問題がたくさんあります。この問題を女性だけで、女性の立場から考えるということは、全体をよく見るために重要だと思っています。裁判所は「戦争がはじまってから来い」と言いますが、はじまらないようにどうするというのでしょうか。戦争がはじまったらおしまいだって、ウクライナ情勢を見ていればよくわかりますよね。その前に女性の置かれている立場や権利に焦点を当てて、そこから現状の問題を映し出したいと思っているんです。

**福島**　二〇一五年に採決された安保法は集団的自衛権の行使を認めているので、明確に違憲です。だけど裁判所は、実際の権利侵害がまだ起きていないと言います。だけどいざ戦争が起きてから訴えるなんて無理ですよね。

**角田**　法律以前に一般常識として、よくそんなことが言えるなと。戦争が本当に起きたら、それによって起きる権利侵害や害悪を、裁判官だけ避けてとおることなどできませんよね。どうして自分の身におき換えて考えることができないのでしょう。あの人たちは政治的な問題になると判断停止してしまう。困ったものだと思っています。

## 学生時代の差別経験を糧に……

**福島**　インタビューを拝見すると、娘さんは「自由の森学園」（埼玉県飯能市）の第一期生なんですよね。教育問題についても、いろいろな思いがありますよね。

**角田**　娘が公立中学に通ってひどいいじめに遭ったんです。わたしも弁護士の端くれとして、学校と交渉したり、内容証明を書いたり、いろいろやったんですよ。やったんだけれども、結局は「親が弁護士だから、うるさいからこれ以上触るな」というかたちでおわりにされました。そんなときに新しい学校がはじまるということで、そこに入れたら娘が救われるんじゃないかって。

**福島**　さまざまなご経験をされていますね。パイオニアとして風を受けながら道を切り拓いてこられました。

**角田**　わたし、鈍感だから。

**福島**　だけど高校生のときすでに「差別だ」と思うわけですから、決して鈍感ではないんですよ。

**角田**　高校生のときに、十分差別されて傷つくだけ傷ついて生きたから、あとは「これをどうしてくれよう」という怨念みたいなものがあったかもしれません。

**福島**　女性弁護士のパイオニアとしてグレートウーマン道を切り拓いてこられた角田由紀子さん。本日は本当にありがとうございました。

角田由紀子弁護士は、わたしが修習生のときに出会った大先輩。弁護士会での選択的夫婦別姓の議論に参加されていた。中島通子弁護士や角田弁護士などが若手弁護士も含めた女性弁護士のグループをつくってくださって、そこで一緒に活動をはじめた。角田弁護士のすばらしいところは、日本ではじめて「セクシャルハラスメント」を掲げた「福岡セクシュアル・ハラスメント裁判」を手がけたこと。女性の性暴力、暴力について、果敢に道を切り拓いてきたことに心から拍手。バシッとものを言うと同時に、わたしを含めたたくさんの女たちをその力で応援してくれてきた優しさも感じている。ジェンダー平等の裁判に、角田由紀子あり。

【注】

＊1　徳島ラジオ商殺し事件……一九五三年に徳島県徳島市で発生した強盗殺人事件。犯人とされた冨士茂子に対し、刑の確定および死後に再審によって無罪が言い渡された冤罪事件である。日本弁護士連合会が支援していた。日本初の死後再審がおこなわれ、死後に無罪判例によって名誉回復がなされた。

＊2　福岡セクシュアル・ハラスメント事件……出版社の編集長が、会社内外の関係者に対し、対立関係にある部下の女性従業員の異性関係が乱脈であるかのように非難するなどして、当該女性の評価を低下させ退職に至らしめた事件。福岡地裁は編集長の行為が不法行為にあたると判示し、編集長および会社に対して、損害賠償として百六十五万円の支払いを命じた。

＊3　東京・強姦救援センター……一九八三年に女性たちによって設立された日本ではじめての強姦救援センターであり、民間のボランティア団体。

＊4　横浜セクシャル・ハラスメント事件……事務所内で上司に抱きつかれるなどのセクハラを受け、退職するに至った女性労働者が損害賠償請求した。横浜地裁は原告女性の請求を棄却。控訴審判決では、アメリカにおける強姦被害者の対処行動についての研究などにもとづき、被害者女性の供述に信用性を認めたうえで、上司および会社に対して二百七十五万円の支払いを命じた。

＊5　府中青年の家事件……東京都が同性愛者への宿泊施設「府中青年の家」の利用を拒否したことに対し、市民団体「動くゲイとレズビアンの会」（現・アカー）のメンバーが一九九一年二月に起こした損害賠償請求訴訟。

**【角田由紀子さんブックリスト】**（著書、共著書より一部を抜粋）

（1）『性の法律学』有斐閣、一九九一年

（2）『性差別と暴力――続・性の法律学』有斐閣、二〇〇一年

（3）『性と法律――変わったこと、変えたいこと』岩波書店、二〇一三年

・角田由紀子、伊藤和子編『脱セクシュアル・ハラスメント宣言』かもがわ出版、二〇二一年

# 第三章

# ケアの現場のグレートウーマンたち

# 犬猫殺処分ゼロを目指す獣医師

齊藤朋子

GREAT WOMAN's PROFILE

## さいとう　ともこ

1974年愛知県蒲郡市出身。2000年北里大学卒業後、獣医師となる。あるとき野良猫の不妊去勢手術を目の当たりにし、衝撃を受ける。犬猫の殺処分問題は、獣医師が不妊去勢手術に深くかかわることで減らしていけると気づき、2009年、都内に低料金制の野良猫手術専門病院を開設。2010年には志を同じくする仲間を集めて犬猫の殺処分ゼロを目指すNPO法人ゴールゼロを設立、代表理事を務める。その後、病院を八王子に移転。野良猫問題を抱える地方には出張手術に赴き、年間2～3千匹の手術をおこなう。最近は、奄美大島で希少種保全のため捕獲され、殺処分対象となったノネコの保護活動を精力的におこなっている。

**福島**　獣医師の齊藤朋子先生に来ていただきました。「モコ先生」って呼ばれているんですよね。犬猫殺処分ゼロを目指して、野良猫などの不妊手術を精力的にやっていらっしゃいます。たくさんのボランティアさん、獣医師さんなど、動物愛護の代表選手としてお越しいただきました。犬猫殺処分ゼロを目指す、そこがグレート！　今日はありがとうございます。

**齊藤**　おはなしをいただいたときは「そんな、わたしがグレートだなんて」と思ったのですが、動物の問題が人間よりもあとまわしにされがちななか、以前から犬や猫に目を向けてくださっているみずほ先生のご依頼だったのでお受けしました。犬や猫のこと、そして殺処分の実態を多くの人に知ってもらえたらなと思っています。

## 獣医師を目指したきっかけ

**福島**　獣医師さんを目指したきっかけについておはなしいただけますか？

**齊藤**　昨年『野良猫たちの命をつなぐ[1]』という小学校高学年向けの児童書を出して、笹井恵里子さんというジャーナリストの方にわたしの半生を書いていただきました。本にも詳しく書いてあるのですが、「なんで獣医師？」かというと、わたしはやっぱり動物が好きなんです。小さいときから犬や猫を飼っていたのですが、動物病院の先生を見て、「すげー！　かっこいい！」と憧れました。あとは『動物のお医者さん』という漫画がすごく流行っていて、「獣医さんになりたい」と思ったんです。実際になってみるといろんな職種があり、犬猫だけではなくて畜産動物、つまり豚や牛の診察もしています。それから鳥インフルエンザのような伝染病の対策という公衆衛生の場面でも幅広い仕事があって、すごく人の役に立つ仕事だなと思っています。

**福島**　飼っていたウサギさんが骨折して、獣医師さんが治してくれて感動したというエピソードもありましたね。

## あまみのねこひっこし応援団！

**福島**　かわいらしいTシャツですね（133頁）。

**齊藤**　奄美大島の「野猫《のねこ》」の問題にも携わっています。「野良猫」や「飼い猫」と別に、野猫という猫がいて、奄美大島の希少種を食べているんです。それは駆除しなければならないのですが、駆除・捕獲された野猫をどうするかというと、七日間収容されて、誰も引きとりにこなければ殺処分やむなしとされているんです。計画が出たときに「いやいや、やむなしじゃないだろう！」って。それで、「あまみのねこひっこし応援団！」という活動を五〜六年やっています。

**福島**　動物愛護法では犬猫は愛護の対象なので、「虐待したらダメよ、重罰化！」ということで法律改正したんですよね。しかし一方で野猫・野犬《やけん》は捕獲していいし一週間で殺処分してもいいと。「野猫」と「猫」は区別できるんですか？

**齊藤**　なにが違うんですか？　と、わたしも思います。

**福島**　環境省は明確な回答をしませんね。

**齊藤**　はぐらかしているんですね。野猫や野犬は鳥獣保護管理法で、野生動物……たとえばアライグマや鹿やイノシシ同様に駆除していいという項目に入っていますが、一方で動物愛護法のなかでは、愛して守らなければならない対象として猫・犬が入っています。どう違うの？　っていう。

**福島**　モコ先生は、駆除してもいいとされる動物のなかから、野猫・野犬を外したいんですよね。

**齊藤**　そうなんです。プロジェクトチームを立ち上げていただいて、わたしたちも署名サイトをつくりました。野犬・野猫だからといってみだりに殺傷していい動物ではないので、鳥獣保護管理法からは完全に外してもらって、猫・犬は愛護動物なんだよと訴えています。

どちらかの法律で区切ってもらったうえで、それでも生態系保全のために守らなければいけない命と、問題になっている犬や猫がいるなら、なんの法律を根拠に、どんな理由でその場所からとり除かなければならないかを明確にしたうえで捕獲して欲しいんです。いまのやりかたは、なんというかグレーゾーンで……。

**福島**　無理やり一方は「動物愛護」、もう一方は「殺処分」。墨田由梨《すみたゆり》さん（NPO法人ゴールゼロ）や西村いづみさんなど、たくさんのボランティアがそんな犬猫たちを引きとって「殺さないで」という活動をしていますが、根本的におかしいものね。

## 獣医師にできること

**福島**　『野良猫たちの命をつなぐ』にもありますが、二〇二〇年の統計では、殺処分の対象は猫のほうが多いんですよね。

**齊藤**　一年間に二万匹の野良猫が殺処分されています。全体で二万三千匹のうち、二万匹が猫です。

**福島**　三千匹がワンちゃんですね。殺処分ゼロに向けての取り組みについておはなしいただけますか？

**齊藤**　「殺処分ゼロ」といっても、もちろん単に「ゼロ」にすればいいということではなくて、中身・質が大切です。わたしも、ただ数字がゼロになればいいとは思っていません。だけどいかんせん、二万三千匹のうちの二万匹が猫の問題で、野良猫が殺されています。それも、産み落とされて自力で生きていけない赤ちゃん猫などが対象となって殺処分されているんです。そんなことをしなくてもいい世の中にしたいなって、思っているんです。獣医師になり会社員を経て、やっぱり犬や猫が好きで、この問題に携わっています。

それでも、まだこんなに猫が殺処分されているというのはどこか遠くのはなしだと思っていたんです。自分がかかわることではないと、獣医でもそんなふうに思っていました。だけどこういう問題に携わっている獣医さんに出会い、「獣医がやらなきゃダメなんだよ」と、ガツンといわれたように感じました。

殺処分されている猫たちは「過剰繁殖」が問題なんです。それだけが理由ではないんですが、過剰繁殖は繁殖を止めることで軽減されると思います。不妊去勢手術で子どもが生まれない技術を提供できるのは、わたしたち獣医師だけです。わたしたちは鍵を握ってるキーパーソンなんだと、わたしはいつも言うんです。かかわらない理由などありません。わたしも師匠に言われてそう思いました。それからはもう、がむしゃらにやってきました。

## 「一代限りの命」として

**福島**　ほかの方にお手伝いいただいて一日に八十匹ほど手術なさるそうだけど、わたしからみると格安です。しかも出張されていますよね。ボランティアが捕獲してきた雌猫・雄猫それぞれに不妊手術をして、そして自然に返すんですね。そうすると一代限りの命として大事にされると。

**齊藤**　「TNR活動」（Trap Neuter Return）という活動があるんです。むやみに繁殖する猫は社会問題・環境問題につながりますが、それを全部ボランティアさんの家に入れたら破綻してしまいます。だから、狂犬病予防法が適応されている犬と違って、野良猫は野良猫のままでいられる権利があるんです。だけど繁殖はさせられないので、一旦捕獲して、獣医師が手術をして元いた場所に戻し、そこで外で餌やりもします。するとだんだん猫の数が減っていくというやり方がTNRです。殺処分を

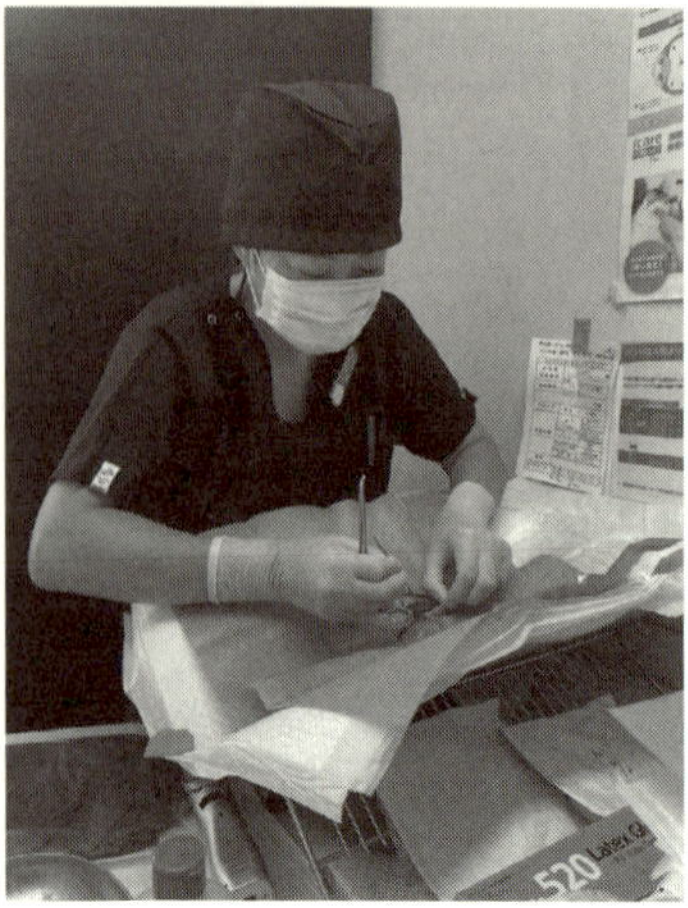

手術風景

せずに猫の数を減らすことで繁殖問題を解決していきましょう、さらに糞尿被害や騒音問題も解決できます、という利点があって、二十年くらいかけてやっと浸透してきたんです。

殺さなくても済む方法がひとつ見出せて、この方法なら殺処分よりはいいんじゃないかと思ってやってきました。値段はまぁ、できるからいいんですよ。だけど、一人でがんばればいいというわけではなくて、日本全体にこういう意識が浸透して、「あそこの猫たちは繁殖制限をしているから、亡くなるまでは見守りましょうよ」という社会になるといいなと思っています。いまはボランティアさんたちが育ってきて、獣医師のあいだでも手早く手術ができる技術が浸透してきました。

## 不妊去勢手術とわたしたちの生活

**福島**　TNRで不妊手術をやったネコちゃんたちは、耳をカットして戻すので、「この猫はもう不妊手術をやってますよ」とわかりますもんね。

**齊藤**　そうなんです。『野良猫たちの命をつなぐ』の表紙の猫も、耳の先をちょこんとV字にカットしてあります。「さくら耳」です。どの子を手術したかわかるように目印をつけようと、耳ピアスや刺青など、昔から試行錯誤してきたのですが、さくら耳は麻酔をかけなくても、誰が見ても手術したとわかる方法なので、いまはすごく浸透しています。もし街中でさくら耳の猫を見たら、そのうしろに誰かこの猫の面倒をみている人がいる、この猫を手術してくれた獣医師さんがいると、気にかけていただければと思います。もう増えないので、せめて地域で一代だけ。

あとはよくニュースになるのは、多頭飼育崩壊ですね。たとえば都営のアパートなどで、本当はペットを飼ってはいけないから、飼い主さんが誰にもいえず内緒にしているうちにあっという間に増えてしまう。そういう方たちに不妊手術の情報が伝わっていないんです。役場の人たちは、知っていても個人の家のことだからと口を出さないんです。だけど事前に防がなければ、その人たちの生活が破綻してしまいます。どんな犬猫も不妊去勢手術。おうちのなかにいる飼い猫・飼い犬だろうが手術が必要だと、ずっと訴えています。

**福島**　子どもたちの教育の場で伝えたらいいかもしれないですね。大変な状況が事件として報道されたりしますものね。

**齊藤**　多頭飼育の放置は、その人の生活の破綻を放置することにつながります。犬猫の問題は人間の生活の質に直結しているんです。わたしは犬猫が好きでやっていますけど、それをやった結果、その人の生活が再建できたり、地域の問題が解決できたとなると、あぁ人の役に立っているなぁって。もともと動物・犬猫が好きなだけで獣医になったことがつながって、いろんな人を巻き込んで人の役に立つことができる、すごくやりがいのある仕事です。

**福島**　すばらしいですね。

## 「犬猫の殺処分ゼロをめざす動物愛護議員連盟」

**福島**　「犬猫の殺処分ゼロをめざす動物愛護議員連盟」という超党派の議員連盟が国会にあります。二〇一九年に、動物愛護法の改正を実現しました。小さいうちにペットショップに引き渡すのではなくて、八週齢規制は守りましょうとか、動物虐待を重罰化しましょうとか、飼養管理基準について決めましょうとか、「動物愛護センター」はその名のとおり動物愛護の場所にしましょうとか。獣医師さんは動物の虐待を見たら通報しましょうという項目もあります。

**齊藤**　いちばん最初の大きな改正は、十年ぐらい前ですか？

**福島**　二〇一五年ですね。そのときにも八週齢規制はありました。今回の改正では前回の改正時に附則で四九日が規定されてしまっていた件を削除しました。

**齊藤**　これまでに、飼い主のいない猫をみだりに殺傷しないとか、不妊去勢手術をしようという項目が追加されたんですよね。施行後五年をめどに見直しをおこなうということで、またすぐに五年経ってしまいますね。

**福島**　今度は多頭飼育や虐待が起きたときになにができるか、それをどう保護できるかとかいうことがテーマになるかもしれません。

そういえば、わたしが小学三年生ぐらいのときに家の隣に「カツ」という雑種の犬がいました。わたしは田舎で育ったのでリードをもっていなくて、お散歩に行くときはそのままポコポコ着いてきていました。ところがある日いなくなってしまったんです。父が「数日前に野犬狩りをしていたと聞いたから、もしかしたら動物愛護センターにいるんじゃないか」と言うので、センターに行きました。すると、カツは金網に手をかけて、ものすごい顔をして立ってたの。

**齊藤**　見てたんですか？

**福島**　見てた。「ボクだよ、ボクだよ」みたいな、すっごい顔をしていました。見たことがないほど絶望と不安と恐怖の顔でしたね。もう少しで殺処分されるというところを連れ帰ってきたのですが、そのときセンターのなかをチラッと見たら、いろんな犬や動物がいました。あの動物はどうなったんだろうって、幼いながらに思いましたね。

ずいぶん前に、熊本市の動物愛護センターにも行ったのですが、やむを得ない安楽死は数件あるけれど、いわゆる「殺処分」はしていませんでした。昔おこなっていた殺処分は、動物を追い込んで、二酸化窒素を流して殺すわけです。熊本市のセンターでは、譲渡会などを積極的に開催したり、啓発のために学校を訪問したり、さまざまなことをやっていました。だからわたしは殺処分ゼロは、可能だ！　と思っています。

## 「殺処分ゼロ」のゴールを目指して

**齊藤**　東京でも、交通事故などで息を引きとる寸前の子たちをやむなく安楽死させることはありますが、積極的な殺処分はおこなっていません。わたしは殺処分はもういらないと思っています。地方だとまだまだ道なかばではありますが、なくしていく方向でここまできました。殺処分でお金を使って動物を殺すなんて、無駄なことですよね。なくなればいいなとつねに思っています。

犬や猫にも感情があります。殺処分が一般的だった時代もあったかもしれませんが、当時だって犬や猫は恐怖に怯えながら殺されていたんです。それは違うよねという感覚が必要だと思います。

殺処分はなくせると思います。なくしていくためにどうするかというと、やっぱり保護や譲渡を進めること。ペットショップにメスを入れ、九十代のお年寄りに一歳にも満たないワンちゃん・ネコちゃんを売りつけるなんてしないこと。犬や猫は壊れても直せるおもちゃではなくて、十年、二十年生きる命だと社会が認識すること。愛護動物として守っていく存在だと、認識し共有していくこと。犬や猫を飼ったら不妊去勢手術をほどこすことは当たり前です。かわいい赤ちゃんが見たいなんて言うよりも、「こちらで赤ちゃんが生まれて里親を探しています」って、譲渡会から家族を迎える案内が普及するといいですね。犬や猫は、家族ですよね。

**福島**　譲渡会から犬や猫を飼うことが、普通になるといいですよね。

**齊藤**　ペットショップで無理に繁殖させ、純血種などと謳って無理やりその系統の動物をつくり出すと、血が濃いので病気をもって生まれることもあります。ペットショップで動物を買うときにはよく勉強してから検討してほしいですね。

では雑種ならば元気なのかというと、もちろん雑種だって病気になりますよ。どんな命も、病気にならない保証はありません。覚悟をもってもらいたいんです。医療費やご飯代もかかるし、歳をとったときには長い介護が続くこともあり得ます。犬猫を飼うと決めたら、家族会議を開いて迎えてもらいたいなと思います。

**福島** ボランティアの人たちや地域猫活動してる人たちには、本当に頭が下がります。

**齊藤** そうなんです。獣医師にはライトが当てられがちですが、本当にすごいのは、わたしたちのもとに猫を連れてくるボランティアさんたちなんです。「先生、生まれて間もない赤ちゃんがいたらミルクをあげます」って言ってくださるボランティアさんたちなんです。殺されるはずだった命はもっと多いかもしれないんです。おかげで殺処分は二万匹まで抑えられています。殺されるはずだった命はもっと多いかもしれないんです。だから自治体に収容されている猫の数が減っていないのなら、それは意味がないことです。

保健所や収容施設にもち込まれる社会がおわることが本当の「ゼロ」です。ボランティアさんたちが引きとって一生懸命里親探しをしなければならない社会がなくなることが、本当のゼロだと思うんです。数字のゼロには惑わされないようにしなければと思ってます。

**福島** 動物をかわいがるって、人間を大事にすることにもつながっていますよね。

**齊藤** 小さな弱い生き物を守りたいというのは自然な感情です。野良猫の餌やりさんが、かわいそうだと餌をあげちゃうのは自然なこと。「こんな優しいきもちが人間にはあるんだ」と、それをサポートする社会が大切です。動物をいつまでも飼いたいお年寄りのために、動物を飼える環境を支える社会やしくみができるといいですよね。老人ホームに入るために犬猫を手放さなければならないのなら、わたしは入りたくないと思います。だけどそうすると、犬猫と一緒に暮らせないことで、わたしの命が支えられなくなってしまいます。お年寄りが飼えなくなった動物をどうするかということも考える必要がありますよね。

**福島** 猫の餌代のためにがんばって働いているという人も多いですよね。

**齊藤** お世話する対象がある人は元気ですよね。動物に携わっている人ってすごく元気。だから動物を飼うこと自体はとってもいいことだと思っています。

## 地域の問題解決に向けて

**福島** 『野良猫たちの命をつなぐ』を読むと、不妊手術だけでなく、いろいろな病気の犬猫たちの手術や手当てもやってらっしゃいますよね。大変ではないですか?。

**齊藤** わたしは、すごく自分の勉強になると思っています。野良猫って手術だけじゃなくて、いろいろあるんです。片目が潰れているとか、尻尾がケガして切れちゃっているとか。交通事故とか、トラバサミ（狩猟に使う罠）にかかって片足が潰れて三本足で歩いていて、もう足をとったほうがいいというような子とか、歯がグラグラな子とか。麻酔をかけて触れると、いろんな病気や怪我がわかることがあります。これは自分の財産になると思って、勉強だと思ってやっています。最初は先生に教えてもらってこわごわやるんですが、次からわたしが次の先生に教えてあげられれば、もう一人猫の怪我を治せる先生が増えると思えば、すごくやりがいのある仕事です。だから野良猫さんには足を向けて寝られない（笑）

**福島** グレートですね。八王子で病院をもってらっしゃるけれど、全国いろいろなところに行って

一斉手術の日に集まってくれた仲間たちと

いるじゃないですか。どうしてわたしはこんなに忙しいんだろう……とか、思いませんか？

**齊藤**　わたしは八王子で本院を開いています。本院といっても野良猫手術専門の病院で、週二回ぐらいしか開けてないんですけど。月五回くらいは茨城に行っています。一昨日も一日で六三匹に獣医さん二人で夜の八時ぐらいまで不妊手術をほどこして帰ってきました。あとは春になると青森にも行きます。「そんな遠くまで行けないよ」と最初は思っていたんですけど、行きはじめると、ボランティアさんがたくさん猫を集めてくださるんですよ。一日で六三匹なんて、どこから連れてくるの？　というくらい。ありがとうございますという思いしかないですよね。

本当はわたしが行かなくとも、各地域で解決できればいいのですが、まだ猫の数が多かったり、病院の数が足りていない場所もあります。ゆくゆくは、たとえば各自治体の愛護センターが不妊去勢手術をする拠点になって、繁殖制限の一翼を担って……本当の意味での愛護センターになってくれたらいいな、なんて思っています。

## モコ先生の原動力！

福島　おはなしを聞いてるとわたしも元気になって、「よし！　犬猫殺処分ゼロ実現するぞー！」って思いましたよ。

齊藤　わたしも、十五年ほどこの取り組みに携わっていますが、最初は本当にできるのかなと、自分でも自分を疑ってました。でも、「なんでゼロにならないんだろう」と思うということは、自分がそれを信じていないんですよね。「なんで殺処分ゼロにならないんですか？」なんて聞かれても、信じていない自分がいる限りは、絶対ゼロにはなりません。ゼロにするんだと、みんなが思ったらゼロになるんです。わたしは自分が殺処分がある世の中に生きていることが嫌なんです。わたしの目の黒いうちに殺処分ゼロを見たい！　と思っています。

福島　わたしが、あなたが、みんなが思えば実現できる。モコ先生の原動力はなんですか？

齊藤　なんだろう？　応援してくれる仲間が集まるんですよね、結局。もうあとに引けなくなる（笑）。でもやっぱり犬猫が好きで、守りたいというきもちが原動力かな。

福島　犬猫殺処分ゼロ、また、たくさんのさまざまな動物の愛護を実現していきましょう。みんなが信じることができれば実現できます。この社会を変えましょう！　今日は本当にありがとうございました。

■この対談は、二〇二四年四月十二日に公開された動画を加除・修正したものです。

くりくりとした目で活き活きと動物のためにがんばる獣医師さん。犬や猫に対して不妊手術をほどこして、殺処分される犬や猫をなくしていくという活動に精力的に取り組んでいる。わたしは「犬猫の殺処分ゼロをめざす動物愛護議員連盟」を超党派の人とつくり、事務局長として活動をするなかで、動物のためにがんばるたくさんの人たちや、譲渡会などのボランティアで活動し、動物たちの命を救っているすばらしい人たちに多く出会ってきた。みなさん生きとし生けるすべてのものに愛情を注いでいて、「命が大事！」というその根底にある愛情にいつも心を打たれている。大変ななかでがんばっているケアの現場のグレートウーマンは全国にたくさんいる。そんな代表選手がモコ先生である。ありがとう！　動物の代わりにお礼を言いたいな。

**【齊藤朋子さんブックリスト】**

（1）笹井恵里子『野良猫たちの命をつなぐ――獣医モコ先生の決意』金の星社、二〇二三年

## 利用者さんと一緒に地域で生きる

澁谷路世

GREAT WOMAN's PROFILE

しぶや　みちよ

地域の仲間と 1999 年 NPO 法人を設立、介護保険参入。その後障がい福祉サービスもはじめました。伝統的性役割で女性のみが担わされてきた家事、育児、介護の経験と知恵をキャリアと考え喰える仕事にしていくのが設立の想いです。25 年たち日増しに強くなる福祉の公的サービスの利用抑制策に、ため息と怒りの日々ですが、もう少し地域活動の現場にいたいなと思っている今年後期高齢者になったわたしです。猫とふたり暮らし。

福島　今日は神奈川県秦野市にやってきました。澁谷路世さん、どうもありがとうございます。介護職だからマスクをつけていらっしゃるのですか？

澁谷　基本的に普段お会いしない方と会うときにはマスクを着用しています。施設を中心にクラスターが発生すると、多大な影響が出るのです。ヘルパーは家族が感染しても仕事ができなくなります。みんなで予防しなければならないと思っています。

福島　この四年間、コロナ禍のなかで外食したのは三回だけだと伺いました。それだけ気を遣って介護の仕事をしているということですよね。

澁谷　自分が感染源になるつらさを想像すると、「予防策を徹底的にやろう」と思えるんです。

## 澁谷路世さんとの出会い

福島　澁谷さんにはじめてお会いしたのは、わたしが三十代のころでした。講演会に呼んでくださったんですよね。

澁谷　地域で公民館と共催でやっていた学習会があり、みずほさんを講師としてお呼びしたんです。まだお嬢さんが小さかったので、一緒にお越しになりましたね。講師がお子さんを連れて講義をするさまを目の当たりにしたのは、あのときがはじめてでした。それがものすごく自然体で。参加者もわたしたち実行委員も、「仕事ってこういうふうにできるんだ」「こういうふうにやっていいんだ」って。「ああ、お呼びしてよかった」と思いましたよ。

福島　ありがとうございます。当時はよく仕事に子どもを連れ歩いていましたね。夫もそうしていました。

## 介護事業に携わるきっかけ

福島　もともと公民館の活動などを続けてこられて、あるときから介護事業にかかわるようになったんですよね。きっかけをおはなしいただけますか？

澁谷　公民館の学習会のなかで、福島さんや小沢遼子《おざわりょうこ》さんなど、活躍している女性たちのおはなしをたくさん伺いました。専業主婦の受講者も実行委員も、自分たちで働いて自分たちで稼いでいけるなんてすごいなあと思っていました。しかし自分たちにそのような機会はなかったんです。だけどあるときお越しいただいた樋口恵子さんが、「これから高齢化社会になるよ」とおっしゃったのです。少子高齢化社会についてはそのときにはじめて聞きました。

実はわたしはあんまりピンとこなかったのですが、一緒にやってる仲間たちにはひどくこたえたようでした。少子高齢化にかかわる仕事をやりたいというはなしが漠然と出ていました。それで、「地域の困りごとを解決したい」と、何人かで任意団体を立ち上げました。メンバーの多くは専業主婦でした。

はじめは経済的に難しくて、非常に安い賃金で有償ボランティアをやっていました。一生懸命やっても評価が低く、善意が安上がりに使われていました。「それはおかしい」と思いつつ、うまい解決策は浮かびませんでした。

ちょうどそのころ、「介護保険制度[*1]がはじまる」というはなしが聞こえてきました。それで行政や議員さんに働き掛け、補助金をもらいました。みんなで資格をとり「介護保険事業所になろう」と決めたんです。わたしはたまたま許認可事務や経理を仕事としてやっていたので、役に立てる！　と思いました。とにかくＮＰＯ法人格をとり、事業所になる準備のお手伝いをさせていただきました。

**福島**　女の人たちが困っているけれど、なかなか仕事や場所を提供できず、はなしを聞くことしかできなかった悔しさがあり、女性の働く場所や居場所をつくりたいという思いもあったとおっしゃっていましたよね。

**澁谷**　地域活動のなかでいろいろな女の人に会いました。暴力だけではなく、夫と別れたいという方もいました。自分で働いて暮らしたいと思っても、当時は女性の仕事の種類がとても少なかったんです。当座の生活資金がなくて、離婚に踏み切れない方も多くいらっしゃいました。彼女たちの悩みごとに対して、わたしたちは聞くこと以外なにもしてあげられないんです。専業主婦って貧乏なんです。使えるお金なんてほとんどないし、コネクションもありません。ある女性の「子どもを連れて外に出たい、アパートを借りたい」という切実な声を前にしても、わたしたちは保証人になることもできませんでした。働いていなければ源泉徴収票が出ませんから、保証人になる資格もないんです。なす術がないんです。おはなしをすれば気が済む方もいるのかもしれないけれど、わたしはつらかったし、なにもできない自分が悔しかった。「なんとかしなきゃ」と思っていました。

介護保険については制度の導入前から取り組んでいましたから、はじまって数年は、自治体の職員さんや当時の在宅支援センターの方たちよりもうちのヘルパーさんのほうが介護の実態や利用者さんのきもち、介護のしくみに精通していたんです。それで、女の人たちががんばって資格をとれば、下請けではなく直請けとしてなんとか食べていけるんじゃないか、って。

**福島** 地域の困りごとと向き合おうと思ったことから介護の事業をはじめて、女性たちの生活を支える現場をつくったわけですね。

**澁谷** というより、国が介護保険制度をつくってくれたから、それに乗ったかたちです。食べていけるという実感は、介護保険がはじまってすぐに感じましたね。これなら職業になると思いました。それで、みんなで補助金を使いケアマネージャーや介護の資格をとりに行きました。資格も二、三か月でとれて、それなりのお金がもらえます。これは女の人としては有利だと思うんです。あとは国の事業ですから事務局体制も整えて、なんとか軌道に乗せたんです。

**福島** アクティビストの増野《ますの》潔《きよし》さんという『新地平』などにコラムを書いていた方がやっていた、『交流』というミニコミがあり、そこにわたしも澁谷さんも寄稿していましたね。澁谷さんは、そのとき結構ぶっ飛んでいるように感じていたんです（笑）。ぶっ飛んだ自由さや優しさはそのまんまに、公民館活動の延長線上で介護の事業にかかわっていらっしゃるところがおもしろいですよね。

## 人生に彩を！

**福島**　澁谷さんのかかわっている事業所から毎月「野の花通信」が届きますが、お花見に行くとか、希望者は自費でハワイに行くとか、いろいろなイベントをやってらっしゃるでしょう。とっても自由で楽しそうです。

**澁谷**　介護保険はもちろん、介護のベースなので絶対に必要なのですが、人はそれだけでは生きていけません。楽しみがあったり、その人らしい思いを実現しなければという思いが当初からありました。

ハワイに行ったのは、要介護5、身体障がい者1級の女性から「海が見たい、海に連れていってほしい」と言われたからなんです。車椅子でストーマ（人工肛門・人工膀胱）もつけている方なので、なかなか海に行けないんです。日本中探したのですが、砂浜が渡れないんです。そんなとき雑誌で、アメリカには「サンドバギー」という全地形対応車タイプの車椅子があり、これはタイヤがものすごく大きいから海まで行けるという記事を見ました。「これなら行ける」と思いました。

みんなで航空会社の手配やホテルの予約をしました。経験したスタッフはすごく力をつけて、翌年もさらに翌年も、と続きました。利用者さんから「こういうところに行きたい」とリクエストもされました。それは利用者さんの喜びでもあるのですが、介護者としても最大の喜びです。普段の現場では見られないような表情や笑顔を見られるんですよね。

わたしたちは南の国に行くことが多いのですが、行きの写真は強張って緊張しているんだけど、帰りの写真では別人のように表情が違ってくるんですよ。

**福島**　楽しそうですね。南の国というと、どんなところに行くんですか?

**澁谷**　ハワイ、オーストラリア、マレーシアが、希望者が多かったですね。ハワイは人気があるので、五回くらい行きました。障がいのある方がやっているレストランを紹介していただいて、そこで交流したり、ハワイ大学の学生さんが手伝ってくれたり。地元でタウン誌を出している方がいろいろな情報をくれたりということもありました。わたしたちがお手伝いをすると、普通に行くよりもお値段がぐっと安くなるので、利用者さんの負担も比較的軽く海外に行けたということもあるんです。

ハワイオアフ島にて（2000年11月、以後同じ）

そういえば、結局実際にはなかったのですが、飛行機に乗るときに車椅子が検査のためにバラバラにされるというはなしを聞いたことがありました。現地に行くとバラバラになった車椅子が出されるというのです。それで心配になってしまって、すごく勉強したんです。そうなったらどうしようとか、地元の車椅子修理屋さんはどこにあるんだろうとか。そうして人は学んでいくのだと思います。こうして力をつけた若い人たちが、いまわたしたちの事業所のリーダーとなって、いろんな事業の管理者になってくれています。あの当時がんばって勉強してよ

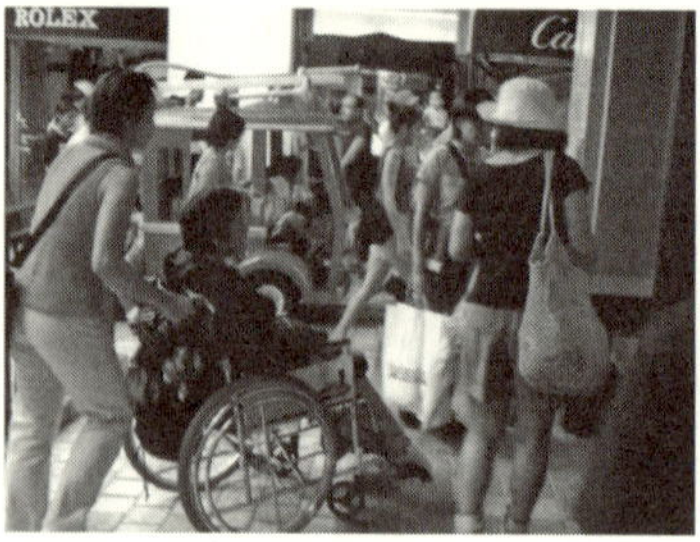


移動は車いすのまま乗れるHandy-cabs

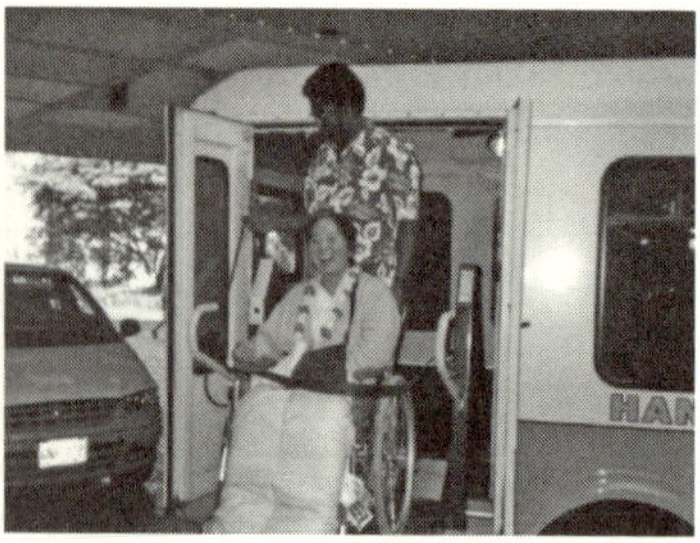

「お土産を買って知人に配ってみたかったの」と利用者さん

かったと思っています。

## 介護保険制度について思うこと

**福島**　コロナ禍での働き方や、介護保険の改悪について思うことはありますか？

**澁谷**　訪問介護はコロナのときも休まず、最後まで現場に出ていました。看護師さんが着るような防護服を着て、眼鏡をかけてキャップを被って、マスクを二重にして、ものすごく苦しいなかみんながんばったんです。

介護施設だと休むことができるのですが、介護保険の訪問介護は、最後の砦です。休むことは許されませんでした。みんな震えながら介護をしました。そこには誇りもあるし、がんばりもあったのに、どうして介護保険の報酬が下がるのかと、現場はすごくガッカリして、モチベーションが下がっているというはなしを聞きます。ぜひとも訪問介護の報酬を上げていただきたいし、現場のがんばりに報いてほしいと思っています。

**福島**　そのとおりですね。「ケアを社会の中心に」という理念が、全然実現できていませんよね。

## 介護に求められるスキル・ノウハウ

**福島**　介護のお仕事には、毎月ミニコミ誌をつくったりバザーをやったり、サークルをつくったりしてきた、澁谷さんのさまざまな経験が活かされていると思います。それに、主婦の人たちが家でやってきたことや培った経験が役立っていますよね。

**澁谷**　利用者さんが困っていることを聞き出す力や、聞いてきた困りごとをどうやって解決できるか考えるときに、主婦さんのもっている潜在的な能力は本当にすばらしいんですよ。いろいろなことを考えつくんです。それを「勝手にやってはダメよ」と止めてしまうと力にならないので、みんなで一緒に「この場合はこうしよう」とか、「こういう考え方があるね」とはなし合って進めています。利用者さんの困りごとを本気になって聞いて、解決して、実践するという、その過程のなかで新しい関係や信頼が得られると思うんです。それは介護者の学びでもあるし、いい加減にはなしを聞いていたら信頼は得られません。

特に認知症の方は、自分に優しくしてくれる人、自分のはなしをきちんと受け止めてくれる人が明確にわかります。一度でも意地悪をされるとしっかり覚えていて、その人のそばにはもう行かないんです。利用者さんの声をしっかり聞いて、「この人になにが必要なのか」を考え続けていくことが大切だと思います。もちろん間違っているときもあるし、利用者さんの思いとズレることもあるけれど、自分の頭でずっと考え続けていけるヘルパーさんというのは、大事な存在です。

**福島**　ノウハウを積み重ねることは、すごく大変ですよね。

**澁谷**　一朝一夕ではできません。「老老介護」がいけないとよく指摘されますよね。だけどわたしたちはあまり問題だと思っていません。その人が得てきたたくさんの経験を使えますし、高齢の利用者さんは若い方とおはなしが合わないことが多いんです。自分の知っている歌を全然歌えないとか、自分が知っている出来事をわかっていないとか、そういうときに反応ができないヘルパーさんは、あまり評判がよくないんです。だからある程度の年齢の人のほうが、実は利用者さんの満足度が高いということがあります。ただ、もちろん若い人もいないと困る場面もあるので、さまざまな年代の人がかかわることが重要です。その人のもっている経験や知識を、どうやったらうまく使えるかをみんなで考えていければいいなと思っています。

**福島**　外食はこの四年間で三回。マスクをして、利用者さんに寄り添って……お仕事以外の気晴らしや楽しみは、どういうところでつくっているんですか？

**澁谷**　かつては年に四回ぐらい、一週間から十日くらいお休みをもらって南の島に行くのが楽しみでした。新型コロナウイルスが流行して以降は行けていないので、いまはお花をつくったりお花を見に行ったりしています。利用者さんと雑談するのも苦ではないですね。九十代の方とおはなしをしたり、昔あったことを教えていただいたり。こういうことが好きになるとは、若いころは夢にも思いませんでした。

## ゴミ屋敷から見えるもの

**福島**　介護保険がはじまる前に、部屋を片づけるとか、さまざまなことが必要なんですよね。

**澁谷**　わたしは事務職なので、いろんな問題を抱えている方が、介護保険をうまくスタートできるようにお手伝いする仕事が主です。導入のときは、当然ですが混乱期で、ご家族もなにが起きたかわかっていない状態です。お引越しをしたり、行政の申請手続きを代行したり、法務局に行ったり、遺族年金の手続きをしたり、それからいわゆるゴミ屋敷のお片づけをしなければヘルパーが入れなかったり……問題をひとつひとつ解決していかなければ、サービスはうまくいかないんです。お掃除はボランティアでしかできないので、みんなで片づけに行きます。

**福島**　ゴミ屋敷の片づけは大変ですよね。

**澁谷**　何カ月もかかりますよ。この人がなぜこうなったかという前提をわかってからでなければ、利用者さんの了解を得られません。おつき合いしながら、何なら捨ててよくて、何は捨てられないのか、絞っていくんです。でなければ利用者さんは、ゴミ袋に入れてゴミ置き場に出したものを、もって帰ってきますからね。業者さんに頼んで一括で全部捨てると何十万円もかかりますし、そういう荒っぽいやり方は利用者さんのきもちに添わないんです。

壊れている家電がたくさんあるけれど、修理方法がわからないとか、必要なものと必要ではないものの区別がつかないとか、ゴミの収集日がよくわからないとか、はなしをするとだんだんわかってくるのです。だから何カ月もかかります。そうやって関係性をつくって、信頼を得ていくんです。

## ボランティアについて

**福島**　事業は採算がとれるようにしなくてはいけないし、経済的なことも考えなくてはいけませんが、家のお掃除などは、介護保険外なのでボランティアの部分も大きいですよね。その兼ね合いはいかがでしょうか?

**澁谷**　介護で儲けようという気は、実はないんです。わたしたちは基本的に、入ってきたお金は全部ヘルパーさん・ケアマネージャーさんにお渡ししていいと考えています。もちろん現実には経費がかかるのでできないのですが。

だけど、常勤で働いているスタッフが空いている時間にボランティアに行くと、お給料は出ているわけだから、単純にボランティアとして活動できますよね。空いている、スキマの時間をボランティアにあてることは、基本的なお給料が保証してあれば、そこまで苦にはなりません。

わたしたちは介護保険報酬をいただけますので、利益は出ているけれど、実際にはいらないと考えて、その分をボランティア活動の経費に回しても全然OKなんです。海外旅行に行くへルパーさんのお金は、当然法人が負担します。そもそものところで利益がなくてもいいと考えているので、ボランティアに対しての採算は考えていないんです。それよりも、利用者さんが普段見せてくれないような笑顔を見せてくれたり、喜んでくださることが、逆にヘルパーさんの力や、継続していく力につながります。

幸せなことに、わたしたちは離職率が非常に低い事業所です。三十年働いているヘルパーさんもたくさんいます。人員が変わらないと、経費はかかりません。人がどんどん入れ替わるとお金がかかりますよね。人が足りないと、介護保険の基準が満たせないので、広告を出して派遣を頼んで人を入れて、莫大なお金がかかります。わたしたちはそこにお金をかける必要がないし、営業も下手くそなのでやりません。業界関係者でのおつき合いもしません。そうすると、よその事業所はそのお金を使っているわけなので、うちはそのぶんのお金が余剰で出ますよね。

**福島**　なるほど、なんだかすごい。

**澁谷**　わたしたちは神奈川県の優良事業所に長いあいだ認定されています。認定にあたっては、制度もさることながら、働いている人にどれだけ親切かという尺度が評価されます。それは利用者さんの笑顔とともに、わたしたちの誇りです。働きやすい職場、働きやすい人間関係をつくってきてよかったと思っています。

## 介護職の原動力

**福島**　利用者さんやスタッフがどうしたらきもちよく過ごせるか、すごく考えていらっしゃいますね。

**澁谷**　介護職ってそういうものだと思います。特にヘルパーさんは、自分の仕事の手応えが直接見えますよね。一対一の関係なので、自分が手を抜けば利用者さんの機嫌が悪くなったり、仕事がうまくいかなかったり。自分の目の前にいる人の反応がわかる仕事はそう多くありません。決して強要するわけではないのですが、利用者さんは家でヘルパーさんの到着を待ってくれて、帰りには「ありがとう」とおっしゃるんです。介護職を続けているみなさんには、そういう体験が自分のなかに支えとしてあることで、仕事を続けてゆけるのかなと思っています。

**福島**　全国で、さまざまな思いを抱いて介護に携わっている方がいらっしゃいますよね。

**澁谷**　わたしたちのように思わない人もたくさんいると思います。わたしたちが仕事をはじめた時代は「住民参加型」という言い方で、地域の主婦さんたちが介護の主体となった団体があちこちにできていました。介護保険制度がはじまってなくなった団体も多いのですが、わたしたちは自分たちのやり方、考え方で続けてきました。福島さんがおっしゃるようにぶっ飛んでいるのかもしれないけれど、自分たちのやりたい方向でやってきました。

要介護 5-2 の利用者さんの 4 人との旅

　枠にはめないで、スタッフのやりたいことを支えていく、利用者さんがやりたいことを実現させる方法を考えていくことを中心に続けてきたので、ある意味で介護保険の枠の中からはみ出ている仕事がたくさんあります。はみ出た部分が利用者さんにとって大事な部分だったら、そこをどうするかということがずっとわたしたちの課題でした。ひとつは安価な料金に設定してある自主事業「地域サポート」を使ってもらう。それが難しいならボランティアでやれるように考えていく。利益を追求していないから、それを利用者さんに還元していく。わたしたちはいま、こう考えています。

**福島**　ありがとうございます。澁谷さんの自由な、枠にはめない考え方が、介護の事業にすごくよいかたちでマッチしています。澁谷さんの自由だけど気まじめな部分もうまく効いてますよね。そこがグレート！　本日はどうもありがとうございました。

■この対談は、二〇二四年六月五日に公開された動画を加除・修正したものです。

澁谷路世さんは不思議な人である。わたしが三十代の弁護士のとき、勉強会に呼んでくれたり、増野潔さんが発行していたミニコミ『交流』に一緒に書いていたり、いろいろな活動を一緒にやっていた。路世さんはユニークでぶっ飛んだ自分なりの感性をもっている、ちょっとおっかないけれどおもしろい、魅力的な人だった。わたしは彼女のシャープな感性が大好きである。そんな路世さんが介護の事業をし、介護の仕事をしている。彼女のとらわれない視点と底なしの優しさ、包容力、スタッフフッドで面倒見のよいところ、コミュニケーション能力とネットワーク力がとてもよく活かされていると思う。現場でとっても良質なよい仕事をされている、まさしくグレートウーマン。

【注】

＊1　介護保険制度……介護を必要とする方に費用を給付し、適切なサービスを受けられるようサポートする保険制度。一九九七年に「介護保険法」が制定、二〇〇〇年に「介護保険制度」が開始した。四十歳以上になると介護保険の加入が義務づけられ、要介護認定または要支援認定を受けたときに介護サービスを受けることができる。

# 介護保険改悪を許さない!

小島美里

GREAT WOMAN's PROFILE

## こじま　みさと

(NPO 法人) 暮らしネット・えん代表理事。1984 年新座市議会議員 (無党派) に当選し全国初の女性会派を結成 (3 期)。1990 年ごろ全身性障がい者の介助ボランティアグループをスタート。96 年より医療法人堀ノ内病院在宅福祉部門として公的訪問介護事業、翌年自主事認知症デイホーム (自主事業) を立ち上げる。2003 年 NPO を設立し、介護保険・障がい者支援事業を中心にさまざまな事業を運営。院内集会『史上最悪の介護保険改定を許さない！』仕掛け人。著書に『あなたはどこで死にたいですか？〜認知症でも自分らしく生きられる社会へ〜』(岩波書店)、『おひとりさまの逆襲』(上野千鶴子さんと共著、ビジネス社) 等。

**福島**　埼玉県新座《にいざ》市の「暮らしネット・えん」に来ています。今回は介護の現場でがんばる小島美里さんにおはなしを伺います。「崖っぷちの介護保険」と言われる介護保険制度改悪と早い段階から闘ってきた小島さん。『あなたはどこで死にたいですか？』[1]という本も書いておられます。今日はよろしくお願いします。

## 小島美里さん　ライフ・ヒストリー

**福島**　小島さんは一九八四年から一二年間新座市の市議会議員を務めていらっしゃいますが、その前はどんな活動をされていたんですか？

**小島**　もともとわたしは、市民運動をやらずにはいられないタイプなんです。子どもが保育園に行けばそこには保育園増設問題があり、学校に行けば給食の問題があり、教育の問題があり……なんらかのかたちで長い間市民運動にかかわってきました。わたしに市議会議員の白羽の矢が立ったのは、新座市の学校給食センターの運動がもち上がり、その事務局を担当したことがきっかけです。まだ世の中に女性議員が少ない時代から、新座市では早くから革新無所属を名乗る女性議員が出ていらっしゃったので、彼女に続く二人目として声をかけていただきました。

一九八四年、まだ「山が動く」*1前のことですね。

**福島**　「動く」のは、一九八九年ですよね。一二年間の市議会議員の活動で記憶に残っていることはありますか？

小島　当たるを嫌わず、教育、原発、環境の問題など、気になったことはなんでもやってきました。そのうちのひとつが福祉の問題です。新座市では障がいのある方も高齢の人も、ともに生きてゆける地域をつくろうという運動が早くから起きており、わたしもその一員でした。その縁がきっかけで、いまのわたしがあると思っています。

福島　一九九〇年ごろに、全身性障がい者の介助をおこなうボランティアグループを結成されたんですよね。なにかきっかけがあったのですか？

小島　本当に偶然でした。仲間の一人が、「いろいろな介護機器を使って一人暮らしをしている女性がいるから、自宅を見せてもらいに行かない？」と言うので、わたしも一緒にお邪魔したんです。そうしたら、一人で放ってはおけない状態を目の当たりにしました。なにかお手伝いできることはないかと伺ったところ、トイレの介助をしてもらえるとありがたいということでしたので、「それくらいのことなら」と答えました。その一言がすべてのはじまりでした。

福島　当時すでに議員をやっておられたわけですよね。実際の介助作業は、議会で質問をすることとは違いますよね。大変さはありませんでしたか？

小島　わたしたちは「議会係」という言い方をして、市民の動きを議会にもち込むことが議員の役割だと考えていましたので、現場と議員の仕事に違いがあるとは思いませんでした。新座市の市民運動の歴史があってこそだと思うのですが、あっという間に十数人の仲間が集まりました。

## 地域を包括的にサポートする「暮らしネット・えん」

**福島**　「暮らしネット・えん」（略して「えん」）ではさまざまな事業も営んでいらっしゃいますね。

**小島**　施設を全国展開している大手企業もありますし、最近では海外のファンドが介護にかかわってきていますよね。そういうところは、参入予定地域の高齢化率や既存のデイサービスの数を調査して、そこにはなにが足りていないかを徹底的にマーケティングして事業をはじめるでしょう。わたしたちは逆で、利用者さんの声に押されてやってきたんです。ボランティアでの介護に限界を感じて、介護保険制度がはじまる前に堀ノ内病院（埼玉県新座市堀ノ内）という病院の在宅福祉部門として入れていただいたり、そうしているうちに認知症の方々と出会い、「グループホームがほしい、泊まれたらいいよね」という声に押されて、それが制度の動きと合致したり。制度を先どりするようなかたちではじめて、いろいろなサービスができているんです。

グループホームの昼食風景
（2005年頃、えんの庭にて）

**福島**　事務所の従業員が百名ほどいらっしゃるんですね。ひとつの中小企業ですよね。

**小島**　新座市のなかでは大規模な中小企業かもしれません。

**福島**　苦労されていることはありますか？

**小島**　ともかく介護報酬がご存じのありさまです。もともと介護は自分たちの努力が即反映されるような仕事ではありません。ここにいるのは、利用者さんが目の前で困っていれば、介護報酬にならないことをついやってしまう人たちばかりです。がんばってもお金にならないな、と思いながら、みんなで少ない報酬をわけ合うようにして三十年近く続けてきました。

**福島**　その原動力はなんですか？

**小島**　世の中の困りごとを少しでも解決したいという思いでしょうか。とはいえ、上野千鶴子さん（347頁）とはじめて対談したときに笑われたのですが、「えん」に介護職員が百名ほどいるなかで、いちばん介護能力がないのがわたしなんです。もう全然ダメ。おっちょこちょいだし、やることなすことうまくいかないんです。それでも以前はヘルパーとして現場に出ていたんです。自分がすると、わたしの次に入った人は「前の担当は小島さんだな」とわかるのだそうです。自分でもどうしてそうなるのかわからないけれど、なぜか鍋のなかに布巾が入っていたり……（笑）。だけど、現場に弱い代表で逆によかったと思っています。現場能力がある人ばかりが集まってしまうと、目線が近くなりすぎるんです。介護の世界はケアのカリスマのような方が代表をしているところが多いのですが、うちはわたしのような介護能力のない人が中心にいたから、逆にバランスをとることができたと感じています。

**福島**　「えん」では、訪問介護もグループホームもやっているんですよね。

**小島**　在宅を中心に、介護保険だけではなくて、児童支援、精神障がい支援、身体障がい者支援、知的障がい者支援など、いろいろやっています。地域のなかで支えが必要な人たちにとって、

「これぐらいのものがあれば安心できる」というものを揃えてきたつもりなのですが、いつまで経っても揃いません。おわりがないから、やめるわけにはいかなくなってしまいました。

**福島**　さらに、認知症カフェも開かれていますね。

**小島**　はい、いまおはなしているこの場所でやっています。たくさんの方が集まって、楽しいですよ。一九九六年に病院と手を組み介護事業をはじめたとき、認知症の在宅介護者はたくさんいらっしゃるにもかかわらず、なんの支援もないことに気がつきました。認知症のことは、当時は「痴呆」と呼んでいましたね。それで翌年小さな一軒家を借りて、デイホームをはじめたんです。まったくの自主事業としてやったのですが、公的な助成はありませんでした。介護保険制度がはじまってようやく認知症デイサービスができたけれど、いまだに十分な対応がなされていないのが現実です。うちは人が手を出さないところ、だからこそやらなくてはならないところを重点的にやってきて、いまでは「認知症のえんさん」と呼ばれるようになりました。二〇二四年から認知症基本法（共生社会の実現を推進するための認知症基本法）ができたり、少しずつ後押しされてはいますが、まだまだ手が届いていません。そこをどうすればよいかと、いつもみんなではなし合いながらやってきました。

## 崖っぷちの介護保険

**福島**　介護保険はどんどん改悪されています。以前は「介護予防」で介護を卒業できる人を増やすなどと言われていましたが、誰もが順当に加齢で衰えていくことを前提に制度を構築する必要があります。いまは制度改悪を必死で食い止めているという状況ですよね。

**小島**　どんどん傾いている制度をどうにか使っているというのが現状です。介護予防を否定はしませんが、それは介護保険でやることではないですよね。そのあたりが目くらましされているように思います。「健康寿命の増進」などという口当たりのいい言葉で誰もが見たくない加齢という現実を覆い隠そうとしていますよね。わたしは「怒りの小島」と呼ばれているんです。振り返ればずっと怒り続けてきたように感じています。

**福島**　当時も現在も、小島さんが「ここが問題だ」と感じるポイントは非常に的確です。怒りの小島、グレート！　と思っていますよ。

**小島**　年中怒っているから、周囲は大変だと思います。だけど、誰もが避けて通れないのに、市民運動をやっているようなインテリの方たちが、介護には興味がないとか、知らないなどとおっしゃるんです。誰もが必ず自分事になっていくから、目を向けていただきたいんです。訪問介護がこんな状況になっているなんて、一般には知られていませんよね。

**福島**　二〇二四年の改定で、厚生労働省が訪問介護の報酬の減額を決めました。介護職員処遇改善加算があるとはいえ、基本報酬が減額されると大変ですよね。

**小島**　「訪問介護バカにしてるよね」と感じています。わたしは介護サービスのベースは訪問介護だと思っています。週に一度、一時間足らずのサービス利用からはじまって、最後には一日に何回も利用して亡くなっていくという十数年に亘る長いおつき合いをした方たちが「えん」にはたくさんいます。少しずつ利用量が増えて、自宅でリミットまで使い切って亡くなっていく、それを支えるのが訪問介護だと思っているのに。在宅で最後まで看取ると国も言っているくせに。「なにしてくれてるんだ」、と。

もちろんデイサービスも、ショートステイも、全部必要です。だけど、利用者さんに最後の最後までつき合うのは、訪問介護なんです。死にそうになっているときにデイサービスには行けませんよね。訪問介護は家で寝たきりになっても受け続けることができるわけで、こんなに重要な仕事はありません。なのに、「誰にでもできる」などと言われています。これからますますみんなが勉強してスキルを身につけなければならない時代になるのに、それさえ根絶やしにされる気がしています。とても怖いですね。

**福島**　利用者さんが寝たきりで家にいるといっても、実際にはその方が一人暮らしが可能であるか、家族もしくは誰かマネジメントする人が必要なわけですよね。

**小島**　もちろん、身近にマネジメントする人も必要ですし、マネジメントされてそこに行くケアマネジャーも必要です。それがいまは、ケアマネジャーのなり手がいないし、訪問介護もこのありさまで、もうボロボロです。なのに国は知らん顔。

これからは本当に家族がいない方が増えていくわけですし、この仕事を何十年もやっていると、実際に家族がいない方たちとの出会いもたくさんありました。みなさん独居でも暮らせるスキルを身につけています。そういう方たちのなかには非常に気丈な方がいて、「どんなになってもここで死にます」とおっしゃるわけです。わたしたちはそれを一生懸命支えてきましたが、今後はできなくなるのではないかと危惧しています。できる限り彼らの望みを叶えてあげたいし、わたし自身もいま生きているこの場所で死んでいきたいと思っています。国がそれを妨げるようなことは、絶対にあってはならないんです。

## 分断が加速化する介護現場

**福島**　自宅で新聞挟み込みのチラシやパンフレットを見ていると、食事などのサービスを売りにしているデイサービスや有料老人ホームも多いですよね。高齢社会における格差の拡大を顕著に感じます。

**小島**　わたしも先日必要にかられて、「超高級」とまではいかずとも、「高級」といえるランクの老人ホームに行きました。この施設を初期費用を払わずに利用すると、月にいくらかかると思いますか？　要介護5の場合、なんと一カ月で六五万円です。すると一年間で七八〇万円かかるわけでしょう？　冗談じゃないですよ。その施設がすばらしく上等かというと、そんなことはないんですよ。すごく歪な高齢社会ができていると感じましたね。

**福島**　「地獄の沙汰も金次第」というか……格差が拡大していますね。

**小島**　その直後に、うちのケアマネジャーが気に入っている特養（特別養護老人ホーム）に行ったのですが、とてもあたたかないい施設でした。そこは一カ月あたり一二万円あれば入れるんですよ。「六五万円の施設に行ける人はどうぞ」……と言っては失礼ですが、やはり大切にしなければならないのは、希望すれば入れる額の施設であり、希望すれば在宅で最期を迎えられる社会だと思うんです。

**福島**　もちろん特養にも、アットホームでいい施設もあるのでしょうが、人手が足りていないと聞きますね。

**小島**　どこも本当に人手が足りていません。特養を新しく開設したにもかかわらず、職員が集まらずに開所できないというはなしもたくさん聞きます。

**福島**　エッセンシャルワーカーと呼ばれる社会にとって必要な人たちなのに、待遇が悪くて辞めていき、新しい人が入らない。だから持続可能な制度にならない。「ケアを社会の中心に」を本当に目指すのなら、そこに税金をつぎ込むように考え方を変える必要がありますね。

**小島**　「持続可能な制度にするために、少しだけ報酬を減らします」などと言われるけれど、結果的にいま離職超過が起きているわけですよ。介護の世界は離職する人のほうが多く、新しく入ってくる人が少ないんです。これから高齢化が進むというときに、「あんたたちは困らないのか」って、思いませんか？　一体どういう神経をしているんだろう。

**福島**　ＡＩの導入などのデジタル化や、外国人労働力を利用するなどという考えがあるのかもしれません。

**小島**　それはどれも否定しませんし、必要なところは使えばいいと思います。だけどいまの日本の経済状況を見て、外国人がたくさん来てくれるとは思えませんよね。なによりひどいのは、外国人を手数としか考えていないでしょう。世界に冠たる超高齢化社会がはじまった日本でよい介護を学んでもらい、国にもち帰ってもらうということならわたしは大賛成で、お手伝いしたいと思います。だけど、安上がりの介護労働者をとにかく外国からも連れてこようという考え方は、自分勝手ですよね。

## 仲間と走った三十年

**福島**　話題は変わりますが、小島さんはどのようなお子さんでしたか？

**小島**　一言でいえば、変な子でしたね。仲のいい友達から聞くところによれば「あの人は変わっているけど、憎めないわね」と言われていたようです。たしかに、人から自分がどう思われているかなどはあまり考えない子どもでした。ある意味幸せだったのかもしれませんね。

**福島**　子育てをしながらの議員の仕事、さらに介護の仕事との両立は、大変ではなかったですか？

**小島**　わたしは議員を辞めて、すぐにこの仕事を立ち上げたんです。というのも、息子に議員を辞めると報告したら、「まさか家にいねえだろうな」って言われたんです（笑）。こんな母親に始終家にいられてはたまらないと思ったんでしょうね。あり余ったエネルギーを自分に向けられては大変だから、外で働いていてくれと……（笑）。

**福島**　議員を辞められたのはなぜですか？

**小島**　自分では議員は三期ぐらいだろうと思っていました。一九九〇年ごろは、ソビエト連邦が崩壊し、日本では五五年体制[*1]がおわり、地域規模でも大変な混乱が起きていました。そんな時代でしたから、自分のやっていることに自信がなくなってしまった人たちも大勢いました。わたしも議員とはほかの方向で活動したほうがいいと思っていました。そこで、たまたま最初にはなししたとおり、介護の活動がボランティアレベルではどうしようもないと感じていたので、それならば事業をはじめようと。だけどわたしはずっとこの仕事を続けるとは思っていませんでした。介護のプロパーとして、非常にすばらしい仲間がたくさんいましたから。わたしは事業を立ち上げる力はあるけれど、介護力がないので、立ち上げが済んだら自分は去り、またほかの市民運動をやろうと思っていました。

ところが、事業をはじめた十カ月後に夫が亡くなったんです。わたし自身も看病で疲れて、気力もなくなっていました。そんなときに介護保険がはじまり独立することになって、気がつけば三十年この仕事をしていました（笑）。

**福島**　小島さんは地域のさまざまな運動に携わってから介護事業をはじめているから、地域力や女性のネットワークに目を向けられるのかもしれないですね。

**小島**　まさに「えん」は地域の女性のネットワークでできています。仲間は生協運動をしたり親子劇場をやっていたり、ＰＴＡを立ち上げたり、そんな人たちです。わたしの世代は、優秀な女性たちが社会のなかで力を発揮する場がなくて、ある意味埋もれていたように思います。こんな小さいところですが、能力のあるすばらしい人たちが集まってくれて、いまもなんとかもっています。仲間の力でここまで来られたんです。

**福島**　経営者として、金勘定や人集めなど、胃が痛いこともあるでしょうね。

**小島**　年中ありますよ。事業を起こして最初のころは「本当に給料払えるかしら」と、夜中に目が覚めて頭のなかで電卓を叩くということが年中ありました。今回の報酬減額にしても、うちは訪問介護の割合が大きいので、少なくともパート二人分の給料が飛ぶわけです。それにいまはガソリン代からなにから値上がりしていますし。
「そろそろ後継を」とも思うのですが、これでは気の毒で任せられないんです。明日はどうなるかわからないという状況では事業を引き渡したくないので、なんとか落ち着いてほしいです。

## いまこそ介護保険制度の見直しを！

**福島**　小島さんのように、介護の現場や地域でがんばる人たちが増えてほしいですね。
**小島**　「えん」は市内在住の職員が多く、通勤に電車を使う人は少ないんです。みんな自転車とか徒歩とか、せいぜいバイク通勤です。最近入職した二十代の女性がいるのですが、この方はまだお子さんが小さいんです。彼女の祖父の介護にうちの訪問介護が入ったことがきっかけで、自分もこの仕事をしたいと思ったのだそうです。お子さんが幼稚園に入園したので短時間働き出して、どんどん実力をつけてくれています。
これまでも同じように、最初は一週間に十時間未満の働き方からはじめた人が、十年後には責任者になっていきました。わたしは、こういう地域の仕事のつくり方を大事にしたいと思っています。家庭をもつと、やはりまだ女の人に負荷がかかっているのが実態です。地域のなかで柔軟な働き方ができれば、負担も少ないですよね。休めるときに休ませてあげよう、具合が悪ければ勤務を変わってあげようという優しい仲間たちに囲まれて仕事ができる環境をわたしたちは必死でつくってきたし、それは大事なことだと思っているんです。介護の仕事はそれができるんですよ。地域のNPOで介護をやっている人たちは減っているので、制度が支えてくれることが大前提ですが、実は地域の人たちで力を合わせてやっていける仕事だと、わたしはいまでも信じています。この仕事をできる人がいるのなら、なにかのかたちでアドバイスができればと思っています。

**福島**　認知症カフェは、本当に必要とされていると思います。わたし自身も、「自分は老後どこに行こうかしら」という悩みがだんだん身に迫ってきているように感じています。先輩の女の人たちも、「切実よ」とおっしゃっています。いろいろな選択肢がありますが、地域で老後を過ごせると寂しくなくていいですよね。小島さんはこれからどうやって、なにをしていきますか?

**小島**　ともかく介護保険制度が崖っぷちです。やはりこの制度をきちんとつくり直さなければいけないと思っています。現場から見ておかしいと思うことは、これからも力の限り発信していきたいです。みんなそう思っているけれど、発信する暇がないんですよね。だからわたしのように介護能力がない人が代表であるのは、いいことなんです(笑)。おかげさまで、こんなことができています。そしてまた、「えん」のみんなのおかげなので、本当にありがたいと思っています。

ともかく介護は絶対に必要な仕事です。二〇〇〇年四月一日に介護保険がはじまった日の夜十時のニュースを、わたしは一生「忘れてやらない」と心に決めているんです。それはコムスン[*2]の本社からの中継でした。わたしたちとは無縁のピカピカの事務所のなかにテレビカメラが入って、ライトが当たって、そこでわたしたちとはまったく縁のない世界の男たちが、ちょっと高そうなスーツを着て、「株主様には必ず高配当をお約束します」って。それが介護保険のはじまりでした。わたしはあっけにとられました。そのときはピンとこなかったけれど、二四年後によくわかりました。

福島さんがおっしゃったように、お金がある人たちのための高級なものはどんどん増えています。一方で、生活保護の人を対象にした、劣悪なケアで儲ける人もいます。搾れるものは搾っていけと、儲けの材料にされています。

いま、経済産業省は介護を産業化しようとしているでしょう。最近では、高齢者だけでなく障がい者までがその対象となっています。だけどおかしいじゃないですか。ケアに産業化できる部分なんて、ほんの少ししかないんです。お金でなんとかしたいと思う人たちはどうぞご自由に。だけどなんとかできない高齢者がたくさんいるわけじゃないですか。それは本来「福祉」の範疇ですよ。だからわたしは「株主様には高配当」というあの日の言葉をいまこそ思い返して、「それじゃダメでしょ」と声を上げたいんです。あの日に戻らなければいけません。みんな気がついていないし、鈍感になってしまっているんです。

**福島**　介護保険を立て直すことで、お金がなくても安心して生きられますものね。そのためにがんばりましょう。今日は本当にありがとうございました。

**小島**　いくらでもがんばります。

■この対談は、二〇二四年八月二十一日に公開された動画を加除・修正したものです。

小島さんは介護保険の改悪についていつも的確に発言されているという意を強くした。「介護予防」が強調され、介護からの脱却がもてはやされ、制度の改悪につながったことがあった。「そんなことないだろう、みんな順調に加齢するのは当然だ」という声は当時はまだ少数だった。小島さんは現場から声を上げ、その後の改悪案に対しても反対を続けている。今回、小島さんがやっている「暮らしネット・えん」を訪れた。自然があり、女性たちが活き活きと暮らしている。旧知の元区議会議員の女性も暮らしている。そこで暮らすみなさんとおはなしができてよかった。わたしにとっても、これまで介護は親の問題だったが、段々と自分の未来になってきてしまった。なんだか身につまされる。小島さん、これからも発信をよろしくお願いします！

【注】

＊1　「山が動く」……一九八七年の参院選で社会党が歴史的な大勝をおさめた。このとき「マドンナ」と呼ばれた女性候補者を多数擁立し当選させている。土井たか子党首がこれを「山が動いた」と表現した。時期を同じくして、地方議会にも女性議員がそれまでになく多数誌進出した。

＊2　五五年体制……日本において一九五五年以降続いた自由民主党・日本社会党の2：1の構図による政治体制。

＊3　コムスン……かつて存在したグッドウィル・グループのグループ会社。訪問介護サービスの当時最大手として福祉・介護を主な事業として展開していた。二〇〇七年六月、介護報酬不正請求事件等が発覚。厚労省の処分を受け、同社は介護事業から撤退した。サービスを受けていた全国六万五千人の高齢者やその家族、二万四千人余の職員が影響を受けた。

【小島美里さんブックリスト】

（1）『あなたはどこで死にたいですか？——認知症でも自分らしく生きられる社会へ』岩波書店、二〇二二年

・上野千鶴子、小島美里共著『おひとりさまの逆襲——「物わかりのよい老人」になんかならない』ビジネス社、二〇二三年

第四章

# 教育現場のグレートウーマンたち

# ネパールで百人の女性の先生を育てる

山下泰子

GREAT WOMAN's PROFILE

やました　やすこ

東京都生まれ。博士（法学）、文京学院大学名誉教授、国際女性の地位協会名誉会長、日本ネパール女性教育協会理事長。ジェンダー法学会元理事長、男女共同参画社会づくり功労者内閣総理大臣表彰（2015 年）、外務大臣表彰（2017 年）。著書に『女性差別撤廃条約の研究』（尚学社、1996 年）、『女性差別撤廃条約の展開』（勁草書房、2006 年）、『女性差別撤廃条約と日本』（尚学社、2010 年）、共監修に『男女平等はどこまで進んだか』（岩波ジュニア新書、2018 年）、特定非営利活動法人日本ネパール女性教育協会『ネパール山村に 100 人の“おなご先生”養成の記録』（2020 年）、共著に『解説 女性差別撤廃条約と選択議定書』（国際女性の地位協会、2023 年）他。

**福島**　大好きな大先輩、山下泰子さんです。女性差別撤廃条約に関するさまざまな活動を続けてこられました。そして、百人の女性の先生をつくるためにネパールに通い続け、寮もつくられました。本日は、ネパールでの女性の先生の育成について、そして、女性差別撤廃条約についての活動というふたつのおはなしをしていただきます。

## ネパール山村に「おなご先生」を！

**福島**　早速ですが、女性の先生を百人養成するため、ネパールに通われたんですよね。

**山下**　ネパールのいいところは、女性たちの衣装が華やかなことです。おばあさんになって赤い服を着ても平気です。わたくしがはじめてネパールに行ったのは、一九八二年の暮れから翌年の正月にかけてですから、四一年前ですね。ゴラパニというアンナプルナの麓にトレッキングに行ったんです。すばらしい八千メートル級の山々の景観、キビキビ動くスタッフたち、それに優しいネパール人のきもちに感動しました。

一方で、ネパールはすごく貧しい国でした。たとえばわたくしたちの荷物を運んでくれるポーターさんは、真冬で雪も残っているのに、裸足にサンダル履き。女の子たちはボロをまといながら家事労働をしている。お母さんに抱っこされている赤ちゃんは下半身裸です。トレッカーとしての高揚感と、貧しさに対するきもちが澱のように胸に迫ってきて……どうしたらいいかなと思っていました。

一九九〇年代になると、大学で国際女性学というゼミナールをもちましたので、「学生を連れてネパールに行こう!」「女性の暮らしの調査をしよう!」と決意しました。それからなんと一四年間ゼミ生とネパール通いをしました。

あるとき、ランドルングという村で子ども調査班の学生から「先生、ここの女の子たちは〝夢〟という言葉が理解できません」と報告をうけました。男の子は「グルカ兵になりたい」とか「パイロットになりたい」とか、それぞれの〝夢〟を語るんですよ。女の子だけどうして? と思ったら、彼女たちは学校に行っていないんです。〝夢〟という抽象的な言葉は、学校に行かなければ理解ができないんですね。

ランタンリルンの麓の村では、十六歳の少女が「わたしは〝夢〟などもてない、なぜなら学校に行かなかったから」と語りました。村には学校があるんですよ。「なんで行かなかったの?」と聞いたら、「お父さんに「学校に行きたい」っていったら、殴る蹴るの暴行を受けてそれどころじゃなかった」と、さめざめと涙を流しました。村人たちにとって少女というのは、学校に通わせる存在ではないんです。貧しいながらも男の子は学校に行かせようとするけれど、女の子は家事労働、牛の世話、お母さんの手伝いなどをしながらがら過ごし、できるだけ早くお嫁にやるのが親の務めだという考え方だったんです。「これではダメだ」と思いましたね。

そしていざ学校を見てみると、女の先生がいないんです。村人たちは、学校は男の先生がいて、男の子が通うところだと認識していました。そこで一念発起してはじめたのが、「女の先生」「おなご先生」を養成するというプロジェクトです。

**福島**　「さくら寮」という寮に入って、女性の先生の育成をするんですね。

**山下**　そうです。それに先立って、ネパール全土で半年かけて調査を実施しました。テーマは「ネパールにおける女性の教育と女性教員の現状」について。ネパールの東から西まで五つの開発地域毎に、トレッキングのスタイルでテントを担いでまわって、現状調査をしたんです。するとさまざまなことがわかってきました。

そのころは、十年制の学校を出てＳＬＣ（School Leaving Certiscate Examination）という高等学校卒業資格試験に合格すれば、教員養成の訓練もなしに小学校の先生になれたんです。ところが、そもそも山村では女性がＳＬＣをとることが難しい。ＳＬＣに受かった女性が、ある郡には一人もいないとか、別の郡にはかろうじて三人だけいるという状況でした。そしてその人たちがみんな先生になるわけではないですから、そもそも先生になるべき女性がいないんです。

たとえばムグーという西の貧しい郡では、女の先生が一六校に一人しかいませんでした。山村では平均で四、五校に一人ずつしかいないんです。これでは女の子を学校に行かせないですよね。村人自身も学校に行ったことがないわけですから、学校の大切さもわかりませんしね。

「おなご先生養成プロジェクト」では、まず、ポカラというネパール第二の都市の女子大と連携し、「教育コース」をつくってもらいました。わたくしたちは、山村から来る女子学生のために「さくら寮」をつくりました。そこで二年間勉強して先生になる訓練をする。そして必ず自分の村に帰って少なくとも三年間は小学校の先生をしてもらう。そのお金はわたしたちの

NPO法人が出すというしくみです。これは日本の明治政府がやってきた教員養成制度と同じなんです。義務教育をつくり、男性の師範学校と女性の師範学校を各都道府県につくった。教員免許を出して、学生たちは先生になっていく。調べてみると、女子師範学校の卒業生が増えていけばいくほど、女の子の就学率が高まります。女性教員の数と女の子の就学率は確実に連動していることがわかりました。

**福島**　『ネパール山村に100人の〝おなご先生〟養成の記録』[1]。どの女性もとても素敵な表情ですね。

**山下**　そうなんです。

**福島**　さくら寮でかかるお金や経費はどうされていたのですか？

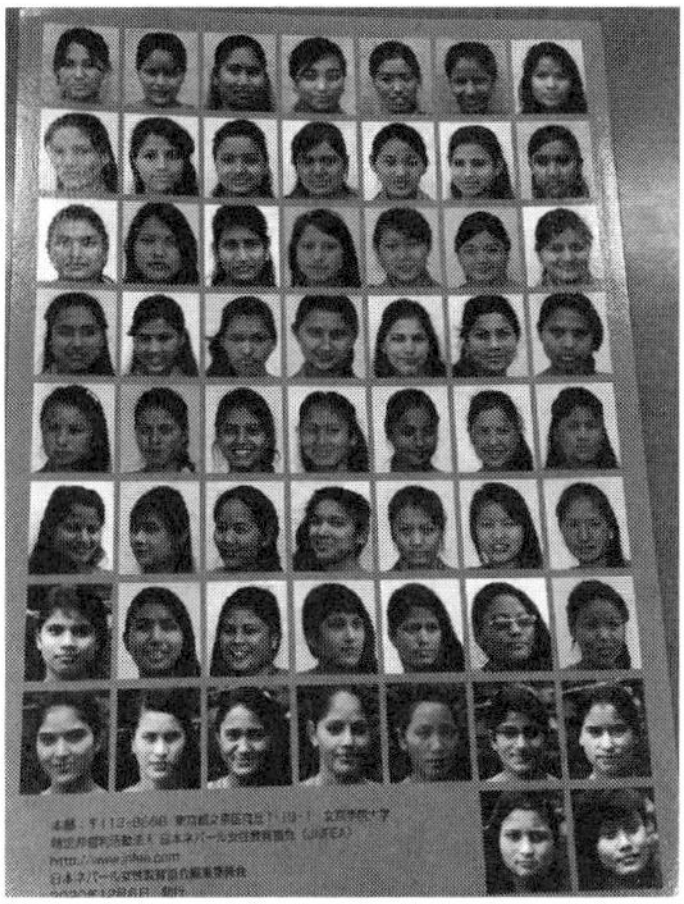

『ネパール山村に100人の“おなご先生”養成の記録』の表紙

**山下**　寮自体をつくるのは、半分は国の大使館経由で「草の根無償・人間の安全保障基金」から一千万円の助成をうけ、あと半分はわたくしが田舎の土地を売って捻出しました。

**福島**　え〜っ、「田舎の土地を売って」って、どういうこと〜!?（笑）

**山下**　別荘にしようと思っておばあちゃんからもらっていた土地があったので、それを売って。いい使い方ができて、嬉しかったです（笑）

福島　女性たちは、その後どんな道を歩んでいるんですか？

山下　三年間はとにかく先生をしてもらっています。ネパールでは小学校教育に情操教育がとり入れられていないので、さくら寮では、豊かな人間性を育む教育をしました。彼女たちも地元の小学校で、それを活かしておおいにがんばってくれています。

ところが、わたしたちがお金を払っているあいだはいいのですが、そのあとなかなか政府からお金がもらえないんです。教員給料というのは、政府から先生全員分が払われているわけではないんです。数人分だけがもらえるので、足りない分はコミュニティーでお金を出し合って、非正規の先生を頼まなければならないので、コミュニティーにお金がなければ先生を続けられません。だけど、わたくしたちが調査した時点では、八割の人たちが先生になっていましたね。おばあちゃんの土地を売って、とてもいいことができました（笑）

だけど、それはさくら寮をつくったお金であって、その後もランニングコストがかかります。いちばんお金がかかったときは、年間一千万円くらいです。定員二〇人のさくら寮を運営していましたから。寮生たちのすべての生活費、学費、食費、交通費、それにお小遣いも少しあげていました。マネージャー、寮母、ガードマン二人も雇っていました。さらに卒業後三年間は給料を払っていました。これは実に日本の一〇七三人の個人のご支援で成り立っていたんです。また、全国退職女性校長会（梅の実会）が、毎年会費の数パーセントをくださったり、各地の国際ソロプチミストという女性の奉仕団体や、プロジェクトに賛同するいくつもの団体が継続して支援をしてくださったり。こうしたみなさんの善意をひとつにできたことだけでも本当に

「ネパール・ポカラ・さくら寮10周年記念」の集合写真。山村で先生をしている「さくら寮卒業生」が子連れでやってきました。日本の支援者も大勢参加してにぎやかに10周年を祝いました。

やってよかったなと思っています。

**福島** いまでも交流はありますか？

**山下** いまもフォローアップの研修をやっています。つい この十一月にも行ってきたところです。わたくしは今年で計六四回ネパールに行きました。さくら寮の卒業生のみなさんはベテラン教員になってきて、本当に輝いています。堂々としています。今回はわたくしの主治医の歯科医の方が歯の検診をしてくださいました。わたくしたちの仲間にはもともと小学校の教員をしていたプロフェッショナルがいるので、新しい教育技術を教えたり、彼女たちの悩みを聞いてあげたり、彼女たち自身がプレゼンテーションをしたり、そんな研修を毎年続けています。

**福島** ネパールにたくさんの娘たちがいるような感じですね。

**山下** そうです。もう、ハグしたいくらいです（笑）

春の園遊会。ネパールのサリーを着て出席しました（2016年）

## 基礎教育の重要性

**山下**　母は群馬女子師範学校の出身なんですが、わたくしは母の生き方に影響されています。うちは父が早く亡くなり、母は六十八歳まで教員を続けていました。彼女の仲間たちが本当にすばらしくて、わたくしは女子師範学校に強い思い入れがありました。日本の女子教育がここまでよくなったのは、明治時代の女子師範学校制度がもたらした恩恵なので、これをなんとかネパールにもっていきたいと思いました。パイロットプロジェクト（先行的試験的事業計画）のつもりでさくら寮をつくり、一年十人、十年間で百人のおなご先生を育てたわけなんです。だけどわたくしは、これを日本のＯＤＡ（政府開発援助）で、ネパール全体にやってもらいたいといまも思っています。

**福島**　「魚をあげるのではなくて、魚の釣り方を教える」と言いますよね。単にお金やものをあげるのではなくて、それで自分が生計を立てられるようにって。日本のＯＤＡもこういった支援をやるべきですね。それは彼女たちの人生そのものを応援することになりますものね。

**山下**　とにかくネパールで最も大切なのは、ベーシックな教育です。初等教育が特に大切だと思うのですが、ネパールでは高等教育の教員のほうが偉いと思われています。小学校の先生より中学校の先生、中学校の先生より高校・大学の先生が偉いって。そうじゃないんです。子どもがはじめて接する先生がいかに大切かということをわたしたちは説いています。ロールモデルは、壺井栄《つぼいさかえ》『二十四の瞳』の大石先生です。

**福島**　わたしも小豆島《しょうどしま》で『二十四の瞳』に学ぶ平和トークをやりましたよ。子どもが悩んでいるときに、「先生はなにもしてあげられない。でも、あなたのはなしを聞くことはできる」とか、大石先生はいつも一生懸命ですよね。

**山下**　岬の寒村に、明治三十五年にちゃんと分教場（本校と分離して設けられる教育施設）が建てられました。ネパールはようやく二〇一五年に憲法で義務教育が定められたんです。それまで教育は義務ではなかったのです。だから女の子を学校に行かせなくてもよかったんです。今度こそ女の子も行かせなければなりません。それには村の分教場のような場所がもっと必要なのです。

　ネパールは、海抜五十メートルのインド国境から、八八四八メートルのエベレストまで、南北三百キロのあいだに八千メートルの落差があるわけです。そこに村が点在しています。それぞれが隔絶されていて、車の通る道も橋もトンネルもないんです。

いまこそ、大石先生が必要です。あの分教場みたいな場所がネパールに必要で、そこにはちゃんとした教育を受けた女の先生……つまり、子どもたちと遊んだり歌ったり、「学校が楽しいところですよ」と教えられる、子どもたちからも愛される先生がいる必要があると、ネパール政府に一生懸命伝えたいのです。わたくしたちのネパール人のマネージャーが『二十四の瞳』のネパール語訳に取り組んでいます。

**福島** 南アフリカ共和国に行ったとき、小学校を訪ねました。ミュージカルみたいに子どもたちが歌を歌ってくれて、すばらしかったです。なにかあると、歌って踊って、なんだか楽しい。山下さんの取り組みがネパール全体、そして世界中の国々にも広がったら素敵ですよね。

**山下** 日本に対して発展途上国が期待できるのは、「教育」なんです。必要なのは、国民みんな読み書きができて、投票にも参加できるし、計算もできるという基礎教育です。ネパールの山村では、おばあさんの世代であればほぼ一〇〇パーセント非識字者です。これはクムジュンというエベレストの麓の村のはなしですが、しっかりした女性の村長さんに会いました。でも彼女は読み書きができないんです。祐筆（文書・記録を担当する職）のような若い男性を連れていて、その人が公文書を読み、そしてまた決定事項をその人が手紙に書いて送るという……やっぱり悲しいじゃないですか。

ツクチェという村では、一人のおばあさんが旅籠（旅人を宿泊させ、食事を提供する民泊施設）を経営していました。彼女は一年間のとり入れや、収穫物の管理、お客さまの対応すべてをやっていました。とても賢い人で全部こなしていたけれど、彼女も非識字者なんです。泊まり客があったら棒線で、その人がなにを食べたかチェックしたり、それは大変な苦労です。

基礎的な教育を受けていなければ、社会参加が難しいですよね。そうすると、自己決定もなかなかできません。ジェンダー平等の基礎はやはり「教育」にあると思っています。

## 女性差別撤廃条約への取り組み

**福島**　そして、差別撤廃条約の取り組み。これも、グレートウーマンの活動のひとつですよね。

**山下**　福島さんにもご協力いただいて、とてもありがたいです。女性差別撤廃条約（女子に対するあらゆる形態の差別の撤廃に関する条約）は、いま一八九カ国が批准していて、「世界女性の憲法」と呼ばれてます。日本も一九八五年七月にこれを批准しました。日本を代表して条約に署名し、日本女性の地位向上に貢献された高橋展子《たかはしのぶこ》さん。日本初の女性大使として、デンマーク大使をなさった彼女が、女性差別撤廃条約が日本に対して効力を発生した一九八五年七月二十五日に「この日をもって日本は新しい時代を迎えた」とおっしゃったんですよ。それから三八年経ってみて……ちっとも新しい時代になっていませんよね（笑）。二〇二三年のジェンダーギャップ指数にしても、日本は一四六カ国中一二五位。なのに誰も反応していません。

世界女性の憲法・女性差別撤廃条約をきっちり守ればいいんですよ。そのために、「女性差別撤廃条約選択議定書」に定められた、個人通報制度を日本もとり入れるべきだと思い、いま選択議定書の批准を目指して活動しています。女性がこの条約に規定された人権を守られなかったとき、国内で解決ができなければ女性差別撤廃委員会に自分で通報できるという制度です。条約違反が認められると委員会から勧告が出されます。面会交流中に、ＤＶ夫に娘を殺されたスペインの事例では、委員会の勧告を受け、一億円もの補償額がスペイン最高裁によって決められました。個人の人権が具体的に女性差別撤廃条約によって保障されていることがわかります。

もともと、この条約には、「国家報告制度」というのがあります。締約国は国連に条約の実施状況を報告し、それを女性差別撤廃委員会が国の代表を呼んで、審議をして、その結果にもとづいてその国に対して勧告を出すというシステムです。二〇二四年十月に、日本に対する第六回目の女性差別撤廃委員会による審議があります。わたくしたちも、その傍聴にジュネーブに行こうといま、がんばってるんです。国会議員の皆様にも、ぜひ傍聴に行っていただき、女性差別廃委員会が日本になにを要求しているのか、日本政府がそれに対してどういう返答をしてるのか、そこにどういう問題があるのか、ジェンダーギャップ指数一二五位から脱出することができるのか、考えてほしいと思っています。

**福島**　国際人権は日本の人権状況の通知簿みたいなものだから、上げていく努力がなければ、あっという間に一四六位まで落ちてしまいます。選択議定書の批准はわたしが男女共同参画担当大臣のときに、あと一歩だと思ったのですが……。

**山下**　選択議定書批准の準備のために、二〇一〇年四月に外務省内の人権人道課のなかに、七人のユニットで人権条約履行室を設置してもらったんですよね。山花郁夫《やまはないくお》さん（元外務政務官）が国連まで行って、二〇一一年三月にこのことをプレゼンテーションしているというのに。どうして行政には一貫性がないんでしょうか。

**福島**　選択議定書を日本が批准するメリットを、もっともっとアピールしたいですね。

**山下**　そうでなければ、世界から日本は変な国だと思われていますよ。ジェンダー平等にかんして遅れた国だと世界中から思われていて、本当に恥ずかしいです。

**福島**　ネパールを一生懸命応援すると同時に、日本の女性の人権状況も変えなければいけませんよね。

**山下**　わたしたちは「日本女性差別撤廃条約NGOネットワーク」という組織をつくっています。二〇一六年にはジュネーブに八〇人が日本報告審議の傍聴に行きましたし、二〇〇九年にもニューヨークに八四人が傍聴に行っています。今回（二〇二四年）も、八五人がジュネーブに行く予定です。自分たちの目で、国連で何が審議されているかを見て聞いて、自分たちの抱えている問題を委員に直接ロビーイングしています。ぜひご注目ください。

**福島**　グレートウーマン山下泰子さんでした。私財を投げ打ったという心意気も、グレート！（笑）。お洋服も素敵です。ありがとうございました。

■この対談は、二〇二四年二月十四日に公開された動画を加除・修正したものです。

山下泰子さんは女性差別撤廃条約の実現をライフワークにしてこられた研究者。彼女がグレートだと思うのは、ネパールで女性の先生の育成をしていること。援助とは「魚をあげるのではなく魚の釣り方を教えることだ」という言葉を思い出す。女性のエンパワーメントになるし、就労支援になるし、ロールモデルをつくることになるし、影響力も効果も大きい。なんと私財を使いネパールの女性たちの支援をしているという。しかし山下さんには、すごいことをしているという気負ったところがあまりないのだ。淡々と続けているところもすごい。とびっきりお洒落でにこやかで芯が強く優しく親切。わたしが二〇一三年に十年務めた党首を辞めたときは慰労会を、選挙に当選したときには祝賀会を開いてくれた。感謝している。シスターフッドに溢れ、グローバルに貢献する頼もしい人。

**【山下泰子さんブックリスト】**

（1）『ネパール山村に100人の〝おなご先生〟養成の記録』特定非営利活動法人　日本ネパール女性教育協会、二〇二〇年

・山下泰子、矢澤澄子監修『男女平等はどこまで進んだか——女性差別撤廃条約から考える』岩波書店、二〇一八年

・山下泰子、矢澤澄子著『解説　女性差別撤廃条約と選択議定書』国際女性の地位協会、二〇二三年

# 江戸の研究者にして六大学で初の女性総長

田中優子

GREAT WOMAN's PROFILE

## たなか　ゆうこ

法政大学社会学部教授、国際日本学インスティテュート（大学院）運営委員長、社会学部長、総長を歴任。専門は日本近世文化・アジア比較文化。研究領域は、江戸時代の文学、美術、生活文化。『江戸の想像力』で芸術選奨文部大臣新人賞、『江戸百夢』で芸術選奨文部科学大臣賞・サントリー学芸賞。その他『近世アジア漂流』『グローバリゼーションの中の江戸』『布のちから』『遊廓と日本人』などの著書がある。江戸時代の価値観、視点、持続可能社会のシステムから、現代の問題に言及することも多い。2005年度紫綬褒章。サントリー芸術財団理事、『週刊金曜日』編集委員。

**福島**　江戸・アジアの研究者としても超一流。法政大学の前総長としても腕力を発揮され、そして活動も精力的にやっていらっしゃる、おもしろくてとっても素敵な田中優子さんです。今日はよろしくお願いします。

## 田中優子さんのルーツ

**福島**　文学少女でいらしたんですよね。一九八六年に書かれた『江戸の想像力』(1)がすばらしいですね。江戸がテーマですが、ものすごくダイナミックな本です。どうして江戸について研究しようと思われたんですか?

**田中**　わたしは大学に入ったときには、もの書きになろうと思っていたんです。

**福島**　ぜひいまからでも。実際もの書きになってらっしゃいますよね。

**田中**　書いていますけど、「もの書き」って漠然としているじゃないですか。新聞記者か小説家か、なんだかわからないけれど、とにかく毎日ものを書いていたい、と思って文学部に入りました。高校の先生が、あなたにピッタリだと法政大学の文学部を勧めてくださって。たしかにすごく自由で、なにを書いてもよい校風でした。

最初は近代文学の勉強をしていました。たくさん小説や評論を読んで、自分でも評論を書いていました。学部生のとき、ゼミで昭和十年代の作品を扱うことになり、石川淳[*1]という人がおもしろそうだなと思って選びました。発表するために全集を買い込んで、次々に読みました。

石川の評論のなかに「江戸人の発想法について」という短評がありました。わたしは当時江戸時代のことが嫌いだったんです。なにも知らなかったし勉強もしていませんでした。だけどそれを読んだ途端にわかっちゃったんです。つまり、すごく大事なことが頭のなかに一気に見えて、江戸文化の構成までも鮮明に残ったような。名文だったんだと思います。しかも石川淳は研究者ではなく小説家ですからね。小説家が書いたその文章で、江戸時代の構造や、当時の人の頭のなかが見えた気がしました。それで、江戸時代ってなんかとんでもない社会だな、と思いました。いちばんとんでもないと驚いたのは、「一人の人間のなかに何人も人間がいる」というはなしです。一人の人間にいくつもの才能があって、その一人一人に違う名前をつけるんです。だから一人の人間がたくさんの名前をもっている。しかもお互いそれを知っていて、社会的に承認されている。「江戸ってなんか変な社会だ」って（笑）

こうして江戸のことをもっと知りたいと思うようになって、学部のときに猛勉強し、大学院に行きました。大学院では江戸文学の研究を本格的にはじめました。江戸って、知れば知るほどすごいんですよ。それは人間観だけではなく、歴史も文化も。だから、どこを探ってもおもしろいと思うようになりました。

**福島**　いま、江戸時代の「循環型の社会」が話題になり、映画にもなっています。（補足：阪本順治監督『せかいのおきく』、二〇二三年）

**田中**　ちょうど京都議定書の時代（一九九七年）に、江戸時代の循環型社会に注目する人たちが出てきたんです。驚くほど「完全循環」なんですよ。人間の排泄物やゴミはもちろん、着物や本の紙までリサイクルします。着物を買って飽きたから捨てるなんてことはまずないわけですよ。町にたくさんある古着屋さんにもっていくこともあるし、子ども用の着物に縫い直すこともあります。わたしも着物を着はじめてわかったんですが、着物って縫い直すのがとても簡単にできるようになっているんですよね。一枚一枚四角い布をただ合わせているだけなんです。全部解くとただの四角い布になるので、これを短くして縫い合わせれば小さな着物ができるし、別のものにしてしまうこともできるわけです。

**福島**　座布団になったり、枕になったり。

**田中**　袋物をつくったり、掛け布団のカバーになったり、いろんなことに使えます。使っていくうちに、もうこれ以上無理という状態になると、浴衣だったらおしめに使います。着物はおしめには使えませんけど、ボロになることはあります。そうすると、最終的には竈で燃やして灰にするんです。そこに「灰買い」という人がやってきて、灰を買いとってお金をくれるんです。現代のわたしたちは、排泄物を出すときには下水道代を払い、ゴミを出すときにはゴミ袋にお金払い、いろんなものを捨てるときにお金を出しているんですが、江戸時代は逆。もらえるんですよ。だから、江戸庶民もごみを積極的に出すようになる。ゴミを捨てる、回収するというやりとりを、都市と周辺農村のあいだでやっている。だから「完全循環社会」なんですね。

**福島**　『江戸時代を歩く』(2)、『江戸から見ると』(3)という本も書かれていますよね。江戸現代は現代と地続きだと感じました。

**田中**　東京藝術大学の大学美術館で「大吉原展」がはじまりました（補足：二〇二四年三月二十六日

〜五月十九日）。これははじめての吉原についての展覧会で、最初はSNSで炎上しました。「吉原の展覧会なんか、なぜやるのか」って。女性の人権問題として、そういう疑問を抱かれるのは、当たり前だと思います。わたしは以前『遊郭と日本人』(4)という本も書きましたので、それをもとにして、新聞やいろんな媒体でメッセージを発信しました。

吉原はたしかに売買春の土地で、それが経済的な基盤になっています。なぜ吉原が大事なのかというと、そこで遊女たちが日々やっていることというのは、俳諧、和歌、茶の湯、碁、すごろく、踊り、三味線、琴……ものすごく濃厚な文化なんですよ。それから着物も特別で、調度品もみごと。日本文化が凝縮されているんです。しかも、伝承されているんですね。そんな場所ってなかなかないですよ。しかも、お正月、花見、夏の盆、秋の祭りと、いろんな年中行事をやるんです。それが、何百年も伝承されてきた。江戸文化の側面と、ここが売買春の場所だという事実とは、どちらかだけを立てて、どちらかを見えないようにしてはいけないんです。両方とも見ましょうよ。事実だったのだから。いまの吉原は千束四丁目という地域なのですが、普通の町になっています。だけど、歩いてみると、あちこちに痕跡が残っているんですよね。

**福島**　千葉県佐倉市の国立歴史民俗博物館で見たことがあります。江戸時代における娘を売ったときの証書や、彼女たちの日々の食事などが展示されていました。こうした展示もきっと、「事実をまず見て、知って」という意図で企画されたんですよね。

**田中**　歴史は、どんな時代でも事実から目を背けてはいけません。目を背けて肯定する、否定するということではなくて、わたしがとっているのは全部見ましょうね、という態度です。だって、全部見たほうがおもしろいんですよ。

**福島**　切り離せないですもんね。、歴史は前進・発展してるというよりも、そのときどきで豊かさ、多様性、おもしろさ、変なところ、問題なところがありますよね。

**田中**　だから、わたしたちが歴史を受け継ぐ態度として、知ったうえで問題となっているところは切らなければいけないんですよね。これは否定するけれど、こっちは受け継ぎましょうという、取捨選択。こうした区別をしてゆくのが、歴史を受け継ぐということだと思うんです。「日本はこんなことしませんでした」という歴史修正主義は事実に目を向けないで、全部よかったことにしてしまいがちですが、それはどんな時代であろうとやってはいけないことです。わたしは江戸時代についてもそれはしません。

**福島**　わたしは落語を見たり聞いたりするのも好きなんですが、『江戸っ子はなぜ宵越しの銭を持たないのか？』(5)はとてもおもしろかったです。

**田中**　わたしが落語でおもしろいと思っているのは、与太郎、それから八五郎のような人たちが出てくるでしょう？　あの人たちは優秀であろうとはしていないわけですよ。まわりも与太郎を見て、「このままだとまずいから仕事してみたら」なんてノリで仕事を与えたりするんです。だけど往々にしてやっぱりうまくいかない、という展開になるんだけど。だけどまわりが助けながら、「こういう人がいてもいいじゃない」という世界をつくっています。それがとてもおもしろいですよね。

## 法政大学で初の女性総長を務めて

**福島**　法政大学の学部長、そして総長になられましたね。しかも七年間。東京六大学の中ではじめての女性総長です。やりがいも苦労したことも、いろいろおありだったんじゃないですか？

**田中**　わたしはそもそも「この地位に就きたい」とか、「この権力が欲しい」ということは考えていません。どうして総長になったのかというと、いろんな問題が起こってきたからです。たとえば、一時期大学が郊外に移転する流れがありましたね。全面移転したのは筑波大学だけでしたが、それ以外の大学はだいたい都心の校舎と地域の校舎に二分化されました。法政大学もご多分に漏れずこの流れを受けたのですが、すると不便なほうの校舎の学部は、いろいろと悩みを抱えます。わたしは不便な校舎の学部の教員で、かつ学部長だったんです。学部長の権限でこの問題を乗り切ることはできないと思っていたとき、前の総長がお辞めになって。学部のなかでいろんな意見が出てきて、誰かそれを伝える役目が必要だからということで、わたしが総長になってくれと頼まれたんです。

具体的な問題を解決するために総長になったのですが、いざその座に就いてみると視点が多様化しました。総長になると、自分の大学全体のことを見なければならないと同時に、ほかの大学とのつき合いも出てきます。ほかの大学や、ときには外国の総長たちといろいろな会議で一緒になるわけです。すると、日本全体の大学が抱えている問題はなにか？　とか、そもそも大学はどんな役割を果たしてしているのか？　とか、考えるようになりました。立場が変われ

総長として始球式に登板（2014 年）

ば見える景色は違ってくるので、責任ある立場に挑戦することは、やはりすごく意義があると思うようになりました。

**福島**　大学って、失敗ができないですよね。学生の大学生活というのはその四年間しかないわけだし、責任は重大です。しかも入ってくるお金は決まっているので、運営にも課題がありますよね。

**田中**　おっしゃるとおり、一般企業と違うのは入ってくるお金の額が決まっているということです。定員管理が厳しいので、定員以上の学生は受け入れられません。必然的に収入の上限は決まってしまいます。だけど、時代はどんどん変わっていきます。特にコロナ禍で感じたのですが、お金の使い方が機材やパソコンのネットワーク環境づくりに変わりはじめました。教室全部に機材をとり揃えるとか、そのために回線がパンクしないように手を打つとか。とにかくコロナのときは大変でした。学生が大学に来なくても授業を受けられる体制をつくるために、ものすごくお金をかけました。なににお金を使うかということは、大学にとって大変重要です。

## 女性総長のやりがい

**福島**　女性総長のやりがいは、どういうところにありましたか?

**田中**　発信ですね。女性が総長になったインパクトの使い方はとても大事なことでした。法政大学では「ダイバーシティ宣言」をすることになりました。宣言をしたら実現しなくてはならないですから、委員会をつくり、職場の現状調査からはじめました。ダイバーシティというと特に女性を指すことが多いですが、それだけではないですよね。大学には留学生がたくさんいました。さまざまな民族の人たちを受け入れて、彼らが困らないようにしなくてはいけない。わたしが総長である以上、メッセージを発信しなくてはいけないと思いました。

もうひとつは、「大学憲章」をつくったことです。いまの大学はだいたい横並びで、どこに行っても特徴はさほどなく、中身は同じになってしまっています。だから、「わたしたちが目指すのはこれです」というビジョンをはっきりさせるために、はじめて大学憲章をつくりました。

**福島**　大学の入学式など、節目節目で田中優子総長の発信がメディアにとり上げられていましたよね。

**田中**　わたしが総長としての最後の卒業式のときのメッセージとして伝えたのは、女性が分断されているということでした。女性が社会的地位に就くのはいいことだし、女性役員を三〇パーセントにという企業の呼びかけも悪くはない。だけど、それだけやってていいんですか?　って。

ちょうどそのころはコロナの問題に関連して、失業した女性が殺される事件もありました。非正規社員の割合も、あのころからそんなに変わらないですよね。

**福島**　全体で四割ですが、女性の場合はもっと高いですよね。

**田中**　正社員でも給料に違いがあります。単に上だけ上がっていったって、下のほうにはどうにもならず困っている人たちがいるんだから、分断が広がるだけで女性の問題が解決されていないですよね。そのことに気がついてほしいというはなしをしました。

**福島**　とても重要ですね。自分だけよくなるということもないし、実際に差別のある社会に住み続けることになるわけですからね。

入学式での総長式辞

**田中**　大学憲章では「自由を生き抜く実践知」という表題をつくりました。世界中のすべての人が自由になるために自分はどうしたらいいか考えてください、と。自分だけ自由でいればいいとか、日本人だけ自由ならいいとか、そうじゃないんです。世界の人が自由でいるっていうことを目標にすると、見えてくるものがあるはずです。

## 総長をおえてから向き合ったこと

福島　総長を七年間務めたあと、さまざまな活動をされていますね。

田中　総長でいるあいだは時間的制約もあって、講演などはお断りしていました。だけどこれからは、いろんな問題に向き合わなければいけないなと思っていた二〇二二年十二月に、岸田政権が安保三文書を出しました。四十三兆円の軍事費という数字が出たとき、わたしの周辺の女性たちが、みんな「えっ」とあっけにとられました。自分たちは我慢させられてきたんです。教育現場でも、大学側が「お金が必要です、研究費も奨学金も必要です」と訴えても、「社会保障費がすごくかかっているから無理です」と門前払いだったんですよ。

福島　「予算がありますから」ってね。「ない袖は振れません」なんて言われますよね。

田中　いろんな現場の女性が言われてきたんですよ。なのに四十三兆円？

福島　防衛予算だけは「ない袖は振れません」と言われないんですよ。

田中　しかも、そのお金はこれからわたしたちが払うんです。そういう数字とともに出てきた安保三文書もやっぱり変です。そこで二〇二三年一月に数人で「平和を求め軍拡を許さない女たちの会」をつくりました。すぐに七万五千筆ほどの署名が集まりました。女性たちが、この国はもしかしたら戦争に向かっているのではないかと気づくことが大切だと思います。

## 田中優子さんの仕事着

福島　いつも素敵なお着物をお召しですよね。何着ぐらいもっているんですか？

田中　数えたことはないですね。だって福島さん、突然「洋服何着もってますか」聞かれたらどうします？　困るでしょう？（笑）

福島　困りますね（笑）。タンスのなかに整理整頓しているのですか？

田中　わたしの着物は仕事着だから。福島さんのスーツと同じですよ。

福島　わたしの服も仕事着なんです。作業員みたいなものですね。おっしゃるとおり数えたことないんですよ。たくさんあっても似たような服ばかり着ています。

田中　着ないものは着ない、着物も同じですよ。

福島　着こなしもお上手ですよね。

田中　着物は季節ですね。やっぱり、季節感。

福島　俳句のような感じですね。季語がある。

## とめどなく溢れる知的好奇心

福島　本を拝読すると、お兄さんがものすごく優秀だったんですね。

田中　はい。だけどそれは、兄のことというよりも、わたしが優秀な兄といつも比較されていて、劣等感の塊だったということを言うために書いているんです。

**福島**　全然そんなことないいんじゃないですか？

**田中**　いえ、成績という意味では本当にそうでした。わたしは本を読んだり、ものを書いたりすることだけが好きだったので、それ以外の教科……算数とか理科とか、いわゆる「お勉強」に関心が向かなくて。自分が勉強できる生徒になろうと思ったことが一度もないんです。

**福島**　逆にそれがよかったんじゃないですか。好きなことを極めるというか。

**田中**　母からは「どうしてそんなに競争心がないのか？」と言われたりするんですが、自分でわからないんですよ。競争心というものが、まずない。人に勝ちたいと一度も思ったことがない（笑）。好きなことしかできないんです。

**福島**　もの書きを目指していらしたから、「これから小説家になろう」などとは考えますか？

**田中**　小説を書いてみたことはあります。だけど小説は物語の筋に沿っていかなければならないですよね。わたしは途中で気になることがたくさん出てきちゃって、向いていないかなと。

**福島**　興味を広げると同時にひとつのことを深めて、また次に行って深めて。知的好奇心がものすごく強いですね。

**田中**　大学院のときは先生からそんなに広げちゃダメだと度々言われていました。たしかにそうだなと思うのですが、できないですね。

**福島**　『江戸の想像力』もそうですが、狭い意味の江戸がテーマではないですよね。アジアのなかの江戸という時代のダイナミズムがあって、多層的に江戸を解釈するというか。

**田中**　好奇心がそういう方向に働いちゃうんですよ。自分を抑えることができない（笑）

## 「ほとりの人」、田中優子？

**福島**　封建的な一面的しか見ていなかった江戸や日本の文化が、実はものすごく豊かでおもしろくて、すっとんきょうだったり。そういう視点で読むと味わい深くなりますよね。『苦海・浄土・日本――石牟礼道子　もだえ神の精神』(6)で石牟礼道子《いしむれみちこ》さんのことを、「渚の人」と書いてらっしゃるじゃないですか。近代と前近代、あの世とこの世、川とその沿岸地域……ふたつの領域のあいだ、渚にいる人ですよね。わたしは田中優子さんもまさに「渚の人」ではないかと思うんです。近代と前近代、男性原理と女性原理、エモーショナルな面と、論理的な合理的な面、のあいだにいる、なんだかすごく「ほとりの人」。

**田中**　ありがとうございます。ほとりの人、いいですね。

**福島**　田中さんは「浜っ子」だから、海辺と土地のあいだでもありますね。巫女や神様だって海からやってきますよね。

**田中**　たしかに、石牟礼道子さんは「巫女」ですね。あの本には『もだえ神の精神』という副題をつけたんですが、人と寄り添って、誰かを助けたいと思ったとき、いつもうまくいくわけではないですよね。だけど、助けたくて相手と一緒に苦しんでしまう……。そういうきもちはとても大事だと思うんです。だから「もだえ神」です。

**福島**　わたしも、うまくいかないこともあります。みんなで一緒に悩んでも、国会はこんな余勢。沖縄南西諸島の自衛隊配備とミサイル計画だって止めたいと思っているのに、辺野古だってこんなに叫んでいるのに、止まらない。「みなさんごめんなさい」と思うことがあるんです。この本を読んで、一緒にもだえることしかできないかもしれないけれど、それでもいいのかもって、少し救いを得られました。

**田中**　もちろん政治の世界では、できることはやらなければならないとは思うけれど、だけど「この人は考えてくれてるんだ」ということが伝わると、有権者は自分も一緒に考えようと思うし、それが投票につながることもありますよね。

**福島**　先輩に対して偉そうで申し訳ありませんが、まったくステレオタイプにはまらないところが田中さんのよさですね。それでは最後にメッセージをお願いします。

**田中**　わたしはいまでも江戸時代の本を書いているし、これからも書き続けたいのですが、一方で、やっぱりいまの日本はひどいと思っています。こういうところがひどいと思うとか、もっとこういうふうにできるはずだとか、ここはストップしなきゃならないとか、この人たちとは寄り添わなければとか、そういうことははっきり伝えていこうと思っています。

**福島**　ステレオタイプにはまらず、だけどはっきり発信していく。田中さんのそこがグレート！本日はありがとうございました。

■この対談は、二〇二四年七月十七日に公開された動画を加除・修正したものです。

江戸文化・比較文化の研究者をしていらっしゃると思っていたら、あれよあれよと法政大学社会学部学部長、さらには法政大学総長に。東京六大学ではじめての女性総長だ。「学者と総長は勝手が違うのでは……」というのは大きなお世話で、見事に総長を務め上げられた。法政大学の地位を高めたのではないかしらん。さまざまなＮＧＯでの活躍、発信はもちろん、学者としての分析・発言もすばらしい。田中さんの平和や民主主義を守るための舌鋒の鋭さ、問題提起、問題に対して果敢に発言をし続けている姿は、忖度なしで頼もしい。着物姿のたおやかな雰囲気と、戦争に反対し、民主主義と人権を守る果敢な姿勢が見事にブレンドされている。あっぱれ。

**【注】**

＊1　石川淳（一八九九～一九八七）……小説家・評論家。小説『普賢』で芥川賞を受賞。ほかに『至福千年』『狂風記』、評論『森鷗外』など。

**【田中優子さんブックリスト】**（著書、共著書より一部を抜粋）

（1）『江戸の想像力――18世紀のメディアと表徴』筑摩書房、一九八六年
（2）『ヴィジュアル版　江戸を歩く』集英社、二〇〇五年
（3）『江戸から見ると　1・2』青土社、二〇二〇年

（4）『遊郭と日本人』講談社、二〇二一年
（5）『江戸っ子はなぜ宵越しの銭を持たないのか？――落語でひもとくニッポンのしきたり』小学館、二〇一〇年
（6）『苦海・浄土・日本――石牟礼道子　もだえ神の精神』集英社、二〇二〇年

# 第五章

# 平和を願うグレートウーマンたち

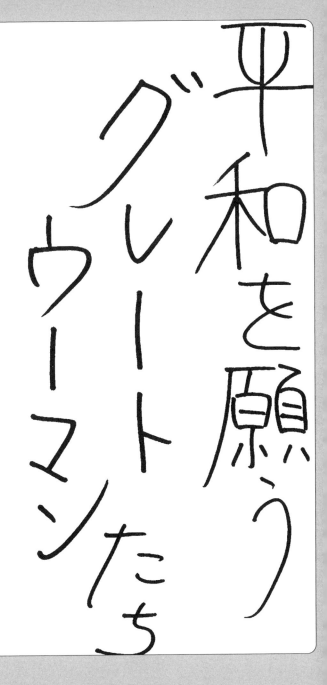

# 脱原発に生きる

武藤類子

GREAT WOMAN's PROFILE

## むとう　るいこ

1953年福島県生まれ。福島県三春町在住。和光大学卒業後、養護学校教員を経て、2003年に、原発から遠い暮らしを提案する里山喫茶「燦（きらら）」を開店。チェルノブイリ原発事故を機に反原発運動にかかわる。福島原発告訴団団長、原発事故被害者団体連絡会共同代表、3.11甲状腺がん子ども基金副代表理事。著書に『福島からあなたへ』（大月書店）、『どんぐりの森から』（緑風出版）、『10年後の福島からあなたへ』（大月書店）。2013年「第9回　女性人権活動奨励賞（やより賞）」を受賞。

**福島**　わたしは武藤類子さんのことが本当に大好きで、すごく尊敬しています。集会で武藤さんのお顔と姿を拝見すると、ホッとするんです。闘って闘って、絶対に揺るがない信念をもってがんばっていらっしゃるんだけど、包容力がありますよね。「とにかく一緒にやりましょうね」という武藤さんの情に癒やされる人は多いのではないでしょうか。今日はよろしくお願いします。

## 「脱原発」のきっかけ

**福島**　武藤さんが脱原発を掲げるようになったきっかけについておはなしいただけますか。

**武藤**　きっかけは一九八六年に旧ソ連で起きたチェルノブイリ原発事故[*1]ですね。それまでも公害について関心がないわけではなかったのですが、原発のことは抜けていたんです。事故のニュースを聞いて、びっくり仰天しました。いろいろ調べると、福島にも一〇基の原発があることを改めて思い起こしました。無知だった自分を恥じ、慌てて脱原発の運動に参加しました。

**福島**　冷戦さなかの一九八一年に、グリーナムコモンのイギリス空軍基地に核兵器が設置されることが決まって、危機感を募らせた女性たちが立ち上がったはなしを読んだことがあります。

**武藤**　わたしも、グリーナムコモンの映像を見たり本を読んで、女性たちが座り込みをやっている姿などにすごく共感しました。

**福島**　がんばっている女性たちが世界中にいるんだと勇気づけられましたよね。武藤さんは、一九八八年に「脱原発福島ネットワーク」を立ち上げ、ずっと脱原発の運動を続けてこられました。福島原発一号機は、事故が起きた時点で四〇年です。老朽原発でしたから、原子炉のひび割れの件などについて、社民党も東電に公開質問状を出していました。社民党本部に勝俣《かつまた》恒久《つねひさ》さん（東京電力第一〇代代表取締役社長、福島第一原発事故当時は代表取締役会長）が回答に来られたこともありましたし、三・一一前から非常に危ないと言われてましたよね。

**武藤**　おっしゃるように、福島原発はものすごく老朽原発で、一九八九年には第二原発の三号機が再循環ポンプ破断という大きな事故を起こしていました。第一原発一号機は、まさに二〇一一年の三月二十六日で一九七一年の営業運転開始から四〇年を迎えました。

調べてみますと、それまでにもたくさんの事故やトラブルが起きていました。危ない原発だったことはたしかですよね。

**福島**　社民党のなかでも、石丸小四郎《いしまるこしろう》さん（双葉地方原発反対同盟代表）をはじめ、たくさんの方が立地前から反対運動に取り組んでいました。福島の場合は三号機がプルサーマル（使いおわったウラン燃料からプルトニウムを回収し、ふたたび原子力発電所で利用すること）なので、当時、福島県知事だった佐藤栄佐久《さとうえいさく》さんが反対していたんですよね。

## 三・一一　東京電力福島第一原子力発電所事故

**福島**　二〇一一年三月十一日、東電福島原発事故が起きました。当時のことや、その後の対応についてはなしてくださいますか？

**武藤**　二〇一〇年の三月くらいに東電に行ったのですが、そのときにもすごく大きな地震がありました。もっと大きな地震がきたら大変だなあと思ったのを覚えています。

一年後、わたしたちは、「ハイロアクション」という活動を立ち上げて、なんとか第一原発の一号機だけでも止めようという動きをはじめました。若い人たちも一緒になって、東京から福島まで電気の道を逆に辿ってくるだとか、大きな集会を開いてアピールや議論をしようと計画していた矢先に三・一一が起きました。前日は三月二十六・二十七日に予定されていたハイロアクション集会のためにフラダンスの練習をしていました。

**福島**　フラダンス？

**武藤**　「アロハでハイロ（廃炉）」って（笑）。「ハイロフラワーズ」というフラダンスチームをつくったんです。自分の経営しているお店で練習していました。

福島　「里山喫茶 燦《きらら》」ですね。

**武藤**　いままで経験したことのない大地震で、「原発が危ない」と直感的に思いました。テレビがなかったので、すぐにラジオをつけて、ニュースを聴きました。夕方には一号機の原子炉内に制御棒が入り、原子炉の出力は制御できているということでした。安堵しましたが、時間が経つと、「冷却系の電源が一部入らなくなりました」って。さらに十五分くらい経ち、冷却系の電源が全部入らなくなった……。

**福島**　全電源喪失。

**武藤**　冷却系の電源がなくなったらメルトダウンが起きると勉強していましたので、これは大変だと、子どものいる家に「避難したほうがいいよ」と声をかけてまわりました。

わたしも、連れ合いと母と犬と一緒に、ちっちゃな軽自動車に荷物を全部詰め込んで、とにかく西に逃げました。福島は、冬は西から東に風が吹くので、風上を目指しました。

**福島**　本当にショックでしたよね。翌朝ペーパーをもらったら、保安員は全電源喪失が起きた夕方の時点で、当日の夜十時に燃料棒溶融の可能性があると予測しているんですよ。メルトダウンが起きてしまうわけじゃないですか。なんとか冷却しようと「キリン」（コンクリート圧送車）を活用した冷却作業に行き着くわけですが、もっと危険性を発信すべきですよね。

## 原発事故が起きて

**福島**　わたしは二〇一一年九月十九日、東京都新宿区明治公園に五万人が集まった「原発にさようなら集会」の現場にいました。武藤さんはそこでスピーチをされて、「原発はもういらない」と声を上げました。「わたしたちは静かに怒りを燃やす東北の鬼です」という言葉が印象的でした。

**武藤**　事故から半年くらい経って大きな集会が開かれるということで、たまたま「発言してもらえない？」と声をかけていただきました。なにをはなしたらいいか本当に迷いました。さまざまな思いが湧き上がってきました。ずっとやってきた反原発運動のこと、「これからわたしたちは一体どうしたらいいんだろう」ということ、事故から半年のあいだに起きたこと、いろんなことが思い浮かんで……夢中で書いた文章でした。

**福島**　「事実は隠されるのだ。国は国民を守らないのだ。事故はいまだにおわらないのだ。福島県民は核の実験材料にされるのだ。莫大な放射能のゴミは残るのだ。大きな犠牲のうえになお原発を推進しようとしている勢力があるのだ。わたしたちは捨てられたのだ。わたしたちは疲れとやり切れない悲しみに深いため息をつきます」。

だけど最後は、「一緒にやりましょう。みんなで本気で自分の頭で考え、たしかに目を見開き、自分ができることを判断し、行動していきたいと思う」。「そのためにやっていこう。原発をなお進めようとする力が、垂直にそびえる壁ならば、限りなく横に広がりつながり続けていくことがわたしたちの力です」と。本当にそのとおりですね。

**武藤**　大変な原発事故が起きたというショックはありましたが、同時に、これで日本のエネルギー政策が変わるだろう、そして社会も変わるのではないかという期待も抱いていました。だけどときが経つにつれて、それはもしかして幻想だったのかなと思うことが次々と起きました。隠されていたことがたくさんありましたし、被害はどんどん矮小化されました。放射能の基準が変えられたこともありましたね。

**福島**　一般の人への放射線量（公衆被曝）の指標は、平常時は年間一ミリシーベルト以下とされていましたが、年間二〇ミリシーベルトまでOKとされたんですよね。

**武藤**　本当にショックというか、驚きました。なんとか状況を食い止めたいという思いがありました。原子力という途方もない権力や巨大な力にどうやって立ち向かうのかと考えると、違う力で抗っていくことが必要だと思いました。大きな力に大きな力で挑むのではなく、優しさとか命の大事さとか、つながること、仲よくすること、小さいものを大事にすること……そういう力が社会に広まっていけば変わるかなと思ったんです。

**福島**　双葉町には「東日本大震災・原子力災害伝承館」ができましたね。あるいは「福島イノベーション・コースト構想」が推進されたり。だけど、事故はきちんと伝わっているのでしょうか。放射性物質の拡散も起きはじめていますよね。

**武藤**　どんどんよくない状況になっていきます。たとえば、処理汚染水が海洋放出されてしまいましたが、これもひとつの放射性物質の拡散です。同時にIAEA（国際原子力機関）が除染土の再利用を推奨する報告書を出して、せっかく集めた除染の土を全国に拡散していくのです。敢えてやるわけですよね。せっかく集めていたものを、どうして拡散しなければならないのでしょうか。

福島には莫大な復興予算が入ってきます。これまでになかった最先端の技術が導入されたり、研究所がつくられたり、それこそイノベーション・コースト構想にお金が使われていきます。

一方で、避難住宅を追われた避難者たちがそれぞれに事情があるためなかなか出ていけず、福島県から訴えられています。わたしたち避難者が望んでいるのは、いままであった暮らしをとり戻すという、生活の再建なんです。元の故郷《ふるさと》に戻りたい、元の生活に戻りたい。だけどわたしたちとかけ離れたところでおこなわれる、事故を利用したかのような政策……それでお金を儲けている人たちがたくさんいます。これがいまの福島の現状です。「被災地というのは、こんなことになるんだな」と、しみじみ感じています。

## これからの反原発運動

**武藤**　反原発運動をずっとやってきた者として、事故のあとに一体なにをしたらいいんだろうかと悩みました。だけど、この事故の責任を追及しなければ、また同じことが起きて、わたしたちのような被害者が生まれてしまうかもしれません。だからみんなではなし合って刑事告訴をすることになりました。裁判のことはなにもわからない状態からはじまりました。

最初に福島地検に福島県民だけで千人以上集まって、告訴しました。秋になると全国にこの運動が広がって、一万四千人の本当に大きな告訴告発団になりました。参加してくださった方に本当に感謝しています。二回の検察の不起訴があり、検察審査会が開かれました。そこでようやく強制起訴が決まりました。裁判のなかで検察の検面調書がたくさん出てくるわけです。一五・七メートルの津波の計算をしたということ、新潟県の柏崎刈羽原発の事故で赤字になって、福島の津波対策を先送りにしたことが、当時の東電幹部の方の証言からわかってきました。

わたしたちの裁判は、地裁でも高裁でも全員無罪になってしまったので、負けっぱなしではありますが、さまざまな事実が明らかになったという意味では、とても意味のある刑事告訴、刑事裁判だったと思います。証人の方もたくさん出てくださいました。

**福島**　土木関係者、地震の関係の人、当事者に近い人、いろいろな人が証言されました。

**武藤**　民事の損害賠償裁判で、刑事裁判の証拠を使って審議されることもありますね。

**福島**　わたしは、裁判は捨てたものではないと思うこともあるんです。東電福島原発事故をめぐって、株主代表訴訟で一審・東京地方裁判所は東電の旧経営陣側に十三兆円払えと命じました。被害は一三兆円に収まりませんが、これは史上最高額です。

**武藤**　一九八〇年前後に株主運動が全国ではじまったとき、わたしもなけなしのお金で東電の株を一株買いました。株主として株主代表訴訟に混ぜていただいて、刑事裁判の証拠を使ってもらいました。朝倉佳秀《あさくらよしひで》さんというすばらしい裁判長がいらっしゃるのですが、「現地進行協議」といって第一原発の構内まで視察し、現地で検証されているんです。刑事裁判では問われませんでしたが、株主代表訴訟では東電責任者の罪が立証されました。いろいろな裁判が連携して、情報を共有しながら全体として東電や国を追い詰めていくことが大事だと思います。

東電刑事裁判報告集会（議員会館、2018 年）

**福島**　原発は安全でも安価でもないことは明らかですよね。二〇二三年九月八日、処理汚染水海洋放出の差し止めの裁判が福島で起こされましたが、これについても一生懸命やっていらっしゃいますよね。

**武藤**　汚染水についても、二〇一四年から取り組んできました。二〇一五年に県漁連と政府・東電は「関係者の理解なしにいかなる処分もしない」という約束を交わしていました。漁業者をはじめ福島県民や自治体議会の多くも反対していて、陸上保管を望む声が大きかったにもかかわらず、漁業者の声も聞かず、代替案もろくに検討せずにこれを破り、放出を強行しました。本当に怒り心頭です。漁業者のほうでも差し止め裁判を起こしたいという方がいて、大急ぎで準備しました。九月八日には一五一人の原告の方が名乗り出てくださいました。いまは第二次原告募集をしているところです。

## 被爆のなかで生きている

**福島**　ずっと脱原発にかかわってきて、いまいちばん思うことはなんでしょうか？

**武藤**　わたしが住んでいるのは小さな里山なんですが、そこにはたくさんの生き物たちがいます。虫もいれば植物もたくさん。そういうなかにいると、人間も地球に生きている生き物たちのひとつだという感覚を強く感じられるんですよ。

わたしたちの生きている地球は、大きな危機に直面しています。気がついていないだけで、あらゆるところに核の問題はあるんです。たとえば、核実験で残された放射性物質とか、原発から出される核廃棄物とか……。

**福島**　ウラン採掘とかね。ウラン採掘から核のゴミまで、核はずっと人間と生き物の命を傷つけます。

**武藤**　被曝のなかにわたしたちはもうすでに生きています。原爆もそうですし、原発被曝労働者もいらっしゃいます。自覚が必要だと思います。いま本気で向き合わなければ、未来世代の人たちが大変なことになってしまいます。はっきり言ってわたしは、すでにあまり希望をもてないんです。それでも対策を考えて、少しでも地球の破壊を食い止めなければなりません。いまを生きる者としての責任を果たさなければ。

ALPS 処理汚染水海洋放出に反対するスタンディング
（浪江町請戸港、2021 年）

**福島**　山口県上関《かみのせき》での中間貯蔵施設の建設計画や、長崎県対馬市での高レベル放射性廃棄物（核福島のゴミ）の最終処分場受け入れをめぐる問題もあります。核のゴミを増やさないためには、原発再稼働をしないことが第一ですよね。

**武藤**　そうですね。捨てる場所を考えるより、まずやめることです。

**福島**　先のスピーチでも、「コンセントの向こうにある差別と犠牲についても考えてほしい」と語っていましたね。

**武藤**　みずほさんがおっしゃったように、原発というのはウラン採掘から原発の稼働まで、働く方々が必ず被曝をするわけです。被曝前提の発電方法なんですよ。ゴミが出ればまた被害を受ける人たちがいるし、事故が起きればたくさんの被害者が出ます。そういうことを考えていくと、やっぱり原発はいらない。とにかく即刻やめたほうがいいと思います。

**福島**　二〇二三年五月の通常国会でGX推進法[*2]が成立しました。官民ファンドの機構をつくって、一五〇兆円を脱炭素投資につぎ込むのだそうです。脱炭素のなかには原発も入っています。斜陽産業たる原発に国債を発行してお金をつぎ込んでいくなんてとんでもないと思いますし、老朽原発を動かすことも危険です。こんなことをやっていたら近い未来にまた原発事故が起きるのではないかと、本当に心配です。原発に賛成した人も反対した人も、儲けた人も儲けなかった人も、等しく塗炭の苦しみを味わうのが原発事故じゃないですか。

**武藤**　わたしも、もうガッカリです。規制と推進の分離とか、原発への依存度を減らすこととか、老朽原発が四十年というルールとか、原発事故からたったの一二年で、決められていたことが全部覆され、膨大なお金がまた原発に注がれてゆく……。本当にガッカリしていますが、諦めずに覆して廃案にしたいですよね。

## 人類の平和を祈って……

**福島**　ところで、類子さんの「るい」は人類の「類」。これにも意味があるんですよね。

**武藤**　わたしは一九五三年八月十五日（終戦の日）の生まれです。わたしの両親が人類の平和のために生きてほしいということでつけた名前だそうです。

**福島**　その名前のとおりに生きていらっしゃいます。嫌なことがあってもみんなで力を合わせよう、隣の人と力を合わせようと、常におっしゃっていますもんね。

**武藤**　人類はまだ未熟なので、誰とでもつながることは難しいけれども、お互いを知ることや、はなしを聞き合うことを心がけることが大事だと思うんです。

**福島**　福島のなかで声を上げてらっしゃることも大事ですよね。

**武藤**　事故のど真ん中の福島で起きていることは、かなりシビアです。だんだん一緒に活動をやる方々が少なくなっているのも事実です。そういうなかでもつながりながら、「大丈夫だよ」って、声を出していきたいですね。

**福島**　武藤さんのこの包容力や優しさや、あたたかさが救いですね。一緒に脱原発をしなやかにしぶとく広げて、がんばっていきましょう。生き物のために！　ありがとうございました。

■この対談は、二〇二三年十二月十日に公開された動画を加除・修正したものです。

わたしは、武藤類子さんのことが大好きで、会うと本当にほっとする。果敢に反原発の運動を続ける武藤さんがもっている持続力と包容力にいつも励まされている。武藤さんの全身から包み込むようなオーラと優しさが漂うのである。三・一一の原発事故のあと、「わたしたちは静かに怒る東北の鬼です」と、集会で発言した言葉には、すさまじい力があり、武藤さんの怒りが込められていた。反原発運動を長年やってこられた。原発事故後の刑事告発をはじめさまざまな取り組みをし、検察審査会で起訴されたことが国や東電を追い詰め、事故当時のさまざまな記録が出てきた。民事裁判も支えてきた。果敢な取り組みが具体的な成果を生んでいることも尊敬している。暖炉みたいにあたたかい武藤類子さんのことが大好きである。

【注】

＊1　チェルノブイリ原発事故……一九八六年四月二十六日、旧ソ連ウクライナ共和国の北辺に位置するチェルノブイリ原子力発電所で発生した原子力事故。4号炉が動作実験中に制御不能となり爆発し、ウクライナのほか、ベラルーシ、ロシアに放射性物質が降下。原発半径三〇キロメートル圏内が居住禁止区域となった。

＊2　GX推進法……二〇五〇年の温暖化ガス排出の実質ゼロの実現に向け、政府の脱炭素戦略を盛り込んだ法律。二〇二三年五月に成立した。十年間で官民あわせて百五十兆円を超える脱炭素投資を進めることで、国内企業の競争力強化や経済成長との両立を目指している。

【武藤類子さんブックリスト】

・『福島からあなたへ』（森住卓写真）大月書店、二〇一二年
・『どんぐりの森から』緑風出版、二〇一四年
・『10年後の福島からあなたへ』大月書店、二〇二一年

# 憲法と平和を愛する現場主義の学者

清末愛砂

GREAT WOMAN's PROFILE

## きよすえ　あいさ

室蘭工業大学大学院教授。1972年生まれ。山口県出身。大阪大学大学院助手、同助教、島根大学講師を経て、2022年10月に室蘭工業大学大学院准教授に着任。2021年6月より現職。憲法学（特に24条の平和主義理論）、ジェンダー法学、アフガニスタンのジェンダーにもとづく暴力・女性運動を研究。ライフワークはアフガン女性との連帯のありかたを模索し、実行すること。RAWAと連帯する会共同代表。自分で現場を確認し、理論を組み立てていくことをモットーとしている。

**福島**　清末愛砂さんは、アフガニスタンやパレスチナの支援にかかわり、自ら実践されている憲法学者さんです。平和的生存権と憲法第二十四条関連の研究をしていらっしゃいます。そこがグレート！　熱いおはなしが聞けると思います。今日はよろしくお願いします。

## パレスチナに行った理由

**福島**　大学院生のときにパレスチナに行かれたんですよね。これは一体どうしてですか？

**清末**　理由はふたつあります。ひとつは、わたしがクリスチャンであること。幼いときから教会は身近な存在で、パレスチナ、イスラエルのような地名は聖書の世界や教会での生活をとおして知っていました。だけど現実のパレスチナでなにが起きているのかということは、想像できていませんでした。そもそも聖書に出てくるイスラエルと国家としてのイスラエルを混同していました。その成立過程でなにがあったのか、どれだけのパレスチナ人を犠牲にしてきたのか。はっきり言って無知でした。単純にイスラエルという国家が生まれるのはいいことだと思っていました。一方で「なぜパレスチナ人は抵抗しているんだろう」という疑問もありました。少しずつ勉強したのですが、わたしは性格的に、自分の目で確認しないと嫌なんです。それで二〇〇〇年の年末にイスラエルの占領下にある東エルサレムを含むヨルダン川西岸地区と、いまも大規模な軍事攻撃を受けているガザに行き、パレスチナ支援をやっていた友人と二人で現地の人権団体を訪ねたりしながら、状況を学びました。わたしが被占領地をみて最初に抱いた印象は、「ここはアパルトヘイト下にある」ということ。ほかに表現の仕様がありませんでした。

「アパルトヘイト」という言葉が浮かんだというのが、パレスチナに行ったふたつ目の理由に関係しています。わたしの父親は頻繁に海外に行く仕事をしていました。そのなかで彼はまさにアパルトヘイト下の南アフリカとかかわっていて、わたしはそのことをとても恥じていました。当時、アパルトヘイト下で日本人というのは「名誉白人」と呼ばれてたんです。不名誉なことなのに。ひとつの集団の支配を確立するためにほかの集団を隔離・差別するようなシステムを、あたかも当然のものであるかのように行使してるわけです。わたしはこっそり本などで勉強していて、アパルトヘイトが差別的な支配体系だとわかっていました。それでパレスチナを訪ねたときに「ここはアパルトヘイト下にある」と。それは、無知ゆえのキリスト者としてのかかわりや、南アフリカとのかかわりといった自分の学びのうえでの実感です。わたしは中東地域研究者ではありませんが、パレスチナにかかわって、実践的な連帯活動をするということが、自分に課せられた一種のモラル的な意味での義務であると感じました。それがいまに至っています。

## デモで被弾

**福島**　デモに参加されて、イスラエル軍に撃たれたこともありますね。

ジャバーリヤ難民キャンプ（ガザ北部）内のクリニックで行った出張アトリエ（絵画教室）の様子（2022年8月）

**清末**　現地でなにかをしなければ、このままではパレスチナ人がどんどん殺されていくということを危機的に感じました。最初にパレスチナを訪ねたときはイギリスに留学中でした。イギリスに戻ったあとも一年間かけてパレスチナの勉強をして、現地で一体なにができるか考えていました。その最中に、パレスチナの市民社会から国際連帯運動に参加しませんか、という呼びかけが世界中に発出されるようになりました。パレスチナ人だけで非暴力抵抗運動をやっても、イスラエル軍にすぐに撃たれてしまいます。だから世界各地にいる占領に反対している人々に被占領地まで来てもらい、現地で一緒に抵抗運動をしましょうと訴えていたのです。それで、わたしは学生だったので、休暇を使って短期間でも現地で活動しようと思いました。わたしは一人で考えて行動してしまうタイプなので、イギリスからまた被占領地に戻りました。そしてデモで撃たれてしまったのです。

**福島**　帰国の記事は毎日新聞の鈴《すず》木《き》英《ひで》生《お》記者が書いていらっしゃいました。大学の同級生ですよね。

**清末**　学生時代の友人です。足のなかに銃弾の破片が二か所入っていて、それをとり出す手術をするために日本に戻りました。あのときのことは、正直忘れられません。わたしの真隣りにいたオーストラリア人の女性がお腹を撃たれましたんですが、まずそのことに衝撃を受けて、一瞬自分のことを忘れてしまいました。自分も撃たれているんですが、まずそのことに衝撃を受けて、一瞬自分のことを忘れてしまいました。いまでもよく覚えています。

## ライフワークとしてのアフガニスタンとのかかわり

**福島**　『アフガニスタンのひみつの学校』[1]を読みました。アフガニスタンでがんばっている女性たちを応援していらっしゃいますよね。アフガニスタンとのかかわりについてもおはなしくださいますか？

**清末**　わたしは憲法研究者ですが、もうひとつ別の専門、ライフワークがあります。それは、アフガニスタンのジェンダーにもとづく暴力・差別の研究や、アフガニスタンの女性団体との連携・連帯活動です。わたしがアフガニスタンとかかわることになったきっかけは、二〇〇一年まで遡ります。対テロ戦争のはじまりが、アフガニスタン攻撃でしたよね。世界の最貧国の一つで苦しい状況におかれており、自然災害も厳しいアフガニスタンに対して、軍事的にも経済的にも世界最強のアメリカが一方的に攻撃することに、わたしは強い憤りや怒りを感じていました。そんなとき、「RAWA」（Revolutionary Association of the Women of Afghanistan）、つまり一九七七年に設立した「アフガニスタン女性革命協会」という老舗の女性団体による声明を目にしました。彼女たちは、当時のターリバーン政権は外国ではなくアフガン民衆が倒すべきものであるとして、アメリカなどの攻撃を明確に批判する立場を世界に向けて発信していました。書いてあるのは当たり前のことですが、その内容に圧倒されました。わたしは正直アフガニスタンの女性というと、虐げられていて、女性差別や暴力の被害を受けている印象だけが頭にありました。これも無知だったからです。闘い、声を出してきたアフガン女性たちがいる、という視点がなかったのです。それでＲＡＷＡに興味をもちました。しかし、そのときはパレスチナとのかかわりもありましたし、自分の就職活動のこともあって、すぐにはかかわりをもつために動くことができませんでした。ただ、いつかＲＡＷＡの人たちと直接会って、交流をして、できるだけ長く連帯関係をもちたいと思いました。「連帯とはなにか」ということも、そこから強く考えるようになりましたね。

二〇一二年以降、自分の生活も安定してきたので、やっぱりＲＡＷＡの女性たちに会いたいと思うようになりました。どうやったら会えるかというと、日本にＲＡＷＡの支援をしている団体があるので、コンタクトをとればいいわけです。それでね福島さん、これはすごいことなのですが……。

**福島**　どうしたの？

**清末**　たまたま、日本の支援団体「ＲＡＷＡと連帯する会」がわたしに講演を依頼してきたんです。大阪にいる事務局長の桐生佳子《きりゅうよしこ》さんがメールをくれたのです。断るはずがないんですよ。わたしは普段メールの返信が遅いのですが、読んだ瞬間に返事をしましたね（笑）。なんとしても講演を引き受けて、おわったあとに「わたしをアフガニスタンに連れて行って、ＲＡＷＡに会わせてくれ」と頼もうと思い、シミュレーションまでしました。そうするとシチュエーションがそのとおりに進んだのです。講演がおわったあとに、桐生さんが「お茶でも飲みましょう」って。それで喫茶店に着くなり、「わたしをアフガニスタンに連れてって下さい！」（笑）

**福島** 「わたしをスキーに連れてって」じゃないですよね、アフガニスタンに連れてって。すごい！

**清末** 桐生さんが「じゃあ、うちの団体に入ってもらわないと」とおっしゃるものだから、その場で入会書に記入して、入会費を払いました。二〇一二年のことでした。しかし、結局その年は治安が悪くて、アフガニスタンには行けませんでした。隣のパキスタンにアフガン難民が多数住んでおり、ＲＡＷＡが学校や児童養護施設をやっていたので、そこに連れていってもらいました。はじめてＲＡＷＡの女性たちに会って、本当に感銘を受けました。それが現在まで続いています。そしていまはその団体の共同代表にまでなってしまった（笑）

カーブルの女性支援 NGO が開講する識字コースを見学した際に、受講生と一緒に教科書を音読する様子（2024 年 3 月）

**福島** ＲＡＷＡは国際女性デー（女性の地位向上、女性差別の払拭等を目指す国際的な連帯と統一行動の日。毎年三月八日にあり、国際デーに制定されている）でも声を上げていたり、困難ななかでもしたたかに、しぶとく、元気に活動されていますよね。

**清末** 二〇二一年八月にターリバーンが復権した際、アフガニスタンから退避せざるを得ない人たちもいました。もちろん国を出るか出ないかは個人の自由ですし、たくさんの人権活動家や研究者、旧政権関係者、ＮＧＯ関係者などが現地を離れました。だけどわたしは「ＲＡＷＡは出ないだろう」と確信していました。ＲＡＷＡで長年活動している、わたしがよく知っている人たちは、どんなことがあってもしがみついて残るだろう、と。過去にパキスタンに拠点を移さざるを得なかった時代があり、それを経て故国に戻って活動しているわけですから、今度は出ないだろうと思いました。そのとおりでしたね。

昨年も今年もアフガニスタンに行って、彼女たちに会いました。彼女たちは華々しく自分たちの存在を見せつけることはしません。どうやったら活動を続けていけるかをきちんと計算しています。まさに、粘り強く、確実に、したたかにやるんですよ。知恵を使い、セキュリティに気をつけて。そうしながら、識字教室や地下学校を運営したりして、教育の機会をつくり、とりわけ女性たちの教育に力を入れています。アフガニスタンでは七年生以上の女子の学校は基本的に無期限に閉鎖されたままですから。

## 平和的生存権と憲法二十四条の研究

**福島**　そして、「平和的生存権」と「憲法第二十四条」。家族の個人の尊厳と両性の本質的平等について書かれているのは、二十四条です。清末さんは『右派はなぜ家族に介入したがるのか』[2]という本も書いていらっしゃって、憲法二十四条についても熱心に研究していますよね。

**清末**　わたしの研究は、二十四条という憲法学の世界ではメジャーではない条文の研究です。福島さんがおっしゃるように、二十四条では日本国憲法のなかで唯一、個人の尊厳が謳われています。しかも「個人の尊厳」と「両性の本質的平等」が家族関連の立法の基準になっています。そしてすごく重要なことは、両性の本質的平等よりも個人の尊厳のほうが先に書かれているということです。二十四条の大きな意味はここにあると思っています。わたしは日本国憲法前文の二段後半に書かれている、「平和のうちに生存する権利」、つまり「平和的生存権」の観点から二十四条をどう読み解くかという研究をしています。

平和的生存権の鍵はいくつかありますが、ここでの「平和」というのは、「恐怖と欠乏からまぬがれる」ということです。「恐怖」や「欠乏」、とりわけ恐怖というのは、戦争や武力行使の意味に限定されるものではないですよね。職場のハラスメント、学校のいじめ、親密な関係におけるＤＶや児童虐待など、さまざまな形態の恐怖があります。そしてわたしは欠乏も恐怖に結びつくものではないかと思うのです。外から目に見えにくい親密な関係にこそ、恐怖や欠乏の問題が凝縮されているんのではないかと。だとすれば、二十四条二項の立法基準である個人の尊厳と両性の本質的平等を考えるときには、この恐怖と欠乏の部分をしっかり連携させて考えなければならないと思いました。

親密圏での暴力の問題は、まさに非対称な関係性のなかで発生します。権力関係を使ってやるわけです。そして親密圏においては、外から見えないぶん深刻化しやすいんです。これを考えているうちにふっと気がつきました。たとえば、ガザとイスラエルの関係。これが「親密な関係」か否かについてはおいておくとして、構造的にはＤＶやハラスメントと非常によく似ている。一方が圧倒的に弱い立場におかれている。権力関係を使って徹底的に抑圧する。抵抗すると何倍にもして返す。そういうことをガザの人たちは長年されてきたのです。これはまさに福島さんが弁護士としてたくさん扱ってきた……。

**福島**　ＤＶですよね。支配、コントロールして、孤立化、無力化させる。自分の思いどおりにならないと、怒りで叩く。

**清末**　そういうことなのです。対立と支配の構造をみると、この関係性がよくわかります。わたしは二十四条の研究をとおして、いわゆる「紛争地」の問題もみえるということに気がつきました。そういう意味では、家庭や職場で起きている権力関係にもとづく暴力の問題と、世界に目を向けたときの紛争地における非対称な関係から起きる暴力の問題をリンクして考えなければ、暴力を根絶する方向には向かわないと思います。

**福島**　平和って、戦争がないというだけではないんですよね。恐怖と欠乏から免れること、その足元にある差別と暴力をどうやって根絶させるかってこととつながっています。本当におっしゃるとおりだと思います。

## パワーの源

**福島**　清末さんって、おもしろいというか、どうしてぐんぐん危ないところに突き進んでいってし

カーブルの女性支援NGOが開講する英語コースで授業をしたときの様子（2024年3月）

まうのでしょうか。

**清末**　わたしは、あまり「支援」すると言わないんです。「連帯」だと思っているので。連帯なので、あくまで「対等な関係性」をかなり意識して、十二年間ＲＡＷＡの人たちとつき合いを続けてきました。団体というより個人として、励まされたし、学んできました。「お互いに信頼して手をつないだら、離さない」という関係性を「連帯関係にある」というのではないかと思うのです。「信頼関係が続く限りは絶対に離さない」という関係をなんとか築いてきたかな、と思っています。

**福島**　一歩間違えれば命の危険があるわけですよね。人間は強くもあり弱くもあるので、団体のなかで難しいのは、お互いが恐怖心や猜疑心でいっぱいになってしまうことですよね。そこで「手をつないだら離さない」と言い切れることが本当にすばらしいですね。

**清末**　簡単なことではありません。ある意味、意識的に関係性を築こうとしなければ難しかったのだろうな、と思っています。だけど一度築けても、関係性というものはいとも簡単に崩れてしまうので、いままでものすごく慎重ですよ。セキュリティのことも考えますし、自分が発する情報にも気を遣っています。わたしがうっかりなにかまずいことをして、ＲＡＷＡが影響を受けることがあってはならないのです。だから無理はしません。現地に行っても、「ここは危ない」と思ったら、次回にまわします。無理をすると、どこかで現地の人に跳ね返ってきます。「しない」英断をすることも、実は重要なんです。

**福島**　憲法学者としてがんばる一方で、二〇一五年九月十九日に採決された安保案の違憲訴訟の原告をしたり、「連帯」もやっていらっしゃいます。すごい労力ですよね。

**清末**　自分が育った環境も関係していると思います。自分の家のうえの世代から、研究者というのは自分が学んだ知識をきちんと社会に還元するものなんだと教えられてきましたから。それをある意味忠実に実行しているのかもしれません。

わたしの実質的な祖父にあたる母の養父は、ずっと冤罪事件の支援活動をしてきた数学者です。最後まで徹底して反権力をつらぬきました。その彼が、わたしがパレスチナで怪我をして、手術のために日本に帰ってきたとき、褒めてくれたんです。「自分だってもう少し若くて元気だったら一緒に行って抗議したいよ」、「あれはひどすぎるんじゃないか」、「研究者になろうとする者は、自分の目で確認しておかしいと思ったら、声を出さなきゃダメなんだ」って。いまでも頭のなかに残っています。それが彼のある種の遺言のようになってしまいました。

**福島**　自分を支えているものって、きっとそういう言葉やきもちなんでしょうね。

**清末**　そうですね。わたしの母はすごく強い人でした。母は戦中生まれですから、家制度に振りまわされた世代なのですが、その経験から日の丸や君が代とか、ダメだと思ったらもう徹底して反対の立場を通すのです。

わたしは小学校のときに山口県徳山市（現周南市）にいました。当時、徳山では祝日の翌日に家で日の丸を揚げたかどうか、学校でチェックしていた時期がありました。いま考えたら、思想・良心の自由の侵害として非常に問題があると思いますけどね。それで、うちの母は絶対に揚げたくないわけです。だけどクラスでは揚げなかった生徒は挙手をしなければならないんです。わたしはそれが本当につらかったのです。母に懇願して、当時徳山駅の駅ビルにあった近鉄デパートで売っていた日の丸セットを買ってもらいました。祝日に、二回くらい揚げたと思うんですが、三回目の祝日に揚げようとしたら、ないんです、日の丸セットが（笑）。母が「ふんっ」と思って、捨てたんでしょうね。そういう母親を見ているから、わたしも「こうやって動くもんなんだな」と思っていますね。

## バランスをとって生きる

**福島**　猫ちゃんを飼っていて、脱走した猫をおびき返すために唐揚げで釣ったら帰ってきたとか、野菜をつくっているとか、おもしろいエピソードもありますね。

**清末**　野菜づくりが好きなんです。この時期、頭のなかでは、五月くらいになにを植えるかということばかり考えています。プランターもありますが、だいたい庭につくった畑で育てています。芽が出てくると、生命力を感じるんですよ。これがいいんです。

**福島**　そういうところでバランスがとれているのかもしれませんね。

**清末**　猫は、何カ月かかかりましたが、カリカリでおびき寄せました。一匹は居間に入ってきたところを、もう一匹は玄関に置いた大きなゲージに入ったときにひっ捕まえちゃったんです。仲よく暮らしています（笑）

**福島**　アフガニスタンやパレスチナに行ったり、大学で教えたり、講演をしたり、裁判所に行ったり、そして野菜をつくって猫も手なずけて、大忙しですね。それでは最後に一言、お願いします。

**清末**　わたしは、地味に生きたいと思っています。名前が大々的に出たりするのではなく、とにかく地味に野菜をつくって、ＲＡＷＡの女性たちとは、気を緩めないで、地味に手をつないでいきたいのです。わたしの親友の一人が、アフガニスタンにいます。日常的につながりを保ち、やりとりをすることで、お互い、たぶん小さな喜びを感じています。この小さな喜びは、連帯の継続性のなかから生まれたものなので、それを大切にしたいですね。

**福島**　圧倒されるおはなしでしたね。今日は本当にありがとうございました。

清末愛砂さんは憲法学者。でもこんな憲法学者はいないよ。いや、こんな活動家も滅多にいないよ。すさまじい現場主義者で、パレスチナでは被弾されている。アフガニスタンで、困難ななか活動を続ける女性グループ「RAWA」を応援している。ピュアでパワフル。情に熱く、名前のとおり、全身が「愛」でできている。表裏なく、平和と男女平等のためにあらゆる面で闘っている。憲法九条と二十四条を結びつけ、二十四条の改悪反対の問題を提起。一方で畑で野菜をつくり、服を縫い、絵を描き、楽器を演奏。紛争地の子どもたちに絵や音楽を教えている。まるでピュアでパワフルな少女がパワーアップして大きくなっているようで、かわいくて、そのぶれのなさに脱帽。清末さんは損とか得といったことを一切考えない。表裏なし。このピュアさは稀有である。世界のすべての人に平和的生存権があるように、そして人権が守られるように、一緒にがんばろう！

**【清末愛砂さんブックリスト】**（著作、共著作より一部を抜粋）

（1）ジャネット・ウィンター著、福本友美子訳、清末愛砂解説『アフガニスタンのひみつの学校――ほんとうにあったおはなし』さ・え・ら書房、二〇二一年

（2）清末愛砂ほか五名共著『右派はなぜ家族に介入したがるのか――憲法24条と9条』大月書店、二〇一八年

・猫塚義夫、清末愛砂著『平和に生きる権利は国境を超える――パレスチナとアフガニスタンにかかわって』あけび書房、二〇二三年

・清末愛砂著『ペンとミシンとヴァイオリン――アフガン難民の抵抗と民主化への道』寿郎社、二〇二〇

年
・清末愛砂・文、久保田佳子・絵『《世界》がここを忘れても――アフガン女性・ファルザーナの物語』寿郎社、二〇二〇年
・清末愛砂、前田朗、桐生佳子編著『平和とジェンダー正義を求めて――アフガニスタンに希望の灯火を』耕文社、二〇一九年

# 関東大震災　神奈川の朝鮮人虐殺を追って

山本すみ子

GREAT WOMAN's PROFILE

## やまもと　すみこ

元横浜市立小学校教師、「関東大震災時朝鮮人虐殺の事実を知り追悼する神奈川実行委員会」共同代表。50年前に横浜における朝鮮人虐殺を調べようとしたとき、当時の子どもたちが描いた作文を発見し、虐殺の真相に出会う。朝鮮人虐殺の事実を隠蔽してきたことへの怒りからその事実を明らかにしていく取り組みをはじめる。戦後の民主主義教育といわれた横浜の教育には朝鮮が欠落していたことから、日本の学校を変えていくことが民族差別の取り組みの第一歩だと思い、教師集団の変革に尽力。横浜の1990年共生教育の方針につながった。退職後の2012年に「朝鮮人虐殺90年を市民の手で追悼会をやりませんか」と呼びかけ、横浜YMCA、神奈川人権センターの協力を得て「関東大震災朝鮮人虐殺90年神奈川追悼会」を行った。震災から100年に向かい、虐殺の事実を明らかにすること、多くの人に知らせていくことを重点にフイールドワーク、講演会、学習会を重ねた。2023年神奈川の虐殺資料が発見されたことが明らかになり現在はその解明に取り組んでいる。

**福島**　本日は山本すみ子さんにおはなしを伺います。いまから百年前、一九二三年に起きた関東大震災朝鮮人虐殺[*1]の事実を知り、神奈川県横浜で調査・フィールドワークを続けてこられました。どうぞよろしくお願いいします。

## 朝鮮人虐殺問題に取り組むきっかけ

**福島**　朝鮮人虐殺が問題だと思ったきっかけをおはなしいただけますか？

**山本**　ちょうど五十年前、一九七三年のことです。関東大震災から五十年目ということで、体験談を聞く機会がありました。震災のことが中心でしたが、そのなかで少しだけ、朝鮮人虐殺のはなしが出てきました。聴衆は、かわいそうにという考えの人が多かったように思います。だけどわたしは横浜で一体どういう虐殺事件があったのかを知りたくて、横浜の図書館に向かいました。

当時は小さい図書館でした。震災の資料が見たいといったら、司書の方がワゴンいっぱいに小学生の作文を運んできてくれました。「子どもの作文と虐殺と、どういう関係があるんだろう」と思いました。読みはじめたら、子どもたちによる虐殺の記録が延々と書いてあるわけです。作文の部分は故・姜徳相《カン・ドクサン》先生とまとめた『神奈川県　関東大震災　朝鮮人虐殺関係資料』(1)にも収めてあります。早い子どもでは九月一日（震災当日）の夜。それから二日（震災翌日）の朝、午前中、そして三日。虐殺を見たり、家族と一緒に武器をつくったり、竹槍を削ったり、鉄の棒を探したりする子ども。自分も竹槍で朝鮮人をつついたという子ども。そういう作文が、本当にたくさん出てきました。

特に二日には、彼らはとても残虐な虐殺の場面を見ています。警察の前で木に結われている朝鮮人がいて……その朝鮮人には目も鼻も口もないと。うんうん唸って、胸のところがピクピク動いている。しかも、警察の前で。そういう作文を書いた子が、二〜三人います。

本当に驚きました。わたしは横浜で育ち、生活をしてきましたが、虐殺の事実について聞いたことなどありませんでした。歴史のなかにも書かれていませんでした。それでこの問題に取り組みはじめました。

## 小学校の教育現場で思ったこと

**福島**　学校の先生でいらしたんですよね。

**山本**　小学校の教師をやっていました。

**福島**　教育の現場でもいろいろ思うことがあったのですね。

**山本**　横浜市教委が独自につくる副読本として、社会科用の『横浜の歴史』というものがあって、朝鮮人虐殺についてはそこで触れられていました。軍隊・警察・自警団が、横浜の治安を守ることができてよかったと書かれているんです。「あの恐ろしい朝鮮人事件」という表現が使われていました。

わたしは歴史事実が間違っている、差別をあおる文であると書き換えを要求するため本の執筆者に会いました。わたしと同じ考えの方四〜五人で、団交（団体交渉）し、副読本を書き換えてもらいました。これらは差別を温存していくことになるので修正してもらったのですが、本人は単に「字句修正」だと称していましたね。本の文章は変わっても、執筆者の姿勢が変わるまでには二十年かかりました。そんなかたちで副読本の書き換え運動をやったり、教員たちに虐殺の事実を知らせていく活動をしてきました。

そのころの教育の現場には、朝鮮人の子どもたちが約千名在籍していたといいます。その子どもたちが本を見たら、「あの恐ろしい朝鮮人事件」というところを読んだら、どうでしょう。とても心苦しいし、日本人もそれを読むことで「やっぱり朝鮮人は恐ろしいのか」と、差別意識が再生産されかねませんよね。だからこの問題はすごく重要なんです。正しい歴史を書いて、投げかけていくことが大切です。

**福島**　一九二三年から五十年が経過してもなお、小学校で先生をしている現場でも差別を感じていたわけですね。

**山本**　そうですね。その当時、一九七二年の社会的な様子、子どもたちの現実は、一九二三年とあまり変わりなかったと思います。だから朝鮮人の子どもが本名を名乗れないし、秀吉の朝鮮侵略の問題を学習したとき、ほとんどの朝鮮人の子が下を向いてしまう。それが現実でした。

# 『神奈川県 関東大震災 朝鮮人虐殺関係資料』

**福島** 『神奈川県 関東大震災 朝鮮人虐殺関係資料』についておはなしいただけますか?

**山本** これは、いちばん最初に掲載されている「震災に伴う朝鮮人並に支那人に関する犯罪及び保護状況其他調査の件」という資料です。題を見た限りでは、虐殺事件をとり上げているとは思えないのですが、「其他」という項目に入っている、「内地人の朝鮮人に対して行ひたる殺傷事件調」が朝鮮人虐殺事件の記録というか、報告です。神奈川県知事が警保局長に「神奈川県全域でこれだけ虐殺事件が起こりました」とまとめている、重要な報告です。

ほかに、たとえば「保護状況調査」があります。保護とはつまり、検束です。九月二日から三日以後、どこでどういう朝鮮人を警察が検束したかという記録が残っています。横浜には七つの警察署があって、ほとんどが火災に遭っているのですが、横浜の神奈川警察署だけは震災の被害に遭わなかったので、そこで警察に保護することができました。だけどほかのところは焼けているので、警察は朝鮮人が働いている事業所の親方とか、そういう人に頼ん

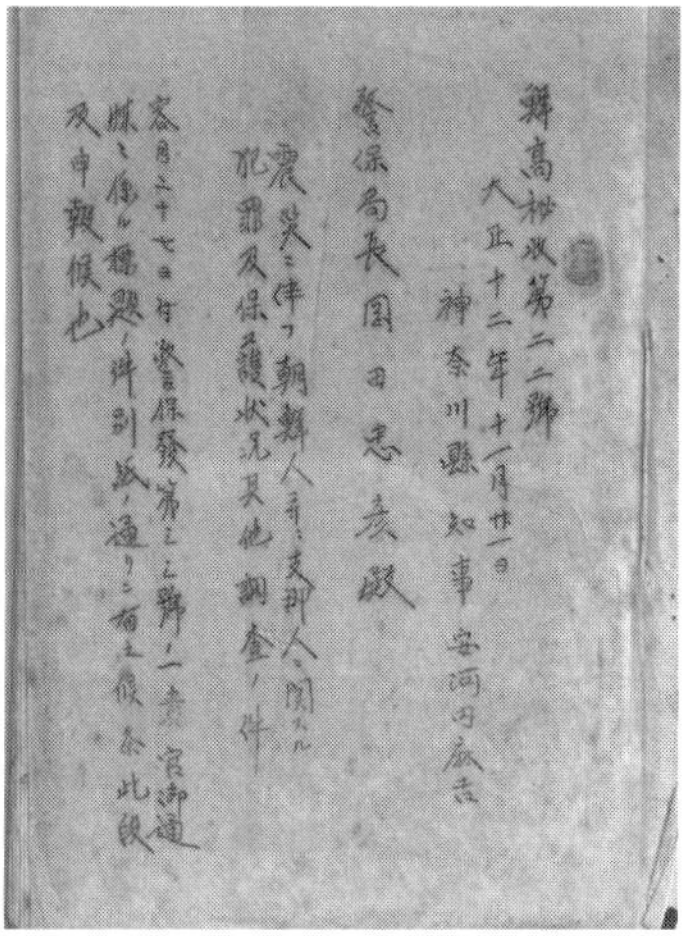
鮮高秘収第二二號
大正十二年十一月廿一日
神奈川縣知事 安河内麻吉
警保局長 岡田忠彦殿
震災ニ伴フ朝鮮人並ニ支那人ニ関スル犯罪及保護状況其他調査ノ件
客月二十七日付警保発第二二號ノ一ヲ以テ御通牒ニ係ル標記ノ件別紙ノ通リニ有之候条此段及申報候也

故姜徳相先生が発見した新史料簿冊の表紙。当時の神奈川県知事から警保局長に報告された文書で、朝鮮人・支那人に対する保護収容調査や殺傷事件にかんする調査の報告である。

で検束していました。

もうひとつやっているのは、焼け跡でお金を拾うなどといった朝鮮人の犯罪調査です。だけどやったのは朝鮮人だけではないと思うんです。お金を拾ったといっても、たいした額ではないんですよ。それでも「朝鮮人がとった」というかたちで報告してあります。それだけではなく大勢の朝鮮人が「あいつは泥棒だ」「放火した」と指さされ、容疑をかけられました。そしてその朝鮮人を捕まえて殺してしまうんです。十件ほど書いてあります。容疑をかけられただけで殺すことは虐殺にあたります。

## 資料を元にフィールドワーク

**福島** 「内地人の朝鮮人に対して行ひたる殺傷事件調」には、被害者の住所や職業、性別など、細かい記録がありますよね。これを元にフィールドワークや調査をされたのですね。

**山本** 姜先生が病気になられたので、実際にご一緒できたのは半分くらいですが、フィールドワークをしました。この資料では、虐殺の場面が「点」としてわかります。それまでわたしたちは地域や公園など、証言に出てきた場所をあたっていました。この資料では実際の住所として出てきます。

**福島** 実際はこれ以上の虐殺が起きていた可能性はありますね。

**山本** そうですね。わたしたちがもともと調べていた地域で、虐殺が多いにもかかわらず載ってな

関東大震災時朝鮮人虐殺　神奈川追悼会（2024 年 9 月 7 日、横浜市久保山墓地）

いところもありました。多いところを隠してしまっているのかもしれません。

**福島**　自警団の結成には警察の関与があるというはなしも出てきます。

**山本**　神奈川県の場合、自警団は全県組織されています。ほかの地域もそうだと思うのですが、朝鮮人がいようがいまいが、震災下では流言が広がったと思います。だから警察は自警団を組織させました。一日に警官が「自警団は武器もって集まれ」と呼びかけている記録も実際にあちこちに残っています。

## 日本政府の対応

**福島**　わたしは昨年（二〇二三年）、国会で三回質問をしました。ちょうど百年前の一九二三年一二月にも国会議員が質問しています。電信文を掲げて流言飛語をとり締まるべき政府が流言を発信してどうするんだ、政府の責任があるだろう、と。「不逞外国人が石油をもって放火しようとし、暴動をやるので戒厳令を敷いた。今後は各地で監視するように」という電信文を、警察が各地方の行政に出しているんです。警務局というのはいまの警察ですから、政府が自ら出していたことになります。ある種これは官製ヘイトクライムですよ。政府の責任があると思います。

**山本** 政府、権力がその力を使って民衆の差別意識を虐殺につなげたんですね。戒厳令を敷いたといっても、それは、虐殺をあおるようなものです。この百年間、政府はなにもしてきませんでした。百年経っても責任を認めようとしません。大きな問題だと思います。

**福島** 松野博一《まつのひろかず》官房長官は記者会見で、「政府内にそれを裏づける資料はない」と発言しました。だけど電信文も調査報告書も、公文書として残っているんですよ。

また、関東大震災においては、中国人の遺族の方が何度も来日して外務省と交渉しています。中国人のジェノサイドにかんしては、中国側で調査をした報告書が日本に送られてきています。日本政府は諸外国の例を調べて、中国の政府に慰謝金として二〇万円を支払うという閣議決定までやっています。百年前の中国人のジェノサイドについては政府の責任を認めているんです。朝鮮人だって同じじゃないですか。朝鮮人に対しても責任はありますよ。というか、当時は認めていたのではないでしょうか。

**山本** 百年前、政府は日本の植民地支配に対して諸外国から批判されることを非常に恐れていました。中国人の問題は国外に広まらないうちに早く処分したかったのではないでしょうか。当時の日本にとって朝鮮人は植民地支配下の国であって、外国人ではないのです。だからなにもしないのです。殺してその遺体をどこにやったのか、いまでもわかりません。

横浜では虐殺遺体をどうしたのか、いろいろ調べました。何体かは三ツ沢の市営墓地の、ゴミ溜めのようなところに放り投げていました。埋めるなどの供養はしないで、遺体を放り投げて、そのまんまです。川に流したという証言もあります。遺体が川に流れてきて、臭くてしょうがない、ご飯も食べられないと、子どもの作文に出てきます。海に流れていく遺体を目撃した海軍の軍人もいます。これは経済学者大内力《おおうちつとむ》さんの親戚の方ですが、横浜の海には、上を歩けるほどの遺体が浮いていたそうです。虐殺された遺体を海に運んで流していた可能性もあります。虐殺された人の名前すらわからない。名前がわからないので、その人の家族もわからない、故里もわからない、働いてる飯場《はんば》もわからない。その人はまったく抹殺されます。この社会から、世界から、抹殺されてしまいます。いなかったことになるのです。わたしは虐殺というのは本当にひどいことだと思います。

たとえばドイツで虐殺された人は、その人の名前、生年月日、いつ連れ出されたのか、いつ虐殺されたのかという日にちが書かれた「躓きの石」がその人の家の前の道路に埋め込んであるそうです。その人は虐殺されたけれども、記憶としては残されているわけです。関東大震災朝鮮人虐殺の場合は、まったくありません。その人の存在を抹殺してしまっています。

なぜ虐殺が起こったのか、考えなくてはなりません。当時は「朝鮮人ならば殺してもいい」と警察が言ったからという理由で刀を振り上げたり、自警団が学校からもってきた三八銃やピストルで撃ったり、すぐに虐殺の方向に進んでしまっていました。日本の植民地支配から独立を要求して立ち上がる朝鮮人を義兵闘争*2や三一運動*3で弾圧した軍人のトップは、関東大震災のときに日本に帰国していました。朝鮮人ならば殺してもかまわない、朝鮮人ならば暴動を起こすだろうと、勝手な想像で虐殺に向かったのです。虐殺がなぜ起こったのか、虐殺とは一体どういうことなのか、わたしたちは知らなくてはいけません。そして虐殺が起きたにもかかわらず、政府がこれを認めないことに、わたしたちは怒らなくてはいけません。五十年前は「朝鮮人虐殺」というレポートを、「朝鮮人問題」と教育研究会に勝手に直されました。いまは虐殺、ジェノサイドという言葉が社会的に使えるようになったと思います。虐殺への理解も進んできました。だけど政府が認めないのです。これは神奈川県の調査ですから、わたしは神奈川県知事に会いたいと要求したことがあります。そうしたら、政府が認めなければ、神奈川県としては調査もできない、会う必要はないといわれました。

**福島**　埼玉県では県自身が調査をし、これにもとづいて埼玉県知事が謝罪をしました。自治体議員が質問したら、哀悼の意を表するなどと回答した自治体の首長たちもいます。

**山本**　これからどんどん、各地でそういう人たちが語ってくれるといいですよね。

## 震災から百年

**福島**　朝鮮人虐殺というと、わたしは東京の下町での被害が多かったと思っていました。ところがこの資料を読むと、神奈川県の被害も本当に大きいですよね。

**山本**　神奈川県は労働者が多かったですからね。横浜のなかでも神奈川警察署管内では虐殺がひどいです。自警団と警察が一体となって虐殺したのです。

神奈川県では軍隊も虐殺しています。これは資料がないため長いあいだわかりませんでしたが、十年ほど前に発見されました。「神奈川方面警備部隊法務部日誌」といって、軍隊のなかの法務官が記録した日誌があります。しかしどこの軍隊がやったのかということは書いていません。

**福島**　『神奈川県　関東大震災　朝鮮人虐殺関係資料』にはいろいろな資料が入っていますね。うしろのほうの作文に「天下晴れての人殺し」とありますね。あるいは万歳と唱えて殺していくという描写もあります。たくさん殺すと勲章がもらえる、表彰されるという意識ですよね。

**山本**　そうです。金鵄勲章《きんしくんしょう》がもらえるというんですね。軍隊がきて子どもたちが万歳して喜んでいる様子も書かれています。

**福島**　だから官製ヘイトクライムだと思うんですよ。本当に驚きました。だけど一九二三年と現在は、いまでも地続きですよね。

**山本**　ますます悪くなっているようにも感じます。わたしは十二年ほど前から虐殺の追悼会を組織していきます。いろいろな人に呼びかけて、チラシをつくって配っていますが、だんだん結集する人が多くなってきています。昨年は虐殺百年ということで、大阪や神戸や、いろいろなところから大勢の方が来てくださいました。このままではいけないんだという意識で参加する人が増えてきていると思うんです。やっぱりいまの社会ではだめなんだと。

政府は虐殺を認めません。虐殺を認めるということは、植民地支配をどのように考えて、どう反省していくのかという問題につながってきますからね。のらりくらりと逃げているけれど、きちんと突きつけなければと思っています。

**福島**　時間が経っても、責任を認め謝罪し未来につなげていくことは可能ですよね。川崎市では、在日韓国人・朝鮮人に対する差別発言が裁判で違法であると認められたり、「川崎市差別のない人権尊重のまちづくり条例」ができました。今後はヘイトクライムやヘイトスピーチをどうするかという検討や、包括的差別禁止法や国内人権救済機関をつくることも必要ですよね。最後に、メッセージやいまの思いをお願いします。

**山本**　現在の日本の差別の問題を見ていくと、朝鮮人虐殺事件の問題を抜きにしては解決できないこともあると思います。虐殺の問題を深く掘り下げて考えると、植民地支配の問題に突き当たりますし、現在のヘイトスピーチの問題で、日本人の差別意識はどのようにでき上がってきたのかを考えていくと、やはり植民地支配に行き着くように思います。これらを一緒に、同列に考えてやっていけるとよいですね。

今後は政府が虐殺を認める方向に運動を進めていきたいと思うし、事実をよりたくさんの人に広げていきたいですね。フィールドワークや講演会を少しずつでも続けたいと思っています。

**福島**　コツコツと何十年にもわたり朝鮮人虐殺の調査、検証を続けてこられた山本すみ子さん。そこがグレート！　今日は本当にありがとうございました。

■この対談は、二〇二四年二月二十八日に公開された動画を加除・修正したものです。

山本すみ子さんは、小学校の教師時代、関東大震災で中国人・朝鮮人に対する大虐殺が起きたときに子どもたちが書いたたくさんの作文を図書館で読んだことに衝撃を受け、差別根絶を目指し、長年にわたり神奈川県における朝鮮人虐殺の問題に取り組んできた。資料を集め、フィールドワークを続けている。山本さんの長年の活動と、たゆまぬ情熱と熱意、そして差別を根絶したいという思いを本当に尊敬している。市井の人たちが事実を明らかにし、わたしたちに問題提起をしているのだ。山本さんをはじめとした、全国にいるこのような人たちの良心にわたしたちは支えられている。

**【注】**

＊1　関東大震災……一九二三年九月一日十一時五十八分に相模湾北西部を震源として発生した大地震。この地震により全半潰・消失・流出・埋没の被害を受けた住家は総計三十七万棟、死者・行方不明者は約十万五千人におよぶ。

＊2　義兵闘争……一九〇五〜一〇年にかけて展開された日本の朝鮮保護国化に対する朝鮮人兵士・民衆による戦い。

＊3　三一運動……一九一九年三月一日に日本統治時代の朝鮮で発生した大日本帝国からの独立運動。

**【山本すみ子さんブックリスト】**

（1）姜徳相・山本すみ子共編『神奈川県 関東大震災 朝鮮人虐殺関係資料』三一書房、二〇二三年

# 映画で訴える戦争と平和

三上智恵

GREAT WOMAN's PROFILE

## みかみ　ちえ

ジャーナリスト、映画監督。毎日放送・琉球朝日放送でキャスターを務めながら多数のドキュメンタリーを制作。初監督作『標的の村』でキネマ旬報ベストテン文化映画部門第1位他多数受賞。2014年フリー転身後に『戦場ぬ止み（いくさばぬとぅどぅみ）』、『標的の島 風（かじ）かたか』、『沖縄スパイ戦史』、2024年に最新作『戦雲（いくさふむ）』を劇場公開。米軍基地問題や自衛隊のミサイル基地建設で要塞化が進む南西諸島の現状に警鐘を鳴らすだけでなく、人々の暮らし、自然とのつながりや信仰など民俗学的視点から描く。『証言　沖縄スパイ戦史』(集英社新書)ではJCJ賞、城山三郎賞、石橋湛山記念早稲田ジャーナリズム大賞を受ける。

**福島**　とても尊敬している監督、三上智恵さんにおはなしを伺います。「戦争をさせない！　戦争を止める！」。日本で、世界で、いま最も大事なメッセージですよね。現場からさまざまなかたちで戦争と平和を訴える、すばらしい映画をつくっていらっしゃいます。そこがグレート！　今日はよろしくお願いいします。

## アナウンサーから映画監督へ

**福島**　三上さんは、大阪の毎日放送で長くアナウンサーをされていたんですよね。均等法（男女雇用機会均等法）一期生ですね。

**三上**　はい。一九八六年から均等法が施行されて、その年に受験をした一九八七年入社のわたしたちが一期生です。入社後、先輩たちに言われました。「男性と同じ権利で勤め続けていくスタートを切れたのは、あなたがすごいんじゃないのよ。放送局に勤めて、泣く泣く仕事を辞めていった人たちがつくった道をあなたは進むんだから。あなたは易々とお天気お姉さんでおわったり、難しいニュースを男性に読んでもらったり、そんな情けないことじゃダメなのよ」って。それを聞いてわたしは「そうなんだ、先輩たちをガッカリさせちゃいけないよね」と心に誓いました。本当に下手くそなときから、「なんでわたしは「お化けかぼちゃが採れました」という話題ばかり読むんですか」などと、デスクに抗議したりして。そのときは平松邦夫《ひらまつくにお》さんなど（元大阪市長）と一緒に番組をやっていました。

生意気なことを言うのでボコボコにされて、トイレで泣いていました。もともとは「闘う女」ではなかったと思うんですよ。わたしは当時ちょっとヤワな、女子大生ブームの時代のブリーな女子大生だったと思います。それが、均等法のおかげで、闘う女になりました。

**福島**　当時はアナウンサーブームでしたから、二千人くらいから一人選ばれたんでしょう？　よっぽど輝いていて、優秀だったんでしょうね。

**三上**　ちょうど二千五百人受験して、合格者はわたし一人でした。悪運の星だけは強いんです。だけど大阪特有のボケやツッコミもできないし、男性を立てる女性アシスタントとしても、つい自分の意見を言っちゃって、全然ダメで。「君はメインキャスターがAって言ったら、A´って言うんだよ」と教えられるのだけど、「Bもありますよね」とか言っちゃう。収録がおわらないだろうとよく怒られました。

**福島**　それからメインでニュースキャスターを、ということで沖縄に異動し、琉球朝日放送でアナウンサーに。その後独立、映画監督の道を歩まれたんですね。

**三上**　女子アナから映画監督になったというと、すごく華々しく聞こえてしまうと思うのですが、実は敗北感の連続でした。一九年間、沖縄で夕方六時半から七時に定番のニュースワイドをやっていました。だけどいちばん大事な基地の問題は、沖縄県内だけに毎日伝えたところで解決しないわけですよね。アメリカ軍にこれだけ沖縄の土地を提供しさまざまな特権を許してしまっている事実を、沖縄だけが我慢している。一体いつまで我慢すればいいのか、全国の人に伝えなければ国会も動かない。国会が動かないということは、なにも動かないんですよね。だから、全国ネットで放送したい。国民全国に伝えたいと思いました。

だけど、東京局の、全国ニュースを選ぶネットワーク担当者は、なかなか沖縄の基地問題を選んでくれませんでした。一方的だと言われてしまうんです。つまり、基地に反対する人がいる一方で、お金をもらって賛成している人だっているだろう、と。反対している人だけの意見を流すのは不公平だと。だけどこれはトラップで、沖縄のなかにどうしても辺野古に基地をつくりたい人間がいるわけじゃないんです。諦めて条件を出した人はいても、つくりたい主体ではない。では一体誰がつくりたいのかというと、それはアメリカかもしれない、日本政府かもしれない、なにも考えていないけれど守られたいと思っているその他大勢の日本人かもしれない。いずれにせよそれを沖縄のなかだけで捉えて「賛成してる地主さんもいるだろう」というのは本当に暴力的で、まったくこの問題の構造を呑み込めていないんです。

わたしは沖縄の当たり前の生活を守るために、反対している人たちのことを報道するのは当たり前だと思います。なにも選挙報道のように「両候補を者を均一に扱え」というはなしではありません。だけど二項対立ではないものに対して「バランスがとれないから」と、全国ネットにならないんです。「公平」だとか「偏らない」ことの誤った解釈が、弱者の意見を全国ネットのような公の場に晒すことを邪魔しているんです。だけどそのころのわたしはまだ、ネットワーク担当者に反論できませんでした。

これをどうやって乗り越えるのか考え続けましたが、結局乗り越えられませんでした。それで、ドキュメンタリーの枠は夜中や朝方なのですが、プロデューサー会議さえ通せば全国ネットで流せるというので、ドキュメンタリーを一生懸命やりました。だけど夜中や明け方の放送では、やはり見る人が少ない。それなら映画館ならどうだろう、ということで映画にしてみました。うちの記者たちやわたしがこれだけ取材してきた結果を、どうして全国の人に知ってもらえないんだろう、という悔しさの一心です。

## 映画で伝えるメッセージ

**福島**　それが映画なんですね。『標的の村』(1)、『戦場ぬ止み《いくさばぬとぅどぅみ》』(2)、『標的の島 風《かじ》かたか』(3)、『沖縄スパイ戦史』(4)。そしていま上映中の『戦雲《いくさふむ》』(5)。どれもそれぞれ違っていて、だけどつながってもいますよね。それぞれおはなしくださいますか。

**三上**　辺野古の問題というのは、普天間基地の代わりというだけの単純な移設問題ではありません。つまり、海を埋め立てて滑走路をつくる。軍艦がつけられるような軍港もできて、弾薬庫もある。弾薬庫と空港と港湾が一緒になったら一大出撃拠点になってしまう。そんなものをつくられたら沖縄がまた戦争の島になってしまう、ということですよね。だけどその練習場所になる高江《たかえ》というところにオスプレイが使えるヘリパッドがつくられることは、最初は沖縄県内でもほとんど伝えられませんでした。琉球朝日放送は高江の問題を辺野古と同じぐらい長く扱ってきました。これを映画にしたのが一作目の『標的の村』です。

　高江がオスプレイの訓練場なら、配備の本丸は辺野古です。新基地建設反対を訴える翁長雄

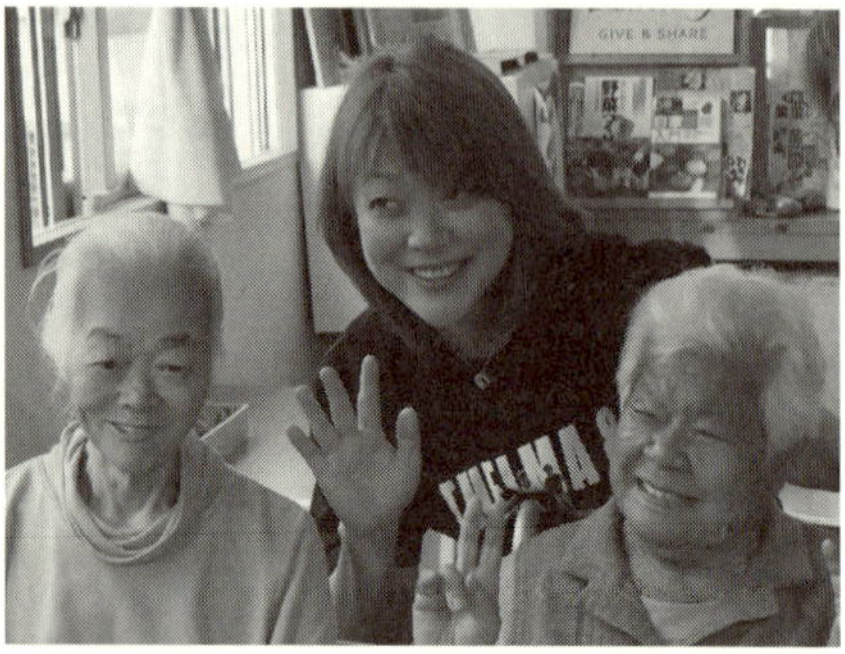

劇場公開初日のイベントでわたしの映画の主人公のおばあたち、山里節子さんと島袋文子さんと

志さんが「島ぐるみ闘争」でわーっと押し出されていき、菅原文太さんが総決起大会に駆けつけ、沖縄セルラースタジアム那覇に熱狂やうねりが轟いた。それが二作目の『戦場ぬ止み』です。

三作目の『標的の島　風かたか』からは自衛隊の問題が入ってきます。辺野古や高江のことは、いわゆる「アメリカ軍基地問題」と括られます。アメリカ軍基地から派生するいろいろな被害といえば騒音やレイプや汚染の問題がメインだというイメージがありますよね。この土地が戦場になるという意識とあまり直結していないんです。だけど、二〇一五年から宮古・石垣・与那国・奄美に、なぜか大量の自衛隊がミサイルをもって入ってきています。いまでこそ敵基地攻撃能力[*1]の保持を狙ったものだと理解してもらえると思いますが、自衛隊がなぜ軍隊のいない島に入ってくるのか。「もうここは戦場になるんだ」と気がついたのが二〇一五年でした。だから、宮古・石垣・与那国に自衛隊を入れたら大変なことになると声を上げたんです。けれども沖縄県内でもこの報道は非常に低調です。「これは沖縄戦の再来なんだ」ということを島々の人たちと一緒に考えながら取材して世に出しました。

だけどこれを出したとき、辺野古の問題も高江の問題も動いていたので、一緒に扱っていくと自衛隊の問題が霞んでしまって、誰も後追いしてくれませんでした。だからこれでは伝わらないんだと思って、四作目『沖縄スパイ戦史』では「沖縄戦秘話」というかたちで沖縄戦を描きました。護郷隊という少年兵のスパイ部隊が、陸軍中野学校によってつくられていたという入り口から興味をもってもらい、沖縄戦の本質である「なぜ軍隊は住民を守らないのか」ということに決着をつけたいと思ったんです。

沖縄戦では軍隊は住民を守りませんでした。翻っていま、全国の人たちは北朝鮮、ロシア、中国が怖いので、アメリカ軍に守ってもらいたい、自衛隊にもっと強くなってもらいたい、もっと強い武器を与えたほうがいいんじゃないか、開発してもいいんじゃないかという方向に議論が向いてしまっていますよね。だけど、軍隊が日本の国民を守った歴史がありましたか？

その点があまりにも勉強されていないと思うんですよ。沖縄戦のとき、現地の人たちを殺《あや》めることを考えて沖縄に来た日本の軍人はおそらく一人もいません。けれども蓋を開けてみれば、敵に殺されたのではなく、日本軍の仕業で沖縄の人たちが何千人と死んでしまった。どうしてこんなことが起きたのか、まだみんな学んでないし決着もついていません。いま、沖縄で戦争準備が進めば、また同じことが起きるんじゃないかと思うんです。その理由を明らかにして、軍隊によって守られたいという病気にかかっている人たちに本当に効くワクチンを打ち込みたいと思いました。

**福島**　映画を見てゾゾって思いました。住民は結局、利用する対象、邪魔な対象、スパイの疑いある対象、あるいは殺す対象であって、戦争から守る対象ではないんですよね。あのドキュメンタリーのなかで陸軍中野学校の人が学校の先生として来て島を調査しますよね。住民の人たちは偶然殺されたのではない、と。

**三上**　陸軍中野学校からは卒業生四二人が送り込まれており、主要な島々には最低一人ずつ配置されていました。彼らは先生の肩書きで入ってきたので、みんなが先生だと思って懐いていたのですが、あるとき軍服を着て軍刀をもってきて、自分がこの島を仕切るんだと言うのです。結局波照間島《はてるまじま》の三分の一の島民がマラリアで死んでしまうという悲劇が起きていくわけです。

いま問題になっている地方自治法を改悪し国の支持権を強めるという政策では、本当に戦前に戻ってしまいます。というのは、スパイである中野学校の人に「先生」だというお墨つきを与えたのは沖縄県庁なんですよ。国から指示をされていたからです。戦争の遂行に協力しない自治体なんて、当時はあり得なかった。自治体の自主性や独立性などなかったわけですよね。

戦後それらは憲法によって保障されました。さらに、国と地方は上下関係にないということを一括法（地方分権一括法[*2]）で二重に整備してきました。戦争協力を国に強制されないためにも、地方自治法を守らなければなりません。

**福島**　地方自治法の改悪は、緊急事態条項と重なります。政府が地方自治体の庁に対し指示ができるんです。日本政府が玉城デニー知事に対して、「港を使わせろ、空港を使わせろ、道路を使わせろ」と指示できてしまうわけでしょう。

**三上**　そうなんです。憲法改悪の先どりなんですよね。緊急事態条項というと抵抗が強いから、地方自治法でやってしまおうと。わたしは沖縄に三〇年住んでいますが、東京で育ったので、正直なところ地方自治法がそんなにすごいものだという意識はありませんでした。だけど以前、沖縄が本土復帰したら地方自治法に守られるんだということを夢見た公務員の方を取材したことがあるんです。ここで公務員をやっている人たちは、復帰したときに「もう国と上下関係じゃないんだ」と骨身に染みています。「国から「戦争に協力しろ」と言われても、「しない」って言えるんだ」とイメージできているのは、多分沖縄の人たちだけだと思います。

**福島**　港の管理権は自治体がもつので、非核、つまり核兵器をもってないということがわからなければ入れません。まさに地方自治法の力ですよね。

## 沖縄の問題は日本の問題、あなたの問題

**三上**　この一年だけでも、岸田政権下で法案がどんどん戦前に戻ってしまっています。

**福島**　二〇二四年の通常国会で「経済秘密保護法案」（セキュリティ・クリアランス法案）が可決。地方自治法の改悪法案はいま審議中で、そして自衛隊は統合作戦司令部をつくっています。それからこれも通常国会で成立した「食料供給困難事態対策法」。講談師の甲斐《かい》淳二《じゅんじ》さんはその法案を「花畑　有事になれば　芋畑」とおっしゃいました。「食料をつくれ！」と言って立ち入り調査をして、従わなければ罰金ですよ。

ところで映画『戦雲』のはなしですが、沖縄は民俗学的側面でもとても豊かですよね。与那国に自衛隊員の男の子がいたり、カヌーのような、ハーリー（航海の安全や豊漁を祈願し、サバ

ニと呼ばれる伝統漁船で競漕をおこなう行事）があったり。お祭りをやってみんなが応援する場面では誰もがこの島を愛しているんだというきもちが伝わりますよね。

**三上**　お祭りって、その土地の歴史があるからこその総合芸術ですよね。お祭りがあるからこそ、誇りもあるし、一体感も生まれます。あの映画では、そんなお祭りに憧れた自衛隊員が地域の一員になりたくて必死に練習をします。わたしは、アメリカ軍も自衛隊も、個々人とおつき合いするうえでは友人にもなれると思うけれど、やっぱり軍隊は好きではありません。でも、祭りにはそういう立場を全部取っ払ってしまう力があります。

映画には、「与那国の人たちの命は日本でいちばん軽んじられている」という、ある男性の言葉が出てきます。一方で真っ先にここでミサイルを抱えて戦闘しなければならない与那国、宮古、石垣にいる自衛隊員の命も確実に軽んじられていますよね。でも一体誰が軽んじているんですか。日本の国の誰が、いまここで戦争することを許可するのか。そのときに真っ先に自衛隊員が作戦のなかで死ぬとわかっていながら彼らを派遣しているのは誰なんでしょうか。そんな彼らの姿に心を痛める人がいないなかで、彼らが任務に就こうとしているのは誰なんでしょうか。アメリカの考える対中国戦略の中で自衛隊が最前線で危険な作戦に従事させられてしまう。わたしたち国民はそんなことを許した覚えはないのに、あり得ないですよ。報道が壊れていきます。わたしの映画ひとつでは、なにも伝わらないと思いますけれど……。だけどいても立ってもいられないんです。

どうして人がこんなに軽んじられているんだろう。たとえば政府が与那国に武力攻撃予測事態を認定したら？　これは「武力攻撃になるかもしれない」というアメリカの動きを受けて政府が勝手に認定できるんです。そのときに与那国島に住む千七百人は、リュックひとつを持って一日で船と飛行機で島を出なければいけないんです。「お年寄りは飛行機に乗っていいけれど、ペットを連れている人は船に乗ってください」などと、具体的な説明会まで開かれています。石垣、宮古、八重山の十二万人は即座に島外避難なんですよ。島に残る自由なんてないんです。だけどそうやって、自分が住んできた場所や仕事を捨てて、出ていけと言われて、応じられる人が日本のどこにいますか？

**福島**　与那国や石垣や宮古にいる十二万人は、武力攻撃事態になる前、つまり武力攻撃予測事態のあいだに船か飛行機で、六日間で安全な九州に向かうんですよね。では九州は安全ですか？　六日間のあいだに撃沈されませんか？　と問いたいけれど。しかも島を出ていけというのは「邪魔だから出ていけ」とも受けとれますよね。

**三上**　そうなんです。沖縄戦では、戦闘のときに住民が足手まといになりました。だけど、食料をつくってもらわなければならないし、労働力としてある程度残しておかなければいけないから、働ける人だけを残して子どもやご老人には島外に行ってもらうというのが疎開の発想でした。だけどいまはむしろ島民全員にいなくなってもらって、存分にＥＡＢＯ（遠征前進基地作戦）を決行しようとしています。つまり、各島々でミサイルを撃ったらすぐに特定・攻撃されるので、撃っては逃げ撃っては逃げ、すぐ違う島に行くと。この作戦をアメリカ軍と自衛隊が一緒にやろうとしているということも、日本中の人が知らなくてはいけないと思います。

**福島**　二〇二二年十二月二十四日の『琉球新報』『沖縄タイムス』に石井さんが記事を出しましたね。

**三上**　共同通信の石井暁《いしいぎょう》さん。ＴＢＳのドラマ『ＶＩＶＡＮＴ』の原案となった「別班」（『自衛隊の闇組織　秘密情報部隊「別班」の正体』講談社、二〇一八年）を書いて、一躍ときの人になりましたね。「日米共同作戦計画」の内容についてはもちろんこれまで国会のなかでも追及されましたが、新聞で大きく報道されたのは、やっぱり石井さんの力でした。わたしたちはそれで、やっぱりもう一回沖縄戦をここでやるつもりなんだと愕然としました。だけど伝えたいのは、この島だけが攻撃対象になるわけではない、全国の軍事施設とかレーダーとか、そういうものが攻撃対象にならないはずがないということです。

**福島**　全国に弾薬庫ができ、陸上自衛隊湯布院駐屯地も長距離ミサイル防衛の拠点になったわけですからね。

**三上**　沖縄は「炭鉱のカナリア」。わたしはいま沖縄が戦場にされようとしているということだけを言っているのではないんです。安保三文書で日本は「国土で戦争することを覚悟している」と全世界に宣言したに等しいということも、ちゃんと学びとらなければいけないんです。防衛省の幹部が「アメリカ軍が対中国戦略に万全の大勢をとるまでのあいだ日本で半年から一年、持ちこたえなければいけない」と言っているぐらい、戦争はもうそこまできているんです。なのに、「なにかあっても沖縄だけなんじゃない」って、ぼーっとしている人たちがまだまだたくさんいて……。

**福島**　だから、これは実は沖縄問題ではなく自分の問題なんですよね。三上さんが「グレートウーマン」なところは、沖縄南西諸島をとおして、「これはあなたの問題ですよ」と訴えているところですよね。

**三上**　特定利用空港・港湾*3と弾薬庫の新設がものすごい勢いで日本全国に広がっているんですよ。弾薬庫を攻撃しない戦争なんてない。現代戦は、目と耳を潰すところからはじめるわけですから、弾薬庫やレーダー施設がひとつ隣にあるだけで攻撃対象になると思わなければいけないのに。南西諸島でドンパチがはじまったとしても、徴兵制もはじまっていないから、戦争はまだまだ先なんじゃないかと思われているんですよね。

**福島**　わたしは三上さんの映画を観ると、ヒエーっと思う反面、すごく力が湧いてくるんです。だって、現場は諦めていなくて、とことん生活に根差してがんばっているじゃないですか。「負けてられない、とにかくがんばろう」って、元気が出るんです。

**三上**　だけどわたしは、この六年間新作を公開していません。映画をつくるようになって十年経ちましたが、最初の五年で四本つくって、残り五・六年では一本も出せてないんです。それは「もう映画をつくっても、なにも変えられない」という敗北感があったからです。現場がどんどんつらい状況になって、カメラを向けてもみんな映されたくないし、映すほうもつらいし、負けていくような場面ばかりです。どんなに反対しても、基地ができました、ミサイルが入ってきました、裁判負けました、とかね。そんな場面の連続になってしまったときに、映画として観客は二千円を払って見るんだろうか。そこに答えが出せなくて、つくれなかったんです。

だけどね、こんなに負けているシーンばかりだけど、負けていないんですよ。

映画を観た人が、負けてない、勇気が出たと言うんですよ。わたしは結構敗北感の塊なんですが、だけど敗北のなかでも、たとえば歌とか、親から受け継いだ正義感とか、いっぱい財産をもっている人たちが現れてくるんですよね。わたしも彼らから勇気をもらっているんでしょうね。

**福島**　よく国会で、「反対しても反対しても法案がとおるじゃないか」と言われるけれど、反対すらせずに、誰も知らないまま法案がとおるのがいちばん最悪ですよ。悪法がとおらないことがベストですが、次の手は悪法がものすごく抵抗に遭って、監視のもとでしか運用できなくすること。反対には意味があるんですよ。

**三上**　過去を検証する報道は今後もつくられます。国会の議事録を見て、このときに誰と誰が反対したかということは、二十年前でも三十年前でも調べて、ドキュメンタリーをつくりますよね。そのときに、国会議員がどんなふうに国会で反対したかという事実は歴然と残ります。それを積み重ねて闘うことができるので、反対の声を上げることは本当に大事です。

## グソーに行くその日まで……

**福島**　三上さんは才能に恵まれて、本当にがんばり続けていらっしゃいますよね。その原動力はなんなんですか？

**三上**　人の悩みを聞いたときに、わたしは多分人よりも相手の荷を担ぐ能力が高いと思うんです。おはなしを聞かせてもらった人たちの思いが瞬時に自分のものになって、自分の感情と同化してしまう。わたしはそういう癖があるんです。だから沖縄戦をライフワークにして、おじい・おばあとはなしをすると、その人たちが体験したことが本当に自分のなかで活き活きと、頭から離れなくなるんです。だから基地をひとつでも減らさないと、自分も「後生《グソー》」に行けないんだと思うんです。グソーというのは、沖縄の天国みたいなところです。

「わたしはグソーに行くまでにがんばったんだよ」「わたしががんばって、もう沖縄には基地がないのよ」と言いたいんです。中村文子《なかむらふみこ》さんという、「1フィート運動の会」を率いた、わたしがとっても尊敬する沖縄の平和運動を象徴する女性がいらっしゃるのですが、彼女がこんなおはなしをしてくださいました。いつも夢のなかに、ひめゆり学徒の一員になって亡くなってしまった自分の教え子二人が出てくる。だけど二人は浮かない顔をしていると。だから、グソーに行って二人に会うときに、「先生ががんばったからアメリカ軍の基地はひとつもないのよ」と言いたい。だけどまだ言うことができないから、九十七歳まで自分は死ぬことができないと、本当に最期の年までおっしゃっていました。だからそれをわたしが引き受けて走るしかない。そういう思いです。

たくさんの人たちと一緒に戦争を止めたいですね。日本が戦場にならないように訴える手段を考えて、実行していこうと、くじけながらも思っています。

**福島**　ぜひみなさん、三上さんの映画を観てください。そして一緒に戦争を止めていきましょう！

本日はありがとうございました。

■この対談は、二〇二四年十一月十一日に公開された動画を加除・修正したものです。

三上智恵さんは天才である。そして天才になるために九十八パーセントの凄まじい努力を重ねた人でもある。三上さんとは二〇一六年高江のヘリパット建設反対のテントのなかで出会った。『戦雲』をはじめとしたたくさんのすばらしい映画が、わたしたちに歴史の真実と、歴史は現実と地続きであることを教えてくれる。ゾーッとするし、また、現実に起きていることを目のあたりにさせられる。三上さんは戦争を止めたいんだなぁと切に思う。わたしもまったく同じ考えだ。「これは沖縄南西諸島の問題ではないんだよ、あなたの服に火が燃え移ってるよ」と伝えたいのだと思う。大学では沖縄の民俗学を研究されていたので、そんなおはなしを聞くことも、とても楽しい。そして映画を観ていると、わたしは「現場でこんなにがんばってる人がいるんだから、がんばらなくちゃ」とものすごく力をもらえるのである。三上さんからも力をもらっている。三上さん、がんばろうね、広げようね、変えようね。

**【注】**

＊1　敵基地攻撃能力……弾道ミサイルの発射基地など敵国の基地や拠点などを攻撃する装備能力。自衛隊用語として反撃能力とも称される。

＊2　地方分権一括法……「地域の自主性及び自立性を高めるための改革の推進を図るための関係法律の整備に関する法律」。地方自治体の自主性を強化し自由度を拡大することを目的とする。

＊3　特定利用空港・港湾……有事に備え、平時にも空港や港を自衛隊や海上保安庁が円滑に利用できるようにする取り組み。

**【三上智恵さん映画リスト】**

（1）『標的の村』二〇一三年
（2）『戦場ぬ止み《いくさばぬとぅどぅみ》』二〇一五年
（3）『標的の島 風《かじ》かたか』二〇一七年
（4）『沖縄スパイ戦史』二〇一八年
（5）『戦雲《いくさふむ》』二〇二四年

# 第六章

# 共生社会を目指すグレートウーマンたち

# 明るく、楽しく、激しく！ 労働組合をやってきた

鴨　桃代

GREAT WOMAN's PROFILE

## かも　ももよ

1948年静岡県生まれ。1988年千葉にて誰でも一人でも入れる労働組合「なのはなユニオン」を結成し委員長として現在に至る。2002年には「全国コミュニティ・ユニオン連合会」（全国ユニオン）の初代会長に就任。著書に『非正規労働の向かう先』（岩波書店）、共著に『どうする派遣切り　2009年問題』（旬報社）、『知らないと損する労働組合活用法』（東洋経済新報社）など。

福島　今回は「なのはなユニオン」の委員長として三十六年間ユニオン活動に携わっている鴨桃代さんにおはなしを伺います。地べたでさまざまなユニオン活動を続けてきた、そこがグレート！　本日はよろしくお願いします。

## 組合活動の道を進むきっかけ

福島　鴨さんは、もともとは保育士なんですよね。

鴨　そうです。だけどいざ保育士になり組合活動をやりはじめたら、そちらのほうがおもしろくなっちゃって（笑）。それで保育士を辞めました。

福島　組合活動のどこがおもしろいですか？

鴨　自分が「おかしいな」と思うことを声に出して、それをみんなで一緒に改善できるところですね。

福島　声を上げるだけでなく、実際に「改善する」というところがいいですね。二〇〇二年に「全国コミュニティ・ユニオン連合会」（全国ユニオン）の会長になられたんですよね。

鴨　はい。そして連合に加入して産別（企業別組合が組織ごとに加盟する産業別の連合体組織）になりました。

福島　産別のなかでは、はじめての女性会長だったんですね。

鴨　その後ＮＨＫ労連の岡本直美さんが会長になられましたが、いちばん最初はわたしでした。

## 年越し派遣村・京品ホテル自主営業

**福島**　ユニオン活動で印象に残っていることはありますか？

**鴨**　福島さんにもご一緒いただいた、二〇〇八年末の「年越し派遣村」[*1]ですね。二十年ほど相談を受けてきましたが、十一月に全国ユニオンがおこなった「派遣切り110番」に寄せられた派遣切りに遭った方たちからの相談は、「わたしには答えられない」と思ってしまう場面が本当に多かったです。「お前本当にわかってるのか！」と言われているような感覚でした。「これはいままで受けてきた相談とは違う、もっと根本的に対処なければならない」と肌身で感じました。

**福島**　あのとき、大量の派遣切りがあって、住み込みで働いている場合には仕事も住まいも失って、行き場がない人が大勢いましたね。

**鴨**　解雇されて寮を追い出されて、「明日からわたしはどこに行ったらいいんですか？」って。わたしたちはこれまで会社との雇用関係のなかで問題を解決してきたので、「あなたには居住権があるんだから、追い出されないよ」「解雇されても会社と交渉できるよ」と答えます。だけど彼らにしてみれば、「明日から追い出されるんだ、あなたはなにもわかってない」と。

**福島**　リーマンショックのときですよね。日比谷公園のなかで、弁護士の棗一郎《なつめいちろう》さんや宇都宮健児《うつのみやけんじ》さん、社会活動家の湯浅誠《ゆあさまこと》さんが先導して「年越し派遣村」活動をおこないました。二〇〇八

「年越し派遣村」デモ行進（2009年1月5日、派遣村閉村国会請願）

年の十二月末でした。わたしも年末・年始に通いましたよ。

**鴨**　わたしはあのとき炊き出しの責任者をやりました。なにをどのくらい、どうやって提供するのかもわからなくて、ホームレスの方たちへの炊き出しをやっている山谷に行っていろいろ教えてもらいました。教わって印象に残っているのは「絶対に途中で「なくなりました」といってはダメ」ということ。途端にうしろの方たちが不安感に襲われてしまうので、ダメなんだそうです。

**福島**　パルシステムや全農（全国農業協同組合連合会）や生協関係の人たち、給食の仕事をしている人たちが知り合いを通じて結集して、本当にテキパキ動いてましたよね。

**鴨**　わたしがいた炊き出しには、経験がある方が来てくれました。大きな給食用の窯みたいなものを使って煮炊きをするのですが、派遣切りに遭った方が「やれます」と協力してくださって。派遣村がおわったときには感謝のきもちを込めて、みんなで彼に白い調理服を渡しました。

**福島**　印象的だったのは大晦日の夜ですね。人がどんどん集まってきて、しかもとても寒かった。それで、日比谷から最も近かった厚生労働省の講堂を借りようということになりました。現愛知県知事の大村秀章《おおむらひであき》さんは当時厚生労働副大臣でしたが、現地を見にきてくれました。そして、当時の厚生労働大臣の舛添要一《ますぞえよういち》さんに電話をしたところ、なんと厚労省の講堂を貸してもらえたんです。講堂いっぱいに人が寝ていました。誰一人言葉を発しない大晦日の夜。これは大変な現実だと思いました。いま考えてみれば、ほとんど男性でしたね。

**鴨**　いわゆる日雇い派遣の問題や派遣法の問題は、以前から指摘されていました。日比谷野外音楽堂で派遣村の直前に集会をやったときにも、派遣切りに遭った方が「このままではホームレスになります。わたしをホームレスにしないで下さい」と訴えていました。それが現実になったんです。

**福島**　小泉政権構造改革での派遣法規制緩和が一体なにを生んだのか、可視化されましたね。生活が八方塞がりで青木ヶ原樹海に行こうと思っていた人が、ラジオで日比谷公園の派遣村のはなしを聞いてやってきたり、切実でしたね。

**鴨**　そして福島さんがおっしゃったように、九月に発生したリーマン・ショックが製造業を直撃したので、男性が多かったですね。わたしはつい、「ご実家とか、家族とか、帰れるところないかな?」って言ってしまって。そうすると「金がない、家もない、仕事もない俺がどうして帰れるんだ!」と。

**福島**　京品ホテルの「自主営業」[*2]もありましたね。品川駅の前に、京品ホテルというレトロな、小さな素敵なホテルがありました。これを閉鎖することになったのですが、元従業員たちがホテルと店舗などの営業を一年近く独自に続けました。わたしは前の晩ホテルに宿泊して、翌日の

鴨　強制執行の現場にいました。

ちょうど派遣村の直後でしたね。二〇〇九年一月二十五日、強制執行。自主営業では、街頭で演説をしていると立ち寄ってカンパしていただけたり、地域の方たちからの共感を得ることができました。全国ユニオンだけではなく、いろいろな労働組合の方や、連合（日本労働組合総連合会）の高木剛《たかぎつよし》会長や中央労福協（労働者福祉中央協議会）笹森清《ささもりきよし》会長も支援に来てくれました。強制執行当日は労働弁護士たちも現場の監視に来てくれました。

## 連合会長選に立候補

福島　二〇〇五年に連合会長選にも立候補されたんですよね。大変印象に残っているのですが、「非正規雇用フォーラム」でいろいろな組合と韓国の非正規雇用の問題の視察に行く日の朝、新聞で鴨さんが連合会長に立候補するという記事を見たんです。「だとしたら視察には来られないよね」と思いながら、成田空港に行ったら鴨さんがいて、もうびっくり（笑）

鴨　そもそも立候補したのが、韓国に行く前日、締め切りギリギリの十二時でした。わたし自身も準備していたわけではなくて、突然決意したんです。だから連合の選挙受付の方からは「これ間違ってないですか？」って何度も聞かれました（笑）。それくらい突然だったんですよ。翌日の韓国行きはすごく迷ったのですが、わたし自身もそういう状態なわけですから、選挙活動でほかの産別をまわったとしても、きっと迎える側もどう対応していいかわからないだろうなと思ったんです。

**福島**　ところで、どうして連合会長に立候補されたんですか？

**鴨**　そもそも全国ユニオンが連合に加入したのは、非正規労働者の問題をなんとかしたいと思ったからです。連合本部で方針化しても、下の産別なり単産（産業別単一労働組合の略。職種の別なく、同一産業に働く労働者によって組織されている労働組合）には落ちていかない。連合運動全体の問題にならないし、格差はいつまでも是正されない。こうした体制にすごく苛立ちが募っていました。

連合の二〇〇四年春闘集会で、わたしはパート代表ということで「会場のみなさん、時給千二百円以上は高いですか？」と聞きました。千二百円という金額は当たり前だと思っていましたから。そうしたらおわったあとで笹森会長が、「鴨さん、会場が凍りついた」って。そもそも凍りつくような状態だったということですよね。連合が非正規労働者を組織しようという方針はあっても、実態は非正規労働者と真に「一緒にがんばろう！」というところまでは盛り上がっていなかったわけですから。

**福島**　当時の時給は、平均して七～八百円でした。だから、鴨さんの発言にみんなは意表を突かれました。ただ、そういう運動があったから、それでも諸外国に比べると少ないとはいえ、いまは最低時給千五百円を目指すようになりました。連合会長選挙では本当に健闘されていましたね。

**鴨**　わたしの得票数が百票を超えるなんて誰も予想していなかったですね。マスコミからは「よくて七十から八十票だろうね」と言われていました。このままでは連合はダメになる、すべての労働者のための連合にしたいという想いがあと押ししてくれました。

**福島**　会長選には負けたけれども、一騎討ちとなった高木剛さんは、それこそ派遣村や京品ホテルなど、いろいろな現場に来てくださいました。連合のなかで非正規雇用やさまざまな立場をもっととり上げようという意識が芽生えた選挙になったと思います。

## 最近がんばっていること

**福島**　最近はどのような活動をされていますか？

**鴨**　いまは全国ユニオンの会長を降りて、「なのはなユニオン」の活動に集中しています。主に取り組んでいるのはオリエンタルランドのパワハラ問題と業務過重問題の裁判です。労働組合は「数が力」だと思われていますよね。だけど本来は一人でも二人でも、発言することはできます。少数の意見がじわじわと働いているキャストの心のなかに入ってひろがっていくさまが、「なのはなに相談すればなんとかなる」という認識が広がりつつあることがオリエンタルランドの取り組みでは伝わってくるんです。

**福島**　重要ですよね。たとえ一人でも入れば組合。意見を発することで変わっていきます。

**鴨**　コロナ禍のときのオリエンタルランドの休業補償は、正社員は十割、従業員の八割をしめる非正規のキャストは六割でした。そうすると、手どりでは四割です。単身で住まいを借りている方々から「生活できない」「夢と希望のためだけに働いているわけじゃない」と悲痛な声が上がりました。全国ユニオンとなのはなユニオンのみんなで全力で取り組んで、結果的に休業補償は八割になりました。

**福島**　（拍手）わたしは弁護士として、人事院相手に労働組合がない刑務官の過労死の事件を担当したことがありますが、組合がないとすごく大変でした。組合があれば、「これが問題だよね」と従業員同士ではなし合えますからね。

**鴨**　だけど大きな組合があったとしても、とり上げられない問題はたくさんありますよ。特に有期雇用契約を雇い止めになったとか、パワハラ・セクハラに遭ったとか、個別の問題はなかなかとり上げられにくいです。残念ながらこういった問題がまだまだ横行しているなかで、ユニオンはそれを拾い上げることができ、改善・解決に向けて取り組めます。

## 鴨桃代さんの原動力

**福島**　全国ユニオンの会長をやり、会長選にも出て、いまはなのはなユニオン委員長としてがんばっていらっしゃる、鴨さんの原動力はなんですか？

**鴨**　やっぱり自分自身が面白いことをやりたいということかな。学生運動をやっているときも、わたしはどこか「こうあらねばならない」というきもちでかかわってきたところがありました。だけど、ユニオンに携わって、自分がどんどん変わってゆくのがわかりました。相談者、相談内容がいろいろで、相手も会社なり国なり、本当にいろいろで。そんな相手に対してさまざまな小さな知恵をしぼって一緒に取り組んで、一歩でも前に進めてゆく。その過程でいろいろな人とつながる。ほかにはない醍醐味ではないかと思っているんです。こうしてあっという間に三六年経ちました（笑）。

**福島**　運動のなかで疲れたり、狭い範囲の人間関係が嫌になるということはありませんか？

**鴨**　人間関係に恵まれていたとは思うのですが、会社の相手方からは「したたかな女だ」とか、ユニオンのなかでは「微笑みの独裁者」とか、言われていますよ（笑）。それでも続けてこられましたね。

**福島**　自分がおもしろいと思うことを、楽しみながらやってきたのですね。全国ユニオンのモットーは「元気に！　楽しく！　激しく！」。これ、すごくいいですよね。

**鴨**　「誰かのために」「なにかのために」ではなく、結果的に「自分のため」になっていますね。

**福島**　「この人のために」と思っていると、つい「どうしてあなたはわかってくれないの？」とか「これくらいで了解したらどうよ」とか、思ってしまいますものね。

**鴨**　それでは楽しくないですよ。だからわたしは相談者にもできるだけ言いたいことは伝えます。相談者がわたしとのあいだで一緒にやれなかったら、会社となんて闘えないですから。

**福島**　相手がそれを受け止めきれずケンカになるということはないですか？

**鴨**　相談者から、「こんなところに相談しなければよかった」「組合は労働者のことをやってくれるところではないのか」などと言われることもありますよ。「わかってくれないな」と思うときもあるけれど、それでも言ったほうがいいと思います。相談者は「問題を抱えて困っている人」ではありますが、組合としてできること、できないことがあると考えています。それでも闘いたいのならば一緒にやりましょうというスタンスです。自分の意見や権利をきちんと主張できる人を育てていくことも労働組合の役割だと思っているので。

**福島**　お腹のなかに不平不満を溜め込むより、ずっといいですね。最後に、労働運動や今後の労働の可能性や思いなどをおはなしいただけますか？

**鴨**　労働運動には、いまも「ダサい、硬い、暗い、怖い」というイメージがあるじゃないですか（笑）。そのイメージはどうやったら変えられるのかなと、ずっと考えています。だけど一方で、「ものを言える」ということは、ある意味かっこいいことだと思うんです。そのかっこよさをアピールできる組合活動でありたいと思います。

それから、年越し派遣村のときに強く思いましたが、労働組合だけでは対応できない問題がたくさんあるんですよね。だから労働組合も自分たちだけで閉じこもらないで、一緒にやれるネットワークを広げて、課題を改善できるように力を合わせることが大切です。小さな組合だからこそ、抱え込むのではなく広げて問題を社会化するというか。いわば「社会的労働運動」を追求したいですね。

**福島**　社会的労働運動にはやっぱり未来があると思います。ぜひ、「元気に！　楽しく！　激しく！」。政治もそうでなければね。今日はありがとうございました。

■この対談は、二〇二四年五月二十日に公開された動画を加除・修正したものです。

鴨さんとつき合うと、楽しい。労働運動の現場とつながって、その課題を政策に、法律に、転化できるからである。いろいろな労働運動の現場を一緒にやってきた。京浜ホテルの土地の売却問題が起きたときは、組合が自主管理をし何度も集会を開いた。強制執行のときも、たくさんの人とスクラムを組んだ。明るく、激しく、楽しく。一緒に取り組んでいると本当に楽しいのである。それは鴨さんたちの「真面目に、だけど楽しんでやろう」という精神からくる楽しさだろうか。二〇〇八年から二〇〇九年にかけての日比谷公園を舞台とした派遣村のときには、わたしも連日通った。ユニオンの可能性と楽しさを教えてくれたのは鴨さんである。これからもよろしく！

【注】

＊1　年越し派遣村……リーマン・ショックの影響により派遣切りなどが起きたことを受け、全国コミュニティ・ユニオン連合会、「自立生活サポートセンター・もやい」などによって組織された実行委員会が、二〇〇八年十二月三十一日から二〇〇九年一月五日まで東京都千代田区の日比谷公園に生活困窮者が年を越せるように開設した一種の避難所。キャッチコピーは「日比谷で年末年始を生き抜く」。

＊2　京品ホテル　自主管理闘争……かつて東京都港区にあった老舗ビジネスホテル「京浜ホテル」の経営者は、他の事業で作った赤字を補填するため建物と土地を売却し、二〇〇八年十月二十日に廃業を発

表。翌二十一日には立ち入り禁止の通知が従業員に出された。廃業を知らされていなかった従業員は営業継続のための「自主管理闘争」を開始。二〇〇九年一月十五日、東京地裁は「立ち退き」の仮処分を認める決定をくだし、二〇一〇年一月二十五日に強制執行を決行した。

**【鴨桃代さんブックリスト】**（著書、共著書より一部を抜粋）

・『非正規労働の向かう先』（岩波ブックレット No.６９９）岩波書店、二〇〇七年
・高井晃、鴨桃代著『どうする派遣切り２００９年問題』旬報社、二〇〇九年
・水谷研次、鴨桃代著『イラストでわかる 知らないと損する労働組合活用法』（Illustrated GuideBook Series）東洋経済新報社、二〇一〇年

# 鉄火肌の経済学者

浜　矩子

GREAT WOMAN's PROFILE

## はま　のりこ

同志社大学名誉教授。エコノミスト。1952年8月3日東京都生まれ。1975年一橋大学卒業、三菱総合研究所入社。1990年より同社初代ロンドン駐在員事務所長。帰国後、同社経済調査部長、政策経済研究センター主席研究員を経て2002年より同志社大学大学院ビジネス研究科教授。2023年より現職。専門領域は国際経済学。多数の映像・音声メディアの時事ニュース番組にマクロ経済問題に関するコメンティターとして出演するほか、国内外の新聞・雑誌に定期コラム執筆及び寄稿依頼に対応。これまでに金融審議会、国税審査会、産業構造審議会特殊貿易措置小委員会等委員、経済産業省独立行政法人評価委員会委員、内閣府PFI推進委員会委員、Blekinge Institute of Technology Advisory Boardメンバーなどを歴任。著書に『グローバル恐慌』（岩波新書）、『「通貨」を知れば世界が読める』（PHPビジネス新書）、『新・国富論』（文春新書）、『「アベノミクス」の真相』（中経出版）など多数。最新作に『縁辺労働に分け入る～フランシスコ教皇の警告～』（共著・かもがわ出版）。

**福島**　経済学者である浜矩子さんのご自宅にお伺いしています。気風のよさと、歯切れのよさと、啖呵の切り方がすばらしく、国会で質問するときにもいつも背中を押してもらっています。わたしは浜さんは「鉄火肌の女」だと思っているんですよ。それにしても、素敵なお部屋ですね。

**浜**　そう言っていただけて嬉しいです。華やかな感じにしたいなと思っておりまして。

**福島**　いいですね（笑）

## 経済学はミステリー小説

**福島**　経済学を学んだきっかけについて教えてくださいますか？

**浜**　中学校二年生のとき（一九六七年）に、イギリスのポンドの大幅な切り下げが実施されました。当時わたしはイギリスに四年ほど住んでいて、帰国して一年くらい経ったころでした。なぜイギリスがそんなことをしたのか、社会科の授業で先生が解きほぐしてくれました。それを聞いて、理路整然と理解できたんです。物事の理屈というか、いわば「風が吹けば桶屋が儲かる」という、破綻なく物事がつながっていくさまがありありとわかりました。そのとき、経済学がこんなにおもしろいことが起きる学問の世界ならば、わたしはその全部を知りたいと思ったんです。それがわたしと経済学の出会いでした。もともとミステリー小説のような謎解きが好きなもので、「これは極上の謎解きだ」と思ったんですよ。それからはもう、経済一筋。大学進学時にも経済学なら一橋大学だと迷いなく進み、今日に至っています。

**福島**　経済学は「謎解き」という感覚がおもしろいですね。

**浜**　経済活動は人間の営みなので、そこに人間ドラマがあるわけです。そのドラマがミステリー仕立てであることが多いんですよ。この人はどうしてこんなことを考えたんだろう、とか、真犯人はどこにいるんだろう、とかね。そういうふうに考えると、たとえばＧＤＰの数値が何年にも亘り並んでいるような単なる数字の羅列を見ても、そこにだんだんドラマが見えてくるんです。「ここが転換点だな」「話の変わる場面だな」と気がつくと、ワクワク感が高まるんですよね。

## 女は度胸、男は愛嬌

**福島**　即座にスパッと「いや、それは違う」と言い返す浜さんのはなしぶりを聞いて、「こんなふうに言っていいんだ」と背中を押してもらった女性は多いのではないでしょうか。

**浜**　逆に、言わなくてはいけないんですよ。肝心なのは、萎んでしまわないことです。「恫喝されたら倍返し！」という「いきり立ち方」も重要だと思います。やられたら「来たか！」と攻めに転じる楽しさや醍醐味が、わたしはすごく好きですね。だから福島さんに「鉄火肌」と言っていただいたことはすごく嬉しくて。

**福島**　浜さんが海賊の国イギリス育ちだからかもしれませんが、あるインタビューでは「女海賊」とも書いてありましたね。だけどやっぱり「鉄火肌の女」が似合います。宮崎《みやざき》駿《はやお》監督の描くアニメーションでも、『風の谷のナウシカ』のナウシカ王女のようなキャラクターがいる一方で、クシャナ皇女がいて、『もののけ姫』には製鉄所で働くエボシ御前がいて、『天空の城ラピュタ』には女海賊ドーラがいて、結構鉄火肌の女が描かれていますよね。

**浜** 大人の怒りといいますか、わたしもそういうものを常に燃えたぎらせていたいんです。常日ごろから思うのですが、「男は度胸、女は愛嬌」と言うけれど、逆ですよね。女性は度胸がないと突破してゆくことができない。男性は前後左右四方八方に愛嬌を振りまきながらでないと頭角を現せない。だから恫喝に弱くて、長いものには巻かれてしまう。女性たちには巻かれるべき長いものがないし、いくら愛嬌を振りまいたって、「いい子だね」と思われるだけでしょう。だから誰に肘鉄を食らわせようが構わず中央突破。それがきもちいいですよね（笑）

## 「鉄火肌」のルーツ

**福島** 浜さんが「鉄火肌の女」になったことには、理由があるのですか？

**浜** 母親の影響が大きいでしょうね。母はとにかく反骨の人でした。戦後の時代に常に反体制のポジションをとって、権力がもち出してくることに常に疑いの構えをとっていた人なので、その感覚がわたしにも全面的に流れ込んでいると思います。

それからわたしは、情報が錯綜しているときには、まず「本当にそうかな？」というところから入りますね。世の中が突然ある特定の言葉をなんの疑問もなく使いはじめたら、「本当にこれでいいのか?」って。たとえば「物価と賃金の好循環」などと当たり前のように使われていたら、「好循環ってなに?」「好循環が悪循環になる分岐点はどこだろう?」とかね。考えはじめると、またそれがムラムラと反骨の勢いにつながっていくんです。

**福島** それがキーワード「謎解き」というか、どんでん返しにつながるということですね。

**浜** そうそう、どんでん返し。真犯人につながっていきます。これが犯人で決まりとみんなが思っているときに、全然違う角度から切り込んでみるとか、そういうことがエネルギー源になっています。わたしはそう簡単には納得しないぞっていう(笑)

## 政治・経済にこそ「愛」が必要だ

**福島** たくさんの本を出していらっしゃいますが、テーマはアベノミクス、新自由主義批判、自民党批判が多いですよね。

**浜** わたしの口からは決して「アベノミクス」とは言いたくなくて、常に「アホノミクス」で完結するんです。新自由主義もアホノミクスも、人間ドラマとして経済を見ていないんですよ。人に目が向いていない。経済に人の喜びや痛みを見出していない。自分たちのよこしまな思惑を実現するための手段として経済政策が使われていて、そこにいる人々の姿が見えていないところが最大の問題だと思います。

新自由主義を振りかざす人たちやアホノミクスの大将も、その後の菅義偉《すがよしひで》さんも岸田文雄さんも結局のところ、人のために流す涙をもっていないんですよね。人の痛みを我が痛みとして受け止め、人の喜びは我が喜びとして歓喜する心がなければ、経済活動にかかわってはなりません。だけど一貫して、そういうものが全部欠けている人たちばかりが政策をやっているというね……。

ところで、いま岸田さんの名前を出しましたが、わたしは彼のことを「鮒侍男《ふなざむらいおとこ》」と命名しているんですよ。『忠臣蔵』で浅野《あさの》内匠頭《たくみのかみ》を吉良《きら》上野介《こうづけのすけ》が「お前は鮒じゃ、鮒侍じゃ」と馬鹿にして、それが刃傷事件につながる場面があります。ずっと岸田さんはわたしになにかを彷彿とさせると思っていたんですが、あるとき「これは鮒侍だ」と気がつきました。誰かに背中を押されれば、あっちへフラフラ。行った先で「お前こっちじゃないよ」と言われるとまたフラフラ。あの人にはそういうイメージがすごく強い。だから「鮒侍男」なんです。これほど無定見な人が政策の最高責任者になっていることは、すごく怖いですよね。どこに連れていかれてしまうかわからないですよ。気がついたらフラフラと安保三文書のほうに行っちゃってるとかね。

**福島**　小説家・中島京子さんの、「安倍がつき、菅がこねし「戦争餅」。なにも考えずに食うは岸田」という言葉があります。ポイントはやはり「なにも考えない」というところですね。

**浜**　多少なりともなにかを考える人ならば、「いまここでこれを言うのはまずいな」と計算が働きます。アホノミクスの大将にもそういう計算高さがありましたよね。「鮒侍男」にはそれが全然ないので、本当に我々を破滅に連れていってしまうかもしれません。

**福島**　二世・三世・四世がやっているいまの自民党政治もまさにそうです。経団連や大企業から金をもらっているから、そもそも庶民のことに関心がないですよね。

**浜**　人の痛みがわからない人に政策形成などできません。人を痛みから救うために政策があるわけで、根本的に定義矛盾です。彼らは魂のない人たち、人のために泣けない人たちです。本当にちゃんとした魂をもっている人たちは、自分と正反対の考え方をもった宿敵中の宿敵のためにも涙を流せます。そういう感性をもっている人たちが政治と政策を担っていかなければならないんです。

**福島**　昔は子どもたちが工業製品のように扱われていると言われていたけれど、新自由主義の教育下で、いまは金融商品のようだと表現した人がいます。まさにハイリスク・ハイリターン。競争が激しく、利潤追求。すごくしんどい世の中になってますよね。

**浜**　世の中が新自由主義的な枠組みになってくると、教育の質も性格も全然変わってきますよね。教育の現場はいまや、スキルしか教えない方向に進みつつあります。知性と教養が軽視されています。これではまともな文学に接することのないまま、偽りの金融リテラシーばかり高まってしまう。嫌な言葉ですけど、大学にも「実学」を教えろというプレッシャーがかけられているし、教育指導要領の仕分けも進んでいます。だけどそうするとやはり人間の魂は希薄になると思うんです。魂が希薄になると、人のために涙を流せなくなりますよね。

**福島**　浜さんはそれを変えたくて、『小さき者の幸せが守られる経済へ』[1]、『「共に生きる」ための経済学』[2]、などたくさんの本を書いてらっしゃるんですね。わたしがすごいなと思ったのは、『愛

第6期みずほ塾 第1回講座「資本主義から人本主義へ：さらばカネ本位制、こんにちはヒト本位制」に講師として出演（2022年3月10日）

の讃歌としての経済』(3)。いまでもこそ「ケアを社会の中心に」と言われますが、いち早くケアシェアリングや「小さき者の幸せが守られる社会」に言及されていました。エディット・ピアフの「愛の讃歌」をこう読むのかって、おもしろかったです。これらの本に込められた思いをおはなしいただけますか？

**浜**　経済活動は人間の営みであって、人間を幸せにできなければなりません。まずはそこが一連の本に共通しているところだと思います。やはり人の痛みをともに痛み、ともに感じ、ともに生きるという感性がなければ、まともな経済活動などできないとつくづく思っているんです。経済のなかにもいろいろなテーマがありますが、どんなテーマに挑んでも、やっぱり「愛がないとダメなんだな」、「魂が脈々と生きてないとダメなんだな」って。

こうした問題意識をさらに発展させることにつながったと思うのが、最新の共著『縁辺労働に分け入る』(4)です。労働者たちが刻々と縁辺部分に追いやられていくことについて、活動家の雨宮《あまみや》処凛《かりん》さん、プレカリアートユニオン執行委員長の清水直子さんという、まさに「グレートウーマン」たちと考えました（笑）

お二人はご自分たちの実践について語られているのですが、わたしは縁辺労働とはどういうものか、なぜそこに人々は追い込まれるのかということを、カトリック教会のフランシスコ教皇の文章を参照して書きました。彼は「縁辺」という概念に強い関心をもっていて、「愛がないから縁辺化されるんだ」「人々は縁辺に追いやられてる人々に愛の目を向けなければいけない」と語っています。やはりそこに愛がない、人のために泣ける目がないという状況だと、人間は人間性を否定されるんですよね。いわゆる新自由主義者たちは、人間が人間だということを否定しています。

**福島** エッセンシャルワーカーとか、ケアとか、非正規の女性公務員とか、いろんなかたちで問題提起されてますよね。政治にも愛が足りていないと思いますね。

**浜** 愛のある政治ももちろん存在しているわけで、福島さんはその筆頭で先陣を切っていらっしゃいますよ。だけどいまの権力というものが、愛という概念がわからない人たちの集まりになってしまっていますよね。だから、あいつらは……。

**福島** あいつら（笑）

**浜** 基本的に人間ではないのではないかと、わたしは最近思っているんです。経済学の生みの親のアダム・スミス大先生が『道徳感情論』という本で、「人間は共感性があるから人間なんだ」と語っています。人間は共感性がある、すなわち人のために流す涙をもっているから人間なんだと。そこが人間の出発点だということなんですが、人のために泣けない人間、共感力マイナスの人間だってたくさんいますよね。だから、共感性があるということが人間であることの証しならば、あいつらは人間ではないのだと思い至りました。アホノミクスの大将、ドナルド・

トランプ、ウラジーミル・プーチン……みんな人間の皮をかぶった魔物なんだと思えば納得（笑）

**福島**　岸田総理や新藤義孝《しんどうよしたか》経済再生担当大臣は、いまは株価が上がってるから景気がいいと言うんですよ。千載一遇のチャンスなんだそうです。だけどそれは人々の生活実感とかけ離れているじゃないですか。人々が苦労して生きているということが、根本的にわからないのかしら。

**浜**　世襲議員は特に「パンがないなら菓子を食え」の精神というか、苦労することの意味がわかっていませんよ。「こんなに浮かれてていいのかな」と感じる感性をもっていないんだと思いますね。内輪だけで血が濃くなって、人間性や知性や知能までも低下してくるのではないでしょうか。息子を変なところでパーティーさせちゃったりね。とにかく、あいつらを全部追い出さなければ（笑）。全とっかえしないと、ダメです。

## 「鉄火肌」で現状打破！

**福島**　「男・女」というカテゴリーでわけるのはまったく間違っていると思うけれど、やっぱり「ケア」の現場に近い人たちがもっと社会に出ていく必要がありますよね。

**浜**　キリスト教の聖書のなかで女性は「最高の助け手」という位置づけなんですよね。助け手とは「アシスタント」という意味ではありません。人を助けることができる人には高い能力や精神的なゆとりが必要ですし、それこそ「鉄火肌」でなければいけません。女性たちに内在している強さを押し殺してしまうと、社会全体としての能力は低下、後退してしまうと思います。男性たちは本能的にそれがわかっていて怖いから、締め出して、抑え込もうと恫喝するわけですよ（笑）。ゆとりがなくて、怖がっているんです。

**福島**　浜さんはいつもまっすぐで、気弱になったり、へこたれたりすることはあまりなさそうですね。

**浜**　すごく小さい時分、幼稚園にはじめて入ったころにはありましたよ（笑）。まわりは大人だらけ、自分一人だけが子どもという世界で母の妹たちに「蝶よ花よ」と育てられていたのに、急に子どもがいっぱいいる世界に出て、登校拒否のようになったことがありました。だけどそれを突き抜けたらいつの間にか、孤立すればするほど逆襲力が出るというか、「かかってこい」、みたいな感じに……（笑）

**福島**　いろんな女性たち、そして男性たちに、いまの日本の社会は生きにくいけれど、大丈夫だよと言ってあげたくなりますね。

**浜**　大丈夫です。「状況は必ず変わる、変えられる」と思い続けていれば、そして疑問をもち続ければ、絶対に大丈夫だと思いますね。闇は光に勝てないんですよ。

**福島**　そうやってわたしも背中を押してもらっています。だから浜さんは「グレート」だって、本当に思うんですよ。

## 小さき者の声に耳を傾ける

**福島**　浜さんはどうして、経済のなかでも小さき者の声や、共生社会に着目されているのでしょうか？

**浜**　小さき者が小さいがゆえに踏みつぶされる社会というのは、人間社会の本来のありかたではないと強く思うからですよ。強い者と弱い者がお互い上手に支え合う社会というのが、いちばん麗しい姿だと思っています。声が大きくて強いやつらは、自分たちでガンガン行けるのだから放っておけばいいんです。だけどそんなやつらにすべてを占有されないためには、声が小さい人、弱い人、弱い立場に追いやられている人たちがどこにいるのか一生懸命探し出して、彼らの小さき声に耳を傾けて、その思いやありかたを表に引き出さなくてはなりません。そうしてはじめて潤いがあり清く正しい社会をつくっていくことができるんです。それが本当の政策の仕事ですよね。

だけどいまの政策は強そうに見える者ばかりにスポットを当て、彼らの力にしな垂れかかり権力を独占しています。それは政策をやる人たちの考え方ではないですよ。

**福島**　この突破力！　みんな、浜さん爪の垢を煎じて飲んだら元気になりますよね（笑）

**浜**　突破力は重要だと思います。そして突破力のエネルギー源になるのは、怒りですね。

## 「突破力」の鍛え方

**福島**　浜さんのような「突破力」は、一体どうすれば身につくんでしょうか？

**浜**　やはり疑り深いことじゃないですかね（笑）。土台のところにあるのは、「わたしは丸め込まれない」という構えですね。

**福島**　とても重要ですね。すべてのものは疑い得ると。

**浜**　人のはなしは「疑うぞ」と思って聞くんです。すごく嫌な顔をして聞いていると思うのですけど（笑）。そういう意味では、人のはなしをよく聞くことも突破力につながりますよ。人のはなしをその人がはなしているとおりに聞くということは、意外と難しいんです。相手が喋っているときに「この人はだいたいこういうことを言おうとしてるな」「このはなしはこういう方向に展開するな」と思ってしまうと、肝心なところを聞き落として丸め込まれてしまいます。だから、「疑い深き者は人のはなしをよく聞け」と。

**福島**　そういう視点では、文学者が小さき者の声に耳を傾けるということはままあると思うんです。浜さんは、それを経済学でやろうとしているところがすばらしいですよね。

**浜**　経済学「だからこそ」ですよ。人類の営みなんですからね。

**福島**　ところで、ご経歴を見て驚いたのですが、天皇機関説（国家を統治権の主体とし、天皇は国家の一機関にすぎないとする明治憲法の解釈）で戦前に弾圧を受けた法学者の美濃部達吉《みのべたつきち》さんが大叔父にあたるんですね。第六～八代東京都知事を務めた美濃部亮吉《みのべりょうきち》さんが親族にいらっしゃったり、まさに華麗なる一族ですね（笑）。親族が軍などから弾圧されたことが、ある種の思いとして浜さんに引き継がれているということはないですか。

**浜**　一族のなかで意識共有をしたわけではありませんが、多少なりともあるとは思いますね。それこそ、「疑っていいんだ」という感性は血筋として流れているのではないかと思いますしね。

## 「我ら巨大な波裏になろうぜ」

**福島**　最後に、浜矩子さんの原動力は一体なんなのか、お伺いしてもよいですか。

**浜**　やはり、「自分たちは戦時中に騙されていた、二度と騙されないぞ」という母の抱いた決意が、わたしの突破力の底流を形成していると思います。

そして、このところわたしの頭のなかにものすごくビビットに蠢いているというか、存在しているイメージがあるのですが、それは葛飾北斎《かつしかほくさい》の「神奈川沖浪裏《かながわおきなみうら》」なんです。ものすごい波が牙をむいて襲いかかってきて、船に乗っている人たちがしがみついている。これはたとえばあの波はウラジーミル・プーチンだとか、さまざまな構図として見ることができますが、わたしとしては、我々があの巨大な波と化してこの世のなかの悪いやつ、許し難い輩に襲いかかるというイメージです。このメッセージをみなさんに送りたいですね。「我ら巨大な波裏になろうぜ」と。

**福島**　お！　そうですね。「鉄火肌の女」浜矩子さんのこの突破力。そして経済は人間の営みだからこそ「小さき者のための経済を」というメッセージ。本当にすばらしいと思います。本日はありがとうございました。

■この対談は、二〇二四年五月一日に公開された動画を加除・修正したものです。

浜矩子さんの自宅にお伺いした。本や置物がとてもおしゃれに飾られていて、映画の(?)ポスターも素敵である。女海賊と呼ばれるが、わたしは「鉄火肌の女」だと思っている。浜さんの分析や言説を聞いていると、「こんなふうに見ていいんだ、こんなふうに言っていいんだ」と思い、発言するときに背中を押してもらっている。国会で質問するときに、浜さんの言葉によって背中を押されていると思う瞬間が何度もあった。気風のよい浜さんの言動は、たくさんの女性の背中を押しているのではないだろうか。経済や政治の分析をこれからもよろしくお願いします。

**【浜矩子さんブックリスト】**

(1)『小さき者の幸せが守られる経済へ』新日本出版社、二〇一九年
(2)『「共に生きる」ための経済学』平凡社、二〇二〇年
(3)『愛の讃歌としての経済』かもがわ出版、二〇二二年

（4）浜矩子、雨宮処凛、清水直子共著『縁辺労働に分け入る――フランシスコ教皇の警告』かもがわ出版、二〇二四年

・『グローバル恐慌――金融暴走時代の果てに』岩波書店、二〇〇九年

・『「アベノミクス」の真相』中経出版、二〇一三年

# 弟の巖の無罪を信じて!

袴田ひで子

GREAT WOMAN's PROFILE
## はかまた　ひでこ

1933年静岡県生まれ。6人兄弟の5番目（三女）。1966年、末弟の巖が勤めていた味噌会社の専務一家四人殺害（清水事件）の被疑者として逮捕され、いわゆる「袴田事件」に巻き込まれ、死刑判決に至る。以来、半世紀以上のあいだ、弟の無実を信じ、闘い続けている。現在、浜松市中央区で弟と猫二匹とで暮らす（本書刊行時には再審公判の判決が下されている予定）。

袴田裁判の再審開始決定後も「巖だけが助かればいいわけじゃない」と主張し、冤罪被害者への応援、「再審法改正」運動への協力などに情熱を傾ける。世界で最も忙しい90代の一人。その人生を描いたマンガ『デコちゃんが行く』（静岡新聞社）刊行中。愛称は「デコちゃん」。口癖は「そんなの、どーってことない！」「負けてなんかやるもんか！」

**福島**　こんにちは。誰がなんといっても「グレートウーマン」、袴田ひで子さんです。冤罪で苦しんだ弟の袴田巌《いわお》さんは四九年間拘禁されており、まさにいま再審開始の裁判がおこなわれています（二〇二四年二月時点）。もう、この若さ！　九十一歳のお誕生日を迎えられたんですよね。

**袴田**　そうですね、この二月で。

**福島**　九十一歳とは思えない、ひで子さん。まずは袴田事件についておはなしいただけますか。

## 袴田事件が起きて

**袴田**　一九六六年に、静岡県清水市（現静岡市清水区）で起きた一家四人が殺害され民家が放火された強盗殺人・放火事件です。弟の巌は被害者の会社の従業員で、犯人にされてしまったんです。わたしが三十三歳、弟は三十歳のときでした。三十三歳までは、わたしは自由奔放に生きていました。だけど事件が起きてから生活は一転しましたね。それはそれは大変な毎日でした。巌には、「会わない」と面会を拒否されたこともありました。四八年も入っていれば、当たり前だとわたしは思っています。

一審の再審棄却のとき（二〇〇八年）には、弁護士さんや報道の関係者や支援者すらも敵に見えました。だけど最初に事件が起きたときに、あまりにもびっくりしてしまって、以来驚くことはなくなりました。

**福島**　二〇一四年に再審開始が決定しましたが、証拠が全然一致しなかったんですよね。一日も早く再審無罪が出るようにと思っています。

ひで子さんは、明るく元気で、会うと力をもらえる、菩薩のような人なんです。とってもあたたかいんですよ。三十三歳までは経理の仕事をバリバリこなし、バーにも飲みに行ってらしたんですよね。

**袴田** 三十歳ぐらいまでは、麻雀もやっていましたね。まわりで麻雀をやるのは男ばかり。役所に勤めていたので土曜日は休みでみんな寮にいますから、「麻雀でもやろう」と集まるわけです。夕方まで打って、暗くなるとバーへ繰り出しました。そういうときには、わたしは男も女もないんですね。男性のなかに女一人ですが、平気で麻雀もやるし、酒も飲みに行きました。

**福島** 当時としては珍しいですよね。その気風のよさがいいですね。だけど『デコちゃんが行く』(1)を読むと、巌さんが冤罪で逮捕された直後は、お酒に溺れたこともあったんですね。

**袴田** 仕事がおわってアパートに帰ってきて、夜中に目を開くでしょう。天井を見ていると巌のことしか頭に浮かばないんです。だけど翌日も仕事があるから、ホットウイスキーをくいくい飲んで寝ていました。そうしたら、飲みすぎてアル中みたいな顔になりました。朝、顔を洗うと、肌がまるで荒壁のように荒れていました。

ちょうどそのころ、事件を支援してくれる方々が現れましたが、電話がかかってきてもわたしは酔っ払っているわけです。「自分がこんなありさまでは、巌を助けるどころではない!」と思い、お酒は一切やめました。

お酒をやめるということは大変です。三日やめては飲み、五日やめてはまた飲み、を繰り返しました。その代わり、アルコールを抜くために水をスイスイ飲んでいました。医者にもかからず、薬も飲まず、ただ水道の水をガブ飲みしてアルコールを抜きましたよ。一年くらい経ったらもう飲みたくなくなりました。そういうことはありました。それは、つらかったから。

**福島**　一九九〇年代からは、巌さんに拘禁性ノイローゼ（刑務所者拘置所など強制的に自由を抑圧される環境に置かれた人が示す人格の変化）の症状も出てきたのですね。さらにつらかったですよね。

**袴田**　面会に行っても、「姉はいない」と言うんです。だけど行かなきゃしょうがないんです。手紙を送っても読まないし、行かなきゃ巌と連絡がとれないんですよ。刑務所に行って受付をしたら、係りの方が「姉ちゃんが会いに来たよ」って、本人がわかっていてもいなくても、伝えてくれるでしょう。どこかで巌はわかってくれると信じていたし、「家族も諦めていないよ！」「がんばっていかにゃいかんよ！」というメッセージを送るために、会えようが会えまいが、面会に通っていました。四八年のうち三八年ぐらいは通いましたね。

## 巌さんを支え続ける決意と覚悟

**福島**　三八年！　その元気と若さと健康の秘密ですが、ニンニクを食べたり、料理も工夫されていますよね。それに、体操をしていらっしゃるんですね。

**袴田**　面会に行くために、足腰が弱ってはいけないと思い体操をはじめたんです。仕事も事務だから、日中はほとんど動かないでしょう。身体を動かそうと思って、ヨガやラジオ体操みたいなことをはじめて、いまのかたちになりました。「デコちゃん体操」ということで、足の先から頭の先まで行き届くように動かしています。

**福島**　一日にどれくらいしているんですか？

**袴田**　朝起きてすぐ、三十分間ですね。

**福島**　「弟を支えなければいけない、弟が社会に復帰したときには受け止めなければいけない」という、お姉さんのすさまじい決意と覚悟ですよね。

巌さんの誕生日、「米寿」祝いの会。支援者、報道陣に囲まれて（2024年3月10日、袴田家にて）

**袴田**　二〇一四年の三月二十七日に再審開始が決定し、巌が釈放されたでしょう。あのときは本当に嬉しくてね。三十三歳から四八年間は、わたしは集会に行ってもニコリともせず怖い顔をして、言いたいことだけを伝えて帰ってきていました。それが、コロっと変わってニコニコするようになったんです。それぐらい変わるというか、変われたんです。

巌が拘置所に入っているあいだは、盆も正月も祭りもなくて、同窓会にも出ませんでした。テレビも、音楽番組も見ない。生活のために仕事だけは一生懸命やる、そんな日々でした。みんな怖かったと思います（笑）

**福島**　巌さんが戻ってきたときに住む場所があるようにと、住まい

再審公判の結審の日。最終弁論に向かう弁護士、弁護団とともに。日本プロボクシング協会の方々も応援に（2024年5月22日、静岡地裁裁判所前にて）

の確保もされたんですよね。

**袴田**　いつ帰ってくるともわからないけれど、巌のことばかりやっていてもしょうがないから、なにかしなきゃと思ったときに「ひとつマンションでも建てようか」って。ある程度収入があったから銀行から融資を受けられて、三三〇〇万円で六〇坪の家つきの土地を買いました。そして山を崩し、駐車場つきの三階建のマンションをつくりました。

**福島**　その覚悟と持続力とがんばりがすごいですよね。

## 続々と集まる支援者たち

**福島**　巌さんがボクサーということで、ボクサーのみなさんたちの応援もありがたかったですね。

**袴田**　新田《にった》渉世《しょうせい》さん（元東洋太平洋バンタム級チャンピオン）は「袴田巖支援委員会」の委員長も務めてくださって、冤罪事件について世界中に発信いただきました。

**福島**　二〇二三年の東京高裁前での応援演説には、雨がそぼ降るなか輪島功一《わじまこういち》さん（元ＷＢＡ・Ｗ

BC世界スーパーウェルター級王者）も来てくださいましたね。

**袴田**　輪島さんは、面会権がないにもかかわらず「ともかく行く！」って。拘置所に面会権を申請しましたが、断られました。それでも二・三度同行してくださったんです。

**福島**　巌さんが拘置所に拘禁されているときに、弁護団が後楽園ホールのリングに上がって集会を開いたこともありました。そういう方々の支援と、なによりひで子さんの存在が巌さんを支えているのではないでしょうか。

**袴田**　支えるというよりも、姉弟だから当たり前だとわたしは思っているんです。他人じゃないし、姉弟ですから。わたしが独身で、身軽だったということもあります。旦那や子どもがいたら状況は違っていたと思います。幸か不幸かわたしが一人でいたことが、いまここにつながっているんですね。それに、ボクシング協会や、東京都や静岡県など国内はもとより外国からの支援者のみなさんが応援してくれたことが大きいと思います。

巌さんの「命の恩人」。釈放を決定した村山浩昭元裁判長と（2023年5月19日、参議院議員会館・福島みずほ議員の事務所にて）

**福島**　当時衆議院議員だった保坂展人《ほさかのぶと》さん（現世田谷区長）も巌さんと面会されていますよね。

**袴田**　巌から面会拒否をされていたので、保坂先生に泣きついて交渉してもらいました。

**福島**　保坂さんにご紹介いただいて、わたしも巌さんに拘禁症状が出たときに拘置所の人たちとの交渉に参加しました。巌さんの拘禁症状は、死刑に対する恐怖、冤罪への絶望、死刑宣告の問題など、さまざまなものが積み重なった結果ですよね。日本の死刑確定囚は、当日の朝死刑の告知を受けるので、ある朝突然ドアが開いて連れていかれるかもしれない。彼の場合はとり調べのときから何度も騙されているわけですから、その恐怖は計り知れませんよね。

**袴田**　あるとき面会に行ったら巌が出てきて、開口いちばん「昨日処刑があった」「隣の部屋の人だった」「お元気でって言ってた」と言うんです。わたしはなんだかわからず、「ふうん」と答えたきりでした。それから拘禁症状が出て、面会拒否がはじまりました。巌はいまわたしの家にいますが、いまだに拘禁反応が残っています。

**福島**　最初のとり調べもひどかったんですよね。「自分はやっていない」と言っているのに長時間に亘りとり調べを続けて、夜は眠れないように妨害されるとか、トイレを目の前でやるように強要されるとか。巌さんは長いあいだ追い詰められてきたんですよね。

**袴田**　巌が自供した翌日、弁護士さんが面会に行ったら、顔がパンパンに腫れていたんだそうです。刑事はそそくさと「医者に診せたから」と言いました。相当ひどい目に遭ったのだと思っています。

**福島**　とにかく、無罪が一日も早く出るといいですね。

**袴田**　再審公判も四月ごろまでに結審になるでしょうからね。わたしは無罪は間違いないと思っているんです。

## 死刑制度の廃止、再審法の改正を！

**福島**　再審制度についても法改正をふくめて議論されていますね。やはり証拠開示が鍵だと思います。巌さんのケースでも、血のりのついたパジャマの写真などが実際に出てきてようやく、裁判所が「これはおかしい」と判断しました。現状では、再審請求手続における証拠開示が認められていないんですよね。証拠開示によって死刑が確定していた免田事件[*1]も再審無罪になりました。

**袴田**　冤罪を訴えている人たちも、証拠開示がないことで困っているんです。法律が変わるといいなと考えています。

**福島**　だって証拠があるんですよ。証拠にもとづいて裁判をやっているのだから、出さないというのもおかしいわけです。検察官の抗告《こうこく》（決定または命令に対して、決定または命令をくだした裁判所の上級裁判所になされる不服申立て）も問題ですよね。再審開始がはじまってから、裁判のなかで争えばいいはなしじゃないですか。検察が抗告し、再審開始されない。特別抗告（憲法解釈の誤りがあることやその他の憲法違反があることを理由に、最高裁判所にする特別の抗告）により、また再審開始がなされない。これでは再審を請求する側に途方もない手間と時間がかかって、再審無罪の獲得にまで行き着きません。これは制度上の欠陥です。狭山事件[*2]の石川一雄さんは八十代ですし、袴田巌さんも八十八歳。当事者のみなさんにとっての一年、二年が本当に大きいんですよね。

**袴田**　わたしはいまは元気ですが、巖は歳をとりました。拘置所から出てきて半年ほどは、ランニングをやっていましたが、ここ五年くらいは足がヨタヨタしています。それでも毎日散歩やドライブには行くんですが、もう歩きたくないからドライブをしているんですよね。

**福島**　その年齢になれば加齢が進むのは当たり前です。ひで子さんはとても健康に気をつけていらっしゃるけれど、それはこの冤罪事件への覚悟と責任があるからこそですものね。

**袴田**　わたしたちは姉弟で、巖は無実だから、支援するのは当たり前です。他人様に支援していただくには、まず身内が一生懸命やらなくてはだめだと思っています。それでも、できる場合とできない場合がありますよ。わたしは一人で呑気に構えて、世間と距離を置いていたからできたんです。世間のことばかり気にしていたら、とてもできませんでした。世間からなにを言われようが気にしない。言いたきゃ言え。そういうきもちでがんばってきました。二〜三年の刑ならやりませんでしたけどね。だけど死刑囚でしょう、あとがないんです。

待望の「再審開始決定」を、小川秀世弁護士と喜ぶ
（2023年3月13日、東京高等裁判所前にて）

**福島**　世界では死刑を廃止している国が多いですよね。二〇二三年十一月に議院会館で「人質司法サバイバー国会」という集会がありました。冤罪被害者の生の声を聞い

たり、検察の理念やありかたの問題点が議論されました。もちろんきちんとした判決もあるのでしょうが、その陰でたくさんの冤罪事件も起きていたはずですよね。冤罪の根絶は急務です。冤罪を生むような構造をできる限りなくすために、再審法改正も重要ですよね。

**袴田**　わたしも以前は、死刑制度はあって当然だと思っていました。だけど巌の事件が起きて、考え方が一転しました。死刑制度には反対です。死刑があってはいけないと思います。

## 泣き言は言わない！　デコちゃんが行く

**福島**　「グレートウーマン」袴田ひで子さんから、最後に一言お願いします。

**袴田**　わたしももう九十一歳ですが、これからも再審開始に向かってがんばってまいります。来年の春には再審開始になると思います。そのあとは少しのんびりと暮らそうと思っています。いままでは、あちこち走り回っていましたので、のんびり暮らせませんでした。だけどこれも、わたしが健康だったからできたんです。みなさま、健康には大いにお気をつけくださいませ。

巌さんと、家族で人生はじめての「お花見」（2024年4月6日、浜松市中央区にて）

**福島**　こんな言い方は失礼かもしれませんが、もしかしたら別の人生もあったかもしれないと思うことはありませんでしたか？

**袴田**　そんなことは思わないですね。「ああすりゃよかった、こうすりゃよかった」なんて、愚痴話や泣き言は言わない。

**福島**　（拍手）大変失礼いたしました。まさに「デコちゃんが行く」ですね。泣き言は言わない、過去を悔やまない。本当にすばらしいですね。本日は弟の巖さんを支え続け、再審開始、無罪獲得のために活動してこられた、袴田ひで子さんにおはなしいただきました。ありがとうございました。

■この対談は、二〇二四年二月二十日に公開された動画を加除・修正したものです。

二〇二四年五月二十二日、静岡地裁で袴田巖さんの再審公判がおこなわれました。検察は死刑を求刑、弁護団は無罪を主張して結審しました。判決は二〇二四年九月二十六日に言い渡される予定です。

袴田ひで子さんは菩薩である。地獄を見、地獄を経験し、夜叉となり、いまは菩薩になっている。いや、菩薩と夜叉の両方を兼ね備えているのかもしれない。わたしはひで子さんが大好きである。揺るぎのない信念と不撓不屈の精神、底なしの優しさをもち、ひまわりのように微笑み、静かなオーラを放っている。「もっと違う人生があったと思うことがありますか」と聞いたら、ひで子さんは「そんなことは思わない」と間髪入れずにきっぱり答えた。参った。そのとおり。誰もかなわないなにかがある。だけどこんな捜査も裁判も、おかしい。無罪を主張することがこんなに大変だなんて、おかしい。拘置所の医療体制も再審の制度も問題ばかり。ひで子さん、がんばるからね。

**【注】**

＊1　免田事件……一九四八年に熊本県人吉市で発生した強盗殺人事件。被疑者として逮捕・起訴された免《めん》田《だ》栄《さかえ》さんに死刑判決が言い渡されて確定した。免田さんは六次に亘って再審を請求し、アリバイを証明する証拠が示された。発生から三四年六カ月後、死刑囚に対しては初の再審無罪判決がくだされた。

＊2　狭山裁判……一九六三年に埼玉県狭山市で発生した、高校一年生の少女を被害者とする強盗強姦殺人事件。裁判で無期懲役刑が確定した元被告人の石川一雄さんは逮捕から六一年経った現在も再審請求を申し立てている。

**【袴田ひで子さんブックリスト】**

（1）いのまちこ編著、たたらなおきイラスト『デコちゃんが行く――袴田ひで子物語』静岡新聞社、二〇二〇年

第七章

# ジェンダー平等を目指すグレートウーマンたち

# 自由に軽やかに時代を生きる！

中山千夏

GREAT WOMAN's PROFILE

## なかやま　ちなつ

1948年熊本県生まれ。8歳で舞台デビュー。「名子役」時代を経て、俳優、テレビタレント、歌手、70年からはライターとしても活躍。『子役の時間』で直木賞候補になるなど、その多才に注目を集めた。また女性解放運動や人権の社会運動家としても著名。80年から参議院議員を一期務めた。80余冊にのぼるノンフィクションのテーマは、多岐にわたり、創作では小説のほかに絵本も手がける。2007年、伊豆半島の伊東市に転居、「隠居」を自認し気ままに過ごし今日に至る。『伊豆新聞』と『週刊金曜日』にエッセイを長期連載中。

**福島**　大好きな中山千夏さんに会いに静岡県伊東市にやって来ました。子役、俳優、声優、テレビの司会者、参議院議員と多方面でご活躍され、さらにエッセイストでもあり、作家でもあり、アクティビストでもいらっしゃいます。時代を切り拓いてきた千夏さんの多彩な才能とその自由な精神、そこがグレート！　今日は本当にありがとうございます。

## 中山千夏さんとの出会い

**中山**　ありがとう。みずほちゃんと出会ったのはわたしが国会議員になってからだったよね。

**福島**　わたしが司法修習生のときに「死刑問題を考える」という勉強会をやったんですよね。千夏さんはそこに参議院議員として来てくださって。

**中山**　そのとき発覚したのが、わたしが選挙に出るときに手伝ってくれた女の子が、なんとみずほちゃんの中学時代の同級生だったってこと。彼女はずっとわたしの秘書としてついてくれて、いまも一緒に暮らしていますよ。「すずきけいこ」ってんだけど。

**福島**　『じゃりン子チエ』のなかにも「ヒラメちゃん」というキャラクターで登場していますよね。ヒラメちゃんが同級生の「鈴木敬子」さんだとわかって、一気に中山さんが身近になりました。

**中山**　人間の縁って不思議だよね。わたしも宮崎に住んでいたことがあるしね。わたしはこの『グレートウーマン』ってタイトルを見て、「わたし別にそんな大きくないよう」って恐れをなしたんだけど、みずほちゃんにはいろんな意味で会いたかった。なにもお手伝いできないけれど、困ってらっしゃるだろうなと思っていたの。いまわたしはおもて舞台に出ていないけど、来てくださるっていうから。

**福島**　海が見えて、すごくいいところですね。緑緑緑、そして海。お昼寝したくなるような、素敵なおうちです。

**中山**　いまの季節はね、雑草がすごく素敵なの。

## 五歳で子役として芸能界へ

**福島**　五歳のときに大阪で児童劇団に入団したのは、偶然だったんですか？

**中山**　母が劇団を見つけてきて、わたしに「どうする」って聞いたんですって。「なにするところ」と尋ねたわたしに母は「お遊戯会みたいなことをするところよ」って答えた。そうしたらわたしが、「うん、ちなちゃんはいる」って言ったんだって。だから自分で決めたことになってるんですけど、そんなわけなくてね。だからずっと、自分で決めた道を歩んでいない感じなの。

**福島**　さまざまな役をやられてますよね。お芝居では「テコちゃん」（『がめつい奴』、一九六〇年）、声優としては「チエ」（『じゃりン子チエ』、一九八一〜一九八三年）、そしてなにより「博士」（『ひょっこりひょうたん島』、一九六四〜一九六九年）。賢い博士のキャラクターと千夏さんのイメージが重なるんですよ。

**中山**　役者ってつくづく面白いなと思うのは、自分が没入できる役を長いあいだ演じていると、その役が自分のなかで生きてきちゃうの。子役としてはじめて世に出た『がめつい奴』で演じた「テコ」は、孤児で知恵遅れだけどちゃっかりしていたから、それがすっかり身についちゃった。テレビドラマ『お荷物小荷物』（一九七〇～一九七一年）で沖縄の女中「菊」を演じたときには、沖縄問題やアイヌ問題を扱ったから、それがまたわたしのなかで生きちゃって、他人事とは思えないの。わたしは賢くはないけれど、賢い「博士」もそう。

**福島**　『ひょっこりひょうたん島』は、火山が噴火して島が漂流しているから、彼らには親がいないんですよね。まさに民主主義の学校です。

**中山**　子どもたちがみんな自分で考えて行動しなくちゃいけない。それがやっぱりわたしの原点にあるのかな。嫌なことは嫌なの。自分の歩いてきた軌跡を思うと、「これをやりたい」じゃなくて、「これは嫌」って、空いた道を選んできたのね。

**福島**　嫌なものを払いのけられることも重要な才能ですよね。普通は自分でもまずなにが嫌かよくわからなかったり、嫌だなと思っても、「まあそんなもんかな」と思って、あとから後悔することもあるんじゃないでしょうか。でも、なにが嫌だったんですか。

**中山**　自由にならないこと。自分でコントロールできないこと。だからたとえば、プロダクションに入って、言われたことを言われたままやるのは一切嫌だったの。だけどそれでは芸能人としてまずいわけ。たまたま環境に恵まれて、なんとか生きてこられたの。

それにわたしは、ずっと「アウトサイダー」なの。なぜかっていうと、子役から芸能界に入ったでしょう。周りは全部大人の役者が中心だったから、わたしはいつも子役で少し端にいたの。それに社会はずっと男社会。女性は中心じゃないからわたしは外側にいたし、ものを書いても文壇の外。アウトサイダーだとその世界が見えるんだよ。世界のなかにいる人には普通のことでも、外側から見ると「えーなにこれ」というようなことが、これまで携わったすべての仕事にあったね。

**福島**　千夏さん自身は参議院議員になったり、とても華々しいキャリアですよね。政治的な活動も、永六輔《えいろくすけ》さん（放送作家、作詞家）など、いろいろな人に誘われたんですよね。

**中山**　遊ぶのが好きだし、おもしろいことが好きだから誘われたの。よほど大変じゃなきゃ乗っちゃう。それにわたしは変におっちょこちょいで正義感が強いところがあって。「これはいけないんだ」って説得されると、「うんうん、いけない」みたいな。

**福島**　おっちょこちょい正義感。なんだか、わたしもちょっと似ています（笑）

**中山**　似てるよね（笑）

## 政治への思い

**中山**　わたしは大問題はやれないし、なんでも大問題でやるのは嫌。だから国会は合わない（笑）。国会議員は大変だね。

**福島**　国会は変なところですが、やりがいもあるしおもしろいですよ。

**中山**　最近つくづく思うのは、「国」というのはものすごく悪いしくみなんじゃないかってこと。

法務委員会で初質問（1980年）

参院選全国区立候補（1980年7月）

国ってシステムは進歩しないよね。国益主義というのはなんとかならないものかね。このごろの政治を見てると、どうなっちゃうんだろうなって心配。

**福島**　国益は個人の利益の集積ですよね。国益が個人のさまざまな権利を侵害してはいけない。国家権力は強大な権限をもっているけれども、民主主義の力でそれを制限していくことが必要ですよね。だけど憲法審査会なんかでは若い自民党議員が「個人より国益」「人権より国益」と言ったりするんです。

千夏さんの場合はむしろ、お母様との関係のように、自分の身に起きることを振り返って観察して深く考えて、もう一回再構築していくようなところがありますよね。

**中山**　とにかく自分しか材料がないからね。国益より個人。個人っていうのは決して自分勝手という意味じゃなくて、人権について一生懸命考えたうえでやっぱり個人がいちばん大事だと思うの。個人ってひとつの宇宙だから、みんな大事にされなきゃいけないし、大事にしなくちゃいけない。個人が活き活き生きられるような政治形態を……と思うんだけど、思いつかないね。

**福島**　いまは社会が未完成というか、どんどん悪くなっているようにも感じますよね。

## ウーマンリブへの参画

**福島**　わたしはウーマンリブ世代よりも八～十歳ほど年下なんですが、ちょうど十八～二十歳くらいのときに上の世代のお姉ちゃんたちが、「新宿ホーキ星」や「リブ新宿センター」で「自由に生きていいんだ、楽しく自分で思うことをやろう」とワイワイやっている楽しい息吹を感じて育ちました。魔女コンサート[*1]では千夏さんが歌ったり、駒尺喜美《こましゃくきみ》さんと小西綾《こにしあや》さんが対談したり、おもしろかったですよね。当時のレズビアンのはなしは、いまも地続きで聴いている感覚がありますよ。リプロ（リプロダクティブ・ヘルス／ライツ。性と生殖に関する健康と権利）や中絶や身体のことも、再び議論になっていますね。

**中山**　最近ようやく同性婚の話題が中心に出てきて、「おー、ようやくここまで来たか」って。あのころから見たら、ずいぶん議論が進んだね。

**福島**　千夏さんの書かれた『からだノート』[1]にも、日本の女性の身体のこと、生理や性器や妊娠のことが出てきて、イラストもかわいくて。読んで身が軽くなったことを覚えています。自分が女であることを嫌だと思わず、女であるというバックグランドを活かしてこの社会をどう変えるかと考えたときに、女性だからこそ見えるものもあります。まさにアウトサイダーだからこそ見えること、問題提起できることがありますよね。

**中山**　女性の立場も一長一短でね。まずいところ、つまらないところもあるけれども、絶対いいところもあるんだよ。「これでいいな、活かせるな、得したな」って思えるところがあるじゃない。それを活かしながらやっていくってことが大事かな。

**福島**　わたしは千夏さんの取り組みは、「ポップなウーマンリブ」だと思っているんです。自由なウーマンリブというか。「わたしが自由で幸せになるためのウーマンリブ」というメッセージを届けてくれたので、すごく気が楽になりましたよ。

**中山**　みんなが自由で楽しくないとつまんないじゃない。違いがぶつかって駄目になることもあるかもしれないけれど、目指すところはやっぱりみんなが解放されること。一人一人が自由で、その自由な一人一人が集まって、自由な場が生まれるっていうのがいちばんいいと思う。

**福島**　魔女コンサートをやるようになって、ご自身のなかで変わった面はありますか?

**中山**　彼女たちとはたまたま出会ったの。以前からウーマンリブ

婦人訪中団（1978年）

的なものは読んだりしてたから、興味はあったんだけど、ちょっと怖かったね（笑）。だって裸で野山を駆け回ってアピールしたりするんだもん。わたしが仲間になった人たちも、もともとはちょっと過激だなって思ってたんだけど、つき合ってみたら本当にぴったり波長が合って。彼女たちは女であることにちゃんと向き合って、それを否定もしないし、バカ肯定もしない。だからすごく仲よくなったの。いまだにリブのころの仲間がいちばん懐かしいし、大事だね。

## 文筆家として思うこと

**福島**　『子役の時間』(2)など数作が直木賞候補作になりましたよね。エッセイと小説に違いはありますか？

**中山**　エッセイのほうが楽だね。本でも歌でも、人に楽しんでもらえるようなものを書きたい、つくりたい。そこはやっぱり芸人だから。現代で小説を書くっていうのは難しいよ。小説って「あることとないこと」をうまくまとめなきゃいけないじゃない。わたしは「あること」は好きなんだけど、「ないこと」を書けないの。自分の経験を土台にしたものしか書けない。だから小説は苦手だね。「書きませんか」って言われたから書いただけ。

**福島**　女性の書き手も増えましたね。

**中山**　女性の進出が著しいことで、男も女も変わらないってわかったよね。くだらないやつはくだらない。男にできることは女にもできる。女だからいいってことじゃないよね。「女はこうだ、男はこうだ」という言い方にわたしは昔から怒っていたんだけど、いまはなおさらそう思っているよ。逆に、男にできる悪いことは女にもできる。戦争もできちゃうしね。

**福島**　最近取り組んでらっしゃることについてはなしてくださいますか？

**中山**　最近取り組んでいることはね、ゲーム。

**福島**　『妖精の詩《うた》』(3)ですよね。

**中山**　びっくりしたね。ゲームの世界には人間がいないわけじゃない。キャラクター同士のつき合いでしょ。キャラクターなのにみんな人間で、会話は文字。要するに打った文字が画面上に出てくるわけ。戦い方もうまい、下手があるし、自分の性格を引きずって出てくる人もいれば、キャラクターになりきって出てくる人もいる。すごくおもしろい世界だね。

**福島**　『妖精の詩』ではオンラインゲーム内で起きたご自身の恋愛を書いていらっしゃいましたね。

**中山**　本気で恋愛しちゃった。だけど歳をとると、自分自身もだんだん恋愛から離れて、きもちがおさまるじゃない。おさまってきたころに相手と現実で会うことになって、すごく仲よくなっちゃった。

**福島**　この道一筋、のめり込むタイプなのかもしれませんね。

**中山**　『古事記』にもすごくのめり込んじゃったけど、あまりに奥が深いから、そのうち嫌になっちゃった。

**福島**　『古事記』のおもしろさはどこにあるんですか？

**中山**　おはなしのおもしろさだね。わたしはどんな国でどんな言語のどんな時代のものでも、おもしろいものなら全部読むよ。

**福島**　『万葉集』もそうですが、強い女の人や、はっきりものを言う女の人が出てきますよね。

**中山**　それで思い出したけど、昔はピグミーと呼ばれていた部族（中央アフリカの赤道付近の熱帯雨林に住む狩猟採集民）がいるんだけど、ピグミーは万葉の世界観なの。つまり、それなりの地位の女の人・男の人たちが、それぞれ自分の居場所をもっていて、女の文化と男の文化、両方の文化で生きているわけ。戦争中心の世の中になってくると、男の人たちが中心になって、政治も全部男がやるようになってしまった。わたしは万葉の世界の残り香の、女の人たちが自分たちの領分をもっている世界が好きなんだよね。

**福島**　女系と男系の文化って、浸食されながらも交差して、江戸時代まで続いてきた面がありますよね。歴史は学校で習ったものよりも、もっと複雑です。

**中山**　教える側の思想があるからね。「男系の思想でやろう」って教えると、偏っちゃうよね。

**福島**　ところで、お母様との関係をとおして自分自身を見つめることは、楽しい反面つらいこともありますよね。そこから逃げないなんて、もしかして千夏さんは真面目な人なんじゃないですか？

**中山**　そう、実は真面目（笑）。自分で自分を裏切ることが嫌だから。『幸子さんと私』(4)は、こういうことを書いてくれて本当に助かった、わたしも同じだっていうお手紙もいっぱいいただいたけど、逆にものすごく怒ったお手紙もたくさんもらったよ。「あなたは一体どういう人なんですか」って。

## 自由な精神の翼で……

**福島**　千夏さん自身は有名な芸能人として仕事をして、書く本は次々と評判になり、おもしろい方々との交友関係のなかでおもしろいことをして、ある意味恵まれた人生ですよね。過去を振り返っておもしろかったことや楽しかったこと、嫌だったことがあったら、最後におはなしくださいますか。

**中山**　嫌だったことはないね。思い出すのは楽しかったことばかり。みんなで集まって、一緒に酒飲んで、おもしろかったねって。ところが、みんな天国に行っちゃうんだよね。

**福島**　千夏さんは子役で、年上の方とのおつき合いが多かったですからね。

**中山**　わたしのいまの目標は、ちゃんと老けて、ちゃんとばばあになること。だってテレビのコマーシャルを見ていると、「しわとりのナントカ」とか「ナントカロイチン飲んだらここがどうなる」とか、出てくるのは老人ばっかりでしょう。それも、アップで皺やシミを映して。老人がそのままでいるといかに醜いかを強調して商品を売るわけだよね。腹が立ってしょうがないの。老人になったら、シミ、皺ができるのは当たり前じゃない。わたしはいま七十五歳だけど、あちこちガタガタ。頭だって昔みたいには働かないしね。だけどそれが人間の自然なありかたなんだから、「そのままでいさせろよ、悪口いうな」って。だから最近はテレビを見ると、コマーシャルと喧嘩してるの（笑）

**福島**　たしかに通販のコマーシャルって高齢者向きの商品が多いですよね。

**中山**　高齢者をどうやってだまそうかってものばかりだから、頭にくる。

**福島**　千夏さんのその自由な精神はどこからきたんでしょうか。

**中山**　わかんない。わがままだからかなぁ。お母ちゃんに囲われて育ったから、早くここから抜け出したいってきもちが原動力だったのかな。

**福島**　「早くここから抜け出したい」と思うことも、自由な精神をもっているからこそですよね。NHK連続テレビ小説『虎に翼』を見ていても思いますが、ポストフェミニズムの女性脚本家による女性の書き方は、昔の女性ヒロインと全然違いますよね。よい意味で政治的というか思想性があるというか、心に突き刺さってきます。日本でももっとこういうドラマが出てくるといいですよね。

**中山**　つくづく思うんだけど、わたしは「出」がテレビのなかでしょ。だから、ドラマをつくった経緯とか、テレビの裏や表が見えちゃって、素直に楽しめないの。楽しめるのは、再放送で見ている『あぶデカ』（『あぶない刑事《デカ》』）みたいな、実にバカバカしい刑事ドラマ。あとはドキュメンタリーがいいね。それも、写してる人がものを喋るんじゃなくて、ナレーションが入って、珍しいところまで見せてくれるようなもの。それからアニメーション。そういうものがほっとするね。

**福島**　わたしたちの見方とは全然違いますね。

**中山**　やっぱり仕事をしてたからだろうね。

**福島**　自由な精神と、「高齢者を舐めんじゃないよ」というきもちで、ますます自由に羽ばたく千夏さん。わたしもそうですが、千夏さんに励まされた女性はたくさんいると思いますよ。最後に一言お願いします。

**中山**　みなさん元気でね（笑）

■この対談は、二〇二四年九月二十四日に公開された動画を加除・修正したものです。

中山千夏さんに会えることを本当に楽しみにしていた。伊東市にあるご自宅にお伺いした。ご自宅のベランダからは、海が、伊東市の市街地が、山が緑が見えて、「極楽、極楽」という感じである。本当に楽しい時間を過ごした。千夏さんは、『ひょっこりひょうたん島』の「博士」の声で有名だったが、俳優であり、歌手であり、作家であり、タレントであり、参議院議員を務めた人でもある。わたしは二十歳のとき、魔女コンサートに行った。また、千夏さんの『からだノート』『恋あいうえお』などたくさんの本を読んできた。「女の子は、自由で元気でいいんだよ」そんな自由で軽やかなメッセージをたくさんの人にプレゼントしてきた千夏さん。はなしをするのがとても楽しかった。「相棒と一緒にまた遊びにおいでよ」と言われた。はい、行きまーす。

【注】

＊1　魔女コンサート……一九七四年、七六年、七七年に開催された女性だけのコンサート。中山千夏さんが司会を務め、ジャズシンガーの安田南《やすだみなみ》などの出演者だけでなく、小池一子《こいけかずこ》や朝倉摂《あさくらせつ》など、裏方にも多くの女性を起用した。

【中山千夏さんブックリスト】（著書、共著書より一部を抜粋）

（1）『からだノート』ダイヤモンド社、一九七七年／『増補改定版　新・からだノート』ネスコ、一九九七年

（2）『子役の時間』文藝春秋、一九八〇年

（3）『妖精の詩《うた》』飛鳥新社、二〇〇六年

（4）『幸子さんと私――ある母娘の症例』創出版、二〇〇九年

・『恋あいうえお』話の特集、一九七八年

・『妹たちへの手紙』国土社、一九八四年

・中山千夏 ぶん、和田誠 え『どんなかんじかなあ』自由国民社、二〇〇五年

・『いろどり古事記』自由国民社、二〇〇六年

# フェミニズムの最前線で

上野千鶴子

GREAT WOMAN's PROFILE

うえの　ちづこ

社会学者・東京大学名誉教授・認定NPO法人ウィメンズアクションネットワーク（WAN）理事長・上野千鶴子基金代表理事。1948年富山県生まれ。京都大学大学院社会学博士課程修了。社会学博士。元学術会議会員。専門は女性学・ジェンダー研究、高齢者の介護とケアも研究テーマとしている。「サントリー学芸賞」「朝日賞」受賞、フィンランド共和国から「Hän Honours」受賞、アメリカ芸術科学アカデミー会員でもあり、2024年には、米タイム誌「世界で最も影響力のある100人」に選定された。

**福島**　みなさんこんにちは。グレート！　といったらこの人でしょう。フェミニストはたくさんいらっしゃるけれど、やはり上野千鶴子さんが切り拓いてきたものはとても大きい。今日はよろしくお願いします。

**上野**　わたしにも「この人の言うことはなんでも聞く」というグレートレディーズがいます。樋口恵子さん、原ひろ子さん、水田宗子《みずたのりこ》さんの三人です。そういえば上がどんどんいなくなって、わたしがその歳になったのかと。

**福島**　いやいや。このあいだの樋口さんとの対談本(1)、すごく楽しく読みました。

**上野**　ありがとう。

## フェミニストになったきっかけ

**福島**　上野千鶴子さんは、いかにしてフェミニストになりしか？

**上野**　よく聞かれるんだけど、家庭のなかに大きな理由がありましたね。父と母の夫婦仲がよくなかった。不幸な専業主婦の母を見て育って、大人の女になるというのは母のような人生を送ることだと思ったら「こんなのやってられねぇ」ってのが、基本のキ。もうひとつは、わたしたちの世代が学生運動にぶつかったこと。同志だと思った男たちに次々裏切られて、「ブルータス、お前もか」って。散々な思いをしました。この経験は大きいですね。人生を変えました。

**福島**　わたしも三世代同居で、やはり家のなかに微妙な緊張関係がありました。母親が気を遣っていたというか。家制度とか全然ダメですね。

**上野**　九州の三世代同居の長男の嫁の家庭でしたね。あなたは家制度に入らず、夫婦別姓を貫いた。「三つ子の魂百まで」なんですよ。無力な母を憎むってのが娘ですからね。母子関係はなかなか難しい。

**福島**　母娘の関係ですよね。

## ケアの研究について

**福島**　上野さんはもともと家事労働について分析されていて、介護保険とかケア労働に力を注いでいらっしゃいましたね。男女平等に尽力した樋口恵子さんが「高齢社会をよくする女性の会」を立ち上げた経緯とも重なるのですが、どうでしょうか？

**上野**　ケアの研究にシフトしたとよく言われるんだけど、わたしは変わったと思っていません。もともと出発点は女性の不払い労働ですから。自分がだんだん高齢化してきて、そこに介護保険が登場して。これはわたしのようなおひとりさまのためにできたんだ、介護はこれから大事な問題だって、そう思いました。

女性学って、女の経験の言語化・理論化ですから、ある種の当事者研究なんです。自分自身が高齢になって、ケアが自分ごとになってきました。私利私欲のため、自分のためにやっていた学問が、結果として世のため人のためになっているのだと思っています。

## 介護保険制度改定について

**福島** 昨年（二〇二三年）、上野千鶴子さん、樋口恵子さん、現場の服部万里子《はっとりまりこ》さん（服部メディカル研究所所長）、小島美里さん（165頁）らで「史上最悪の介護保険改定を許さない！会」を立ち上げ、集会も開かれましたね。

**上野** 介護保険制度がはじまって二三年経ちました。現場の経験値の蓄積とスキルの進化は日本の財産だと思いますが、それがいま後退しようとしています。しかも制度改定のたびにどんどん悪くなる。さすがにもう我慢の限度を超えたってんで、「史上最悪の介護保険改定を許さない！会」。これは、樋口恵子おネエさまの「高齢社会をよくする女性の会」と、わたしがやっている「ウィメンズアクションネットワーク」（WAN）の共催で実現しました。抗議アクションを矢継ぎ早に合計五回やったら、ちゃんと効果がありました。利用者負担を一割から二割にするとか、ケアプランを有料化するとか、主要な改悪案は全部先送りになりました。黙っていたら一体どうなっていただろうか？　と思うと、やっただけのことはありましたね。

**福島** 要支援1、2の通所介護・訪問介護は介護保険の対象から外れていますが、今後さらに要介護1、2も外そうという動きもあります。

**上野** わけのわからない総合事業という名で地方に丸投げ。冗談じゃないよってことが目の前で起きていて、黙ってるわけにいきませんでした。それで昨年がんばりましたが、油断は大敵です。今年の秋にも審議会で同じ案がテーブルのうえに載ってきますので、抗議アクションを起こします。

**福島**　介護保険にはわたしも父も母も義理の母もお世話になり、本当にあってよかったと思っています。保険はあっても受けられる介護がなく、利用は抑制、小規模事業者が潰れ、ヘルパーさんのなり手がいなくなり……そうなってはもったいないですよね。

**上野**　介護保険がない時代には戻れません。これだけ保険料を天引きされて、いざというときに使えないのでは、なんのための保険でしょうか。

## フェミニズムの本質とは？

**福島**　上野さんはフェミニズムにかんする本をたくさん出していて、第一波～第四波フェミニズムの分析もされていています。ご自身もマルクス主義フェミニズムですよね。「弱者が弱者のままで生きられる」のがフェミニズムだという至言について、おはなしいただけますか？

**上野**　フェミニズムを女が男と同じようになりたい思想だと勘違いしてる人たちがいるのよね。おっさんたちが、「そうか、君たちは僕らと同じになりたいわけ。じゃあ女を捨ててかかってこい」ってんで男女雇用機会均等法ができたわけだから。そんなはずないでしょうって。一九九〇年代のおわりから二〇〇〇年代にかけて、ひどいバックラッシュに遭いました。脅迫状がきたり、講演が中止になったり、公共図書館のフェミニズム関係の本が書棚から撤去されたり。だけどそれもなんとか乗り越えて。福島さんから、わたしたちはバックラッシュサバイバーだって言われましたね。

**福島**　わたしたちが十代のときには「女の子も元気でいいんだ」とか、家庭科男女共修とか、新聞なんかでフェミニズムを浴びるように育ってきたけれど、いまの若い世代のある年代にはフェミニズムが浸透していないように感じます。

**上野**　上の世代を見て、「こんなことをやるとひどい目に遭う、男を敵に回すのは損だ」って下の世代が学習しちゃったんでしょう。「アイ・アム・ノット・フェミニスト・バット……」でしょ。距離を置くようになった。でも、さらにその次の世代は、ある意味でよいことも悪いことも知らない。世代交代でのびのび育った人たちが出てきています。タイトルにフェミニズム、ジェンダーと入れたら、出版社から読者の腰が引けますからやめてくださいって言われた時代があったんですよ。いまはフェミニズムって書名にガンガン出るでしょう。時代が変わったなと思います。中国や韓国、台湾のフェミニズムもそう。

**福島**　上野さんの東大の祝辞が中国でもブレイクしてますもんね。

**上野**　中国は日本以上のネット社会だから、情報の拡散があっという間。

**福島**　だけどわたしは、さっきおっしゃった、自分も男になりたいとか、男のように振る舞いたいとか、男のように働きたいとか、一ミリも思ったことがないんです。女は女のまま、わたしはわたしのままで楽しく生きていくって、そういう感じですよね。

**上野** ですよね。フェミニズムって女が女であることを愛する思想だから、別に男を羨ましいと思ったことはありません。

**福島** 男の人は女の人のことがブラックボックスでわからないかもしれないけど、わたしたちは男言葉と女言葉をはなすバイリンガル。この社会の見えない部分がよく見えるから、より社会を変えられると思います。

**上野** バイリンガルってそのとおり。政治の言葉も男言葉でしょう。法律の言葉も、学問の言葉もそうですね。学問の言葉も男言葉だったから、男を説得するには男言葉を学習しないと相手の悪いところさえ伝えられない。女言葉と男言葉の世界で、わたしは自分のことを「バイリンギャル」って言ってます。

女の経験の言語化・理論化が女性学だと言ったでしょ。だからわたしがマルクス主義フェミニズムのガッツリした理論書を書いたとき、さるマルクス主義者のおじさまに「上野さんの本を読んではじめてうちの女房が常日ごろ言っている不満がわかりましたよ」と言われたんです。「おいおい、わたしの本を読むより前に、妻の言うことをよく聞けよ」って思いましたね。

**福島** 政治の世界でも、女装してるだけで中身が男だとつまらないですよね。女性議員を増やしたり、パリテ（同等、同一）とか言ってるのは女性が進出することで政策の優先順位が変わって、社会で感じる女性の生きづらさを解消したいわけだから、男社会を強化してどうする、と。

**上野** 女性政治家がこれだけ増えたら、女なら誰でもいいのかって思います。荻上《おぎうえ》チキさん（特定非営利活動法人「ストップいじめ！ナビ」、一般社団法人「社会調査支援機構チキラボ」代表理事）

たちによる、「女性政治家が増えたら政治がどう変わるか？」という調査データには、女性政治家はジェンダーよりも政党を優先する傾向がはっきり出ていました。女だから女性の中絶の自由を支持するとは限りません。政党に忠誠を尽くすから、のし上がっていけるのでしょうけれどね。

**福島**　選択的夫婦別姓や同性婚にも反対。もったいないですよね。

## ウィメンズアクションネットワーク

**福島**　上野さんが東大の教授を二年早く退官されたのが二〇一一年ですよね。その後は認定NPO法人ウィメンズアクションネットワーク（WAN）で理事長をやっていらっしゃいます。いま取り組んでいることをおはなしいただけますか？

**上野**　いちばんの課題は世代交代です。日本のフェミニズムにこれだけのレガシーがあるのに、受け継ぐ人がいないのは、あまりに悲しい。若い女の人に「フェミってどこから知った？」と聞くと、韓国フェミニズムからとか、エマ・ワトソンからとか。「あら、わたしたちもやってたんだけど」って（笑）。それでも、こんなふうにフェミニズムのリブートがはじまって、空気が一変しましたね。セクハラCMなんか、あっという間にクレームがつくし。わたしたちはガリ版刷り、プリントメディアのミニコミでやってきたんですが、下の世代に届けるためにはネットの世界に出ていくしかないと覚悟を決め、背水の陣で乗り出して「フェミニズムを伝える・学ぶ・つながるためのサイト」を運営しています。創設から今年で一四年経ちます。維持・運営は大変ですよ。補助金なしで、一〇〇パーセント会費と寄付金だけでやっていて。無償で走りまわってくださるボランティアの方が百人近くいらっしゃるおかげで成り立っています。本当にありがたいことです。

**福島**　「日本婦人問題懇話会」[*1]や「行動する女たちの会」[*2]の、当時のミニコミが読めるってすごいですよね。

**上野**　そうなんです。ぜひみなさんにお伝えしたいんですが、WANにミニコミの電子アーカイブがあります。ガリ版刷りやコピーで流通していたものは、休刊とか廃刊になったらゴミになっちゃう。それをいただいて、半永久的に電子アーカイブとして残しています。現在一二七タイトル、六六〇〇冊が収録されています。

東京大学入学式来賓祝辞（2019年4月）

その中に日本の女性のミニコミの古典が三つあるんです。ひとつは、森崎和江《もりさきかずえ》さんの『無名通信』。それから山崎朋子《やまざきともこ》さんの『アジア女性交流史』。そして石牟礼道子《いしむれみちこ》さんが関係しておられた『高群逸枝《たかむれいつえ》雑誌』。著作権者に生前に許可をいただけて、これらが全部無料で読めます。これはわたしの誇りです。それから『日本資料ウーマン・リブ史』。このなかに田中美津さん（365頁）の「便所からの解放」が入っています。全部無料でダウンロードできます。

**福島**　森崎和江さんの「わたしたちは女にかぶせられている呼び名を返上します」。大学時代に読んで衝撃的でしたね。

**上野**　創刊の辞にある「女は妻、母、妹、娘、主婦などという名で呼ばれています。その名をすべて返上したいのです。無名に帰りたいのです」が、『無名通信』の無名の由来です。忘れられない文章です。

**福島**　根気のいる仕事だけど、歴史的な資料をアーカイブとして残すってすばらしいと思います。この「グレートウーマンに会いに行く」も、百年後に歴史になりますよ（笑）

**上野**　百年後……（笑）

## 上野千鶴子基金

**福島**　「上野千鶴子基金」や奨学金もつくって、若い人や活動を応援しておられます。

**上野**　子どもがいませんのでね、残す相手もいないし。わたしも考えてみたら若いとき、海のものとも山のものともわからない、箸にも棒にもかからない女だったころに、上の世代のおネエさま、おばさま方からいっぱい恩恵を被ってきましたから。日本語には「恩送り」というとてもよい言葉があるんですよ。返すに返せない方たちも、もうあの世に行かれた方たちもおられるので、順番に恩送りだと思って。

上野千鶴子基金は、今年度の第一回応募が一八八件。採択が一七件、採択率九パーセントという激戦区でした。研究、調査、アクション、イベント……内容はさまざまです。

**福島**　こういう助成金をもらえて自分のやっていることが認められると、それがまたステップになりますよね。

**上野**　先行投資なんです。ベンチャー企業だって、どうなるかわからないけれども将来に対して投資するものです。教育だって未来への投資で、当たりもハズレもあって当たり前。功成り名を遂げた人に賞をあげなくてもいいと思ってます。奨学金のほうはまだハードルが高くて、いまやり方を考えている最中です。

宗像市で森崎和江さんと（2009年11月）

## 上野流！　論争に強くなるには

**福島**　上野さんといえば、アグネス論争[*3]をはじめ、まさにジェンダーバッシングサバイバー。論争にすごく強いと言われていますが、論争に強くなる資質ってなんですか？

**上野**　それはやっぱり、理論とエビデンスという武器を身につけたことですよ。わたしは、男が論理的な生き物だと思ったことがない。男は論理的、女は感情的と言われますが、とんでもない。男を動かしてるのは、論理ではなくて利害です。その点ではわかりやすい人たちですね。もし理屈がちゃんととおっていればこんな世の中になっていないはずです。それでも、なぜわたしが論争するかと言ったら、説得して相手が変わるとあんまり期待してないんです。おっさんが、そうやって変わったことがあんまりないから（笑）

でも、聴衆がいるんですよね。それを聞いて見守ってる人たちがいる。どっちに理があるかはあなたが決めてって聴衆相手にはなすと、ちゃんと理はとおる。そのためにボキャブラリーや概念が必要なんです。家父長制、ジェンダー、それからホモソーシャル……全部、日本の自然言語にない言葉でしょ。

**福島**　ミソジニー（女性や女性らしさに対する嫌悪や蔑視）とかね。『女ぎらい』(2)という本も書いていらっしゃいますね。

**上野**　普通の女の子の日常会話に「うちの会社、ホモソだよね」みたいな言葉が入ったり。なにかと思ったらホモソーシャル（男性間の緊密な結びつきや関係性）の略語でした。セクハラ、DVだってもともとアクティビズムのなかの用語だったものを、研究者がアクションリサーチをしてエビデンスをつくりました。それがこうやって流通・定着してきて。すごいと思います。新しい概念をつくることで、見えなかった現実が見えるようになりますよね。「ヤングケアラー」と言った途端に「え、そこにいたの」って困っている人が見えるようになる。やっぱり、概念と理論は大事です。

**福島**　上野さん、名コピーライターだって思うんですよね。「あ、そういう言い方があるんだ」って言葉がピッて決まる。それはどこからきているんでしょうか？

**上野** 若いときに俳句をやっておりました。世界最短詩型。一七文字でなにか言えって、これでいささか言葉が鍛えられた感じはありますね。わたしのいまいちばん新しい造語は、「在宅ひとり死」。おうちで一人で死んでも、孤独死なんて言われたくない。

**福島** 「在宅ひとり死」と言うか、「孤独死」と言うかで、全然イメージが違いますよね。

**上野** 「おひとりさま」もそうですよね。独居高齢者と言われるよりね。

**福島** ちなみにどんな句をつくっていました？　俳句を聞きたいですね。

**上野** もう廃業いたしましたから、廃（俳）人です（笑）

## いまいちばん伝えたいこと

**福島** いまいちばん言いたいこと、伝えたいことをなんでもどうぞ。

**上野** 男女雇用機会均等法ができたときのことは忘れもしません。あのとき、女も総合職になれる、男並みに働けるってオプションができて。じゃあ、「がんばって総合職になれ、歯を食いしばって辞めるな」と若い女の子たちのおしりを叩くのがフェミなの？　そんなはずないでしょ、って思ったあの直観は正しかったと思います。

結果として格差社会になりました。明らかに人災です。政治のもたらした人災。いまいちばん言いたいことは、こんなネガティブなことしか言えなくてものすごく情けないんですが、

「こんな世の中に誰がした?」。誰かがしたんだから人災です。若い世代からそう問われたとき、「無力でした、ごめんなさい。がんばったけれども力がおよびませんでした」って言わなきゃいけない。これを聞いていらっしゃる方もいずれ若い人に詰め寄られますからね。「こんな世の中に誰がした?」と言われたときに、「ごめんなさい」と言わずにすむ世の中をつくりたい、それが願いです。

**福島**　おっしゃるとおりですね。子どもたちの未来は、もっと全然違うものにならないとね。

**上野**　政治家としての責任は感じておられますか?　二十年前より悪くなっている感じがしますよね。

**福島**　それはそうです。憲法改悪が進んだり、麻生太郎さんが「戦う覚悟」と言ったり、大変です。戦争なんて麻生さん一人でやってくださいというわけにもいかず、戦争が起きればみんなひとしくひどい目に遭いますからね。上野さん自身は、さきほどの上野千鶴子基金もそうですが、いろんな人をエンカレッジしたり、応援している面がありますよね。

**上野**　やっぱり世代のバトンタッチがすごく大事だと思います。わたしは今日、「じゃあ、みずほさん、あなたの世代交代のバトンタッチはどう考えてますか?」って聞きたかったのよ。

**福島**　政治とか社会を変えるって、みんな遠いことだと思っていますが、そんなことはないと、もっと若い人に伝えたいですね。「おかしい」と思ったそのときに、みんながパッと声を上げられます。

**上野**　埼玉の虐待禁止条例改悪案のようなものが出たとき、わっと声が出て押し戻した。「保育園落ちた日本死ね!!!」があれだけの波及効果をもった。そんな世の中の流れは確実にあります。

**福島**　あるんですよ。実はいろいろなところにいろんな仲間がいます。特にわたしは弁護士で、それから議員になったので、政治がとんでもないものだったり、嫌なものだったりするさまを見たけれど、でもやりがいもあります。政治は自分たちの社会のなかにあるものだから、諦めないで一緒にやろうよ、と伝えられたらいいなと思います。

学者でも医者でも、どこの世界にもたぶんプチ政治はあるんですよ。だけど政治の世界は法制度をつくることや言葉を発することで、政策を押し戻すことができる。がんばったら報われることもある。そのダイナミズムは、実はとてもおもしろいんですよ。

**上野**　よく、めげず、へこたれず、二十五年間（笑）

**福島**　ありがとうございます。

**上野**　土井チルドレンからスタートして、いまではもはやチルドレンではなくなりました。「みずほチルドレン」はいるんですか。

タイム誌「世界で最も影響力のある100人」に選出（2024年4月）

**福島**　いっぱいつくらないとダメですね。社民党だけでなく無所属やほかの党でも、地域の活性をやりながら自治体議員などでがんばる女の人たちがいますよね。杉並区の岸本聡子《きしもとさとこ》区長をはじめとして、女性区議長もこれからもっと増えていく時代だと思います。

それに、地域で地域運動や市民運動をやって、地べたからの民主主義をつくろうとしている女性たちもいたり。上野さんも全国をまわって感じていると思いますが、まだまだ捨てたもんじゃない。いい女はたくさんいますよね。

**上野** わたしを講演に呼んでくれる人たちにいつも言うんです。「みなさん方、地元でわきまえない女をやってらっしゃいますね」、と（笑）。わきまえない女のネットワークもありますよね。

**福島** みんな優しいしね。シスターフッドなんですよ。

**上野** そうね。男みたいに覇権争い、権力闘争とかしないからね。

**福島** わたしにとって樋口恵子さんは社会の母なんですが、上野さんは社会の姉の一人ですから。姉の背中を見ながら、わたしもがんばります。

**上野** つい最近、学生さん相手に講義をしたら、一人の男の子が「フェミニズムって評判悪い言葉ですよね、名前を変えたらどうですか？　上野さん、どうしてフェミニストを名乗るんですか？」って言うんです。わたしはそれを聞いて、「わたしの前におネエさんやおばさま方がおられて、その方たちがご自分をフェミニストと名乗ってこられて、その方たちのつくり上げた蓄積をわたしが受け継いでいる。わたしが使っている言葉で、自分一人で思いついたものなんかほとんどない。だから、わたしはその方たちに恩義を受けている。その恩義を忘れないためにも、わたしはフェミニストの看板を下ろしません」と答えました。

**福島** たくさんたくさん、個性と分野が違うすばらしい人たちがいらっしゃいました。これからまたいろんな人たちが出てくるのも楽しみですね。今日は本当にありがとうございました。

■この対談は、二〇二三年十二月二十五日に公開された動画を加除・修正したものです。

上野千鶴子さんのお宅にお邪魔をした。はじめて訪問するので正直ドキドキした。普段緊張しないわたしも緊張した。

インタビューはとてもリラックスした楽しいものだった。上野さんは、わたしよりも七つ年上。まさに全共闘世代かつ、ウーマンリブ世代である。わたしは、上野さんらお姉さんたちの活動やその闘いのあとに、かなり道が開けて少し楽をした世代である。上野さんは、フェミニズムを深め、広げ、問題提起をし、人々の意識や社会を大きく変えてきた。上野さんの言葉遣いや分析にはっとすることがよくある。時代そのものを感性と論理をフル回転させながら生きてきた。時代を切り拓いてきた役割は大きい。上野さんはいま、介護保険の行方を最も心配しているお一人であり、多くの人と改悪に反対し、崖っぷちの介護保険をなんとか持続可能なものにしようと奮闘中。ケアを中心にした社会をつくろうとしている。わたしにとっては頼もしいお姉さんである。これからもよろしくお願いします。

【注】

＊1　日本婦人問題懇話会……一九六二年から二〇〇一年にかけて女性解放を目指して研究や討論、活動を続けた団体。

＊2　行動する女たちの会……一九六〇年代おわりにはじまったウーマンリブ運動に共感し、性差別社会を変えようと具体的行動を起こした女性たちの集まり。一九七五年に発足した「国際婦人年をきっかけとして行動する女たちの会」から一九八五年に現在の名称に変更、一九九六年に解散した。

＊3　アグネス論争……歌手・タレントのアグネス・チャンが、第一子を連れてテレビ番組の収録スタジオにやってきたことがマスコミに取り上げられたことを発端として起こった、「子連れ出勤」の是非をめぐる論争。一九八八年の新語・流行語大賞流行語部門・大衆賞を受賞した。

**【上野千鶴子さんブックリスト】**（著書、共著書より一部を抜粋）

（1）樋口恵子、上野千鶴子共著『最期はひとり――80歳からの人生のやめどき』マガジンハウス、二〇二三年

（2）『女ぎらい――ニッポンのミソジニー』紀伊國屋書店、二〇一〇年／朝日文庫、二〇一八年

・『おひとりさまの老後』法研、二〇〇七年／文春文庫、二〇一一年

・『家父長制と資本制――マルクス主義フェミニズムの地平』岩波書店、一九九〇年／岩波現代文庫、二〇〇九年

・『ケアの社会学――当事者主権の福祉社会へ』太田出版、二〇一一年

・『在宅ひとり死のススメ』文藝春秋、二〇二一年

# ウーマンリブの旗手

田中美津

GREAT WOMAN's PROFILE

## たなか　みつ

1943 年東京都生まれ。70 年代初頭のウーマン・リブ運動を牽引。1975 年にメキシコにわたり 4 年半暮らす。帰国後、鍼灸師となり、82 年治療院「れらはるせ」を開設。著作に『新版　いのちの女たちへ：取り乱しウーマン・リブ論』（現代書館）、『かけがえのない、大したことのない私』（インパクト出版会）、『この星は、私の星じゃない』（岩波書店）、『明日は生きてないかもしれない……という自由』（インパクト出版会）など多数。2019 年にはドキュメンタリー映画「この星は、私の星じゃない」（吉峯美和監督、パンドラ）が公開された。

**福島**　まさに「グレートウーマン」、一九七〇年に日本でウーマンリブ運動をはじめられたお一人である、田中美津さんにおはなしを伺います。「女性も自由でいいんだ」と、いつもみんなを励まし、勇気づけてくださいました。本日は本当にありがとうございます。

## ウーマンリブに至るまで

**福島**　美津さんが一九七〇年に「女性解放連絡会議準備会」をつくり、一九七一年八月の「リブ合宿」に三百人ほどの女性が集まったことがきっかけで、みんなでいろいろはなしをして、ウーマンリブ運動がはじまるのですよね。

**田中**　もう少し遡ってはなしをはじめますね。わたしは小さいときに、「チャイルド・セクシャル・アビューズ」（幼児への性的虐待）を受けました。被害を母に訴えると、彼女はとても困惑していました。どうしたらいいかわからなかったのでしょうね。彼女はわたしに対して、ああだこうだと指示することを一切しませんでした。家庭では、「お前が考えて、やりたいように生きなさい」「お前のままに生きなさい」という方針しか与えられませんでした。「女の子だからああしろ、こうしろ」ということも言われませんでした。一言でいえば、とても自由に育てられたんです。

だけど、わたしが思う「自由でいい」ということと、「世の中の考え」というのはずいぶん違うことが、大人になるにつれてわかってきますよね。すると、どうしていいかわからないんです。自分は「結婚」なんかにおさまることはないと、早くからわかっていました。だけど、ではどうしたらいいのかというと、皆目わからないんです。混沌とした育ち方をしているんです。自分が何者なのかはわからないけれど、とにかく自分以外の何者にもなりたくない。「女の人はこう考えなさい。こう生きなさい」という世の中の指針に、自分が当てはまらないんです。「どうしてわたしは「普通」から漏れてしまうんだろうか」って、すごく孤独ですよね。

だけど、唯一いいことがあるとすれば、わたしは誰か他の人の頭のなかでつくられた「女の人はこうあるべき」という考え方に対して、少しも馴染まなかったのです。自分のなかに根拠がなければ、どんなに言葉として正しくてもダメなんです。「女はもっと自由でなければいけない」と、いつも思っていました。当然、そんな思想をもっていたら、孤独ですよね。長いあいだすごく孤独で、だけど自分が孤独だということにさえ気がつかず、他の人と違うということが、いつもすごく寂しかったんです。

ウーマンリブを旗揚げするまではすごく大変でした。だけど「旗揚げをする」ということは、仲間ができるということです。「わたしはこういう人です」と明示することで、「わたしもそう思います」と賛同する人が現れてくれるんです。だからわたしは、運動をやってはじめて、「仲間っていいな」と思えるようになりました。わたし自身はたいして強くも賢くもないけれども、米津もいてくれました。

**福島** 米津知子《よねづともこ》さん（ウーマンリブ運動家。日本の女性障がい当事者として社会運動に取り組んでいる）ですね。

**田中**　米津たちがいてくれたから、わたしはやってこられました。それまでがあまりに孤独だったので、ウーマンリブ運動をはじめて以降は、困難なことなんてなくなったほどです。当時一緒に立ち上がってくれた女性たちは、わたし自身と、わたしの心の恩人だと思っています。

**福島**　東京代々木のマンション内に運動の一拠点として「リブ新宿センター」をつくられたり、『この道ひとすじ』というミニコミを企画されたり、とても面白いですよね。美津さんは、アイデアマンで、発想豊かで、どんどん実行していく人だったのですね。

**田中**　おもしろいことが好きですよね。正しいこと、偉いことよりも、「本当に自分のなかから出ているか」ということが、わたしにとってはなにより重要でした。

**福島**　わたしは十八歳から二十歳くらいのときに、美津さんの書いた『いのちの女たちへ』(1)を読みました。「こうでなければ、ああでなければ」という思い込みが剝ぎとられていくような感覚でした。「こういう見方があるんだ」「こんな言い方をしていいんだ」と、ショッキングで、頭を殴られたように感じましたよ。

最近、ある集会で米津さんにお会いしましたが、米津さんも美津さんに感謝していましたよ。美津さんと出会い活動するなかで、自分のいろいろなものが剝ぎとられて、「とても自由になった」とおっしゃっていました。世間や世間体、人の視線など、怯えたり縛られていたものから自由になっていくんですよね。わたしも本を読んで、「世の中のことすべては疑いうるんだ」「わたしはわたしでいいんだ」と思った瞬間に、解放されたんです。ある意味で人生の恩人であり、とても感謝しています。そう感じた人は多かったのではないでしょうか。

## ライフワークとして選んだ仕事

**田中**　ウーマンリブを始めて二番目によかったことは、「身体をよくする」ことができたことです。わたしの人生は全部、マイナスからはじまっているんですよね。チャイルド・セクシャル・アビューズを受けたことで、母ですらわたしの内心に立ち入れなくなりました。それに、わたしは幼いころから身体が弱かったんです。よく「死んで生まれた」と言われました。そして結局、身体にかんする「鍼灸師」という仕事を選んでしまったんです。わたしは、人を本当に元気づけるためには、身体からアプローチしなければならないと思っています。「身体が弱い」「具合が悪い」ということは、その人の人生全般に深く関係します。身体が弱い人は、それが原因でもう一歩踏み込めなかったことを、自分自身の弱さや至らなさだと感じて、劣等感を抱いてしまいがちなんです。

わたしは身体が悪かったので、鍼灸師になれたと思っています。鍼灸師になることで、その人の言葉では表現できない部分とコミュニケートできるような気がするんです。言語化できないつらさや情けなさ、そういったものとつながることがで

リブニュース『この道ひとすじ』

きるようになりました。わたしのような至らない人間が、さしたる努力もなくそういう立場に立てたことが、すごく嬉しいと思っています。

## 子どもに「生かされる」ということ

**田中**　そして、自分の至らなさをなんとかするために、息子は役に立ったと思います。とにかく息子を生かしていかなければなりません。殺してはなりません。わたしは偉い親ではないけれど、あちこち反省しながら一人で子どもを育てることで、自分自身が真に人間になれたと思います。とにかく子どもをもつことで、お尻に火がついたんです。自分を殺すのならいいけれど、子どもまで殺してしまうことはできませんよね。

過剰な謙遜だと思われるかもしれませんが、わたしのように本当にたいしたことのない人間には、そう思われるのです。鍼灸師になり、そして子どもをもつことで、自分の至らなさとようやく折り合いがついて、「生かしてもらってきたな」と思います。福島さんには、嫌味のように聞こえてしまうかもしれないけれど……。

**福島**　そんなことはありません。わたしも至らないママですよ（笑）

**田中**　安心しました。

## 鍼灸師とウーマンリブ

**田中**　鍼灸師の仕事の半分は「そのままのあなたでいいよ」と全身で伝えることなんですよ。心と身体はつながっているでしょう。具合の悪さの半分は、心からきているとも言えるんです。だからわたしは、第三者として「あなたのままでいいよ」と同じ目線に立って伝えます。鍼灸師とは、そういうことを伝える仕事だと思います。もちろん治療の腕も上達しなければならないけれど、「あなたのままでいいんだよ」と伝えながら暮らしていく。いい仕事ですよ。そこで自分もまた肯定されるわけですから。

**福島**　わたしはウーマンリブ世代ではないのですが、美津さんたちウーマンリブ世代のお姉さんたちが苦労しながら切り拓いた道を、ずいぶん楽して歩いてきたと感じています。だからこそ感謝というか、「グレート！」なんです。鍼灸師のお仕事の「あなたはあなたのまま、ありのままでいい」というメッセージは、ウーマンリブや女性解放にもつながる部分がありますね。

美津さんの本に「化粧も媚びなら素顔も媚びだ」「イヤリングしてなにが悪い」という言葉があります。世の中の「お仕着せ」に対して疑問を抱く一方で、正しい女性像、解放された女性像を決めつけることもまた違うと。「○か×か」の二択ではないと、よく書いていらっしゃいますよね。世間体としての「こうあるべき」も、自分自身が決めた「こうあるべき」も、そうなれない自分に対して「自分はダメだ」とネガティブになるわけですから、どちらも窮屈です。「わたしはわたしのきもちを大事にしながら生きていく」という生き方は、自分の芯を大事に生きていくということですから、鍼灸師とウーマンリブは、やはりつながっていますよね。

**田中**　だといいんですけれど。

## メキシコで触れた「本当の自由」

**田中**　メキシコという外国で、コネも仕事も夫もなにもなく、孤立無縁で子どもを抱えて四年間暮らしたことは、わたしのなかのなにかを壊すのにずいぶん役に立ったと思います。これはわたしの人生経験でも、かなり大変だった部類に入りますね。

**福島**　メキシコでご出産はされたんでしたね。

**田中**　そうです。あとから、子どもを連れて帰国したわたしを追いかけ、子どもの父親が日本にやってきました。だけどわたしは、「男がいなければ困る」という女ではありませんでした。わたしのなかでは彼はすでに時機がすぎた男になっていました。彼はカメラマンだったので、日本で稼いでカメラを買って、喜んでメキシコに帰っていきました。

**福島**　お相手はメキシコの方だったんですよね。

**田中**　そうです。自分を中心に物事を考えるとはどういうことか、メキシコ的な本音で触れることによって、わたしのなかでまたなにかが壊れて、自由になった部分があるように思います。今日ここへ辿り着くまで、いろいろなことを経験のなかから学ばせてもらいました。わたしは学歴もないし、尊敬されるような職業をもっていません。だけど自分のなかの成熟が、またわたしを助けてくれるんです。いろんな難問に助けられて、今日まで「これが「わたし」よ！」という「わたし」を生きてきたような気がするんです。

**福島**　パワフルですよね。文章も面白いし、発想がとても自由ですよね。

**田中**　社会的な上を目指していないんです。

**福島**　いまの若い女の人たちも、一見華やかそうに見えても、ある意味では孤独や寂しさを抱えていたり、「自分は自分らしく生きていきたい」と思う「自分」とはなんだろうと思うこともあるのではないでしょうか。もちろん孤独の深さや大きさ、質は人によって全然違うけれど、美津さんと同じようにこの地球上で、孤独だと思って生きている人はたくさんいると思いますよ。

**田中**　ほとんどの方がそうでしょう。「自分探し」ですよね。

## 「わたし」は「何者」？

**田中**　福島さんは、自分は「何者」だと思いますか？

**福島**　何者だろうか。理想主義的なところもあれば、実践的に社会も変えたいとも思っています。もしわたしを突き動かすなにかがあるとしたら、ふたつですね。ひとつは自分らしく生きたい、自分を偽らずに生きたいということ。もうひとつは、自分の力を、社会がもう少し居心地のいいものになるためにつかいたいということ。自分自身が解放されることと、社会が居心地のいいものになることがリンクしているといいなと、いつも思っています。自分と社会はつながっていますからね。

**田中**　そうですね。

**福島**　美津さん、同じ質問です！　美津さんは「何者」ですか？

**田中**　何者でしょうね。ただとにかく、生きていくのが好きですよね。わたしが自分以外の何者にもなったことがないというのは本当なんです。ただ、これだけ生きたらもういいかなって、死ぬことにもだんだん興味が湧いてきて……。

**福島**　ちょっと待って。長生きしてくださいよ。

**田中**　自分がまだ知らないことという意味では、「死ぬこと」と「生きること」はどんなふうにリンクしてるのかなって、興味があるんです。死ぬことは一度しかできないから、なかなか奥が深いものだなと思える最期でありたいと思いますね。

## いま、伝えたいこと

**福島**　二十代でたくさんの人と日本のウーマンリブ運動を牽引してこられた美津さんが、若いときの自分に対して言いたいこと、あるいは、いま生きている女性たちに対して伝えたいことをおはなしくださいますか。

**田中**　わたしはあまり変わらないんですよね。そんな偉いことなんて、言えるかな。

**福島**　わかります（笑）。では不特定の誰かへのメッセージではなく、わたしにでも、猫の「しーちゃん」へのメッセージでもいいですよ。

**田中** わたしは、生きてもあと五年だと思っているんです。もしかしたら三年かもしれない。そう思うと、いまはもう一日一日が、人生のなかで大事なときに入っているんだと思うんですよね。もっと長生きしたいなどとは思いません。ただひとつでも多く心から笑えたら、もうそれで十分。努力して生きた甲斐があったと思えるんです。

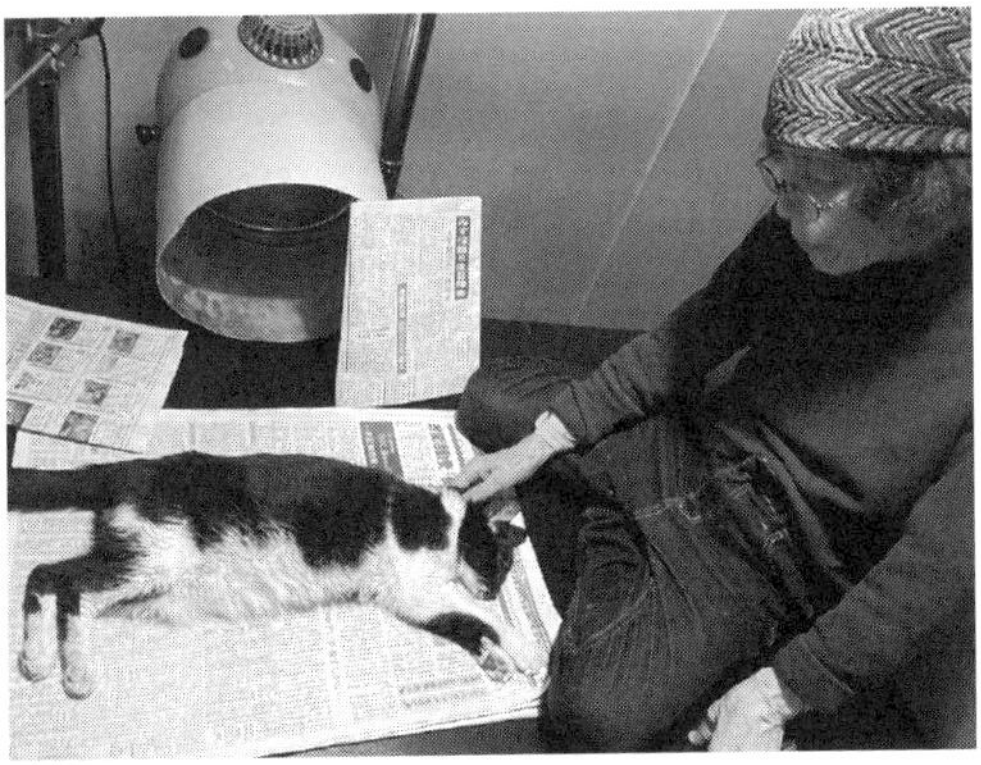

猫のカメカと。年老いたカメカが亡くなりそうなときには、最後まで献身的にカーボン光線による治療をおこないました。

もともと社会的な評価とか、そういう「よきもの」を目指して生きたことが一度もないんです。猫をひっくるめて、自分がいまここに存在していて、「おいしかったな、楽しかったな、ゆるんだな、元気だな」と思える。人生にそれ以上のことを望まなくていいのではないでしょうか。本当にそう思っているので、年々生きることが楽になるというか、余計なことを望まなくなっているんです。「今日もご飯がおいしい」とか、「今日足が動く」とか、そういうことで人生「よし」になっていくんです。生きるということは、うまくできてるものだなと思いますね。誰にとっても、多分そんなふうにうまくいくのではないでしょうか。生きることが欲を捨てることにつながっていけば、誰でも「いい人生だった」と思えるんじゃないでしょうか。わたしはもともと極楽蜻蛉《ごくらくとんぼ》ですが、だんだん人を責めなくなったということが、自分が成熟している証しではないかと、これまたすごく楽天的に考えています。

**福島**　今日は日本のウーマンリブ運動を切り拓いてきた田中美津さんのご自宅でおはなしを伺いました。美津さん、三年、五年などと言わず長生きしてくださいね。ありがとうございました。

■この対談は、二〇二四年七月二日に公開された動画を加除・修正したものです。

田中美津さんの八王子のマンションにお邪魔して、対談をして、動画を撮影したのは二〇二〇年三月二十二日のことである。そのとき、美津さんは、「生きることと死ぬこと」についておはなしされた。生きていくのが好きだと、死ぬことと生きることはどうリンクしているのか、そして、「あと生きても五年だと思っているので、人生のなかで大事な時期を迎えている」ともおっしゃった。そんなこと言わないで長生きしてくださいよとはなしをおえた。だから、美津さんが二〇二四年八月七日に亡くなられたときは本当に驚いた。あまりに早すぎますよ。

大学生のとき、美津さんの『いのちの女たちへ——とり乱しウーマン・リブ論』を読んだ。頭と心を殴られたような感じで、本を読みながら時々呆然とした。こんな言い方、考え方があるのかと揺さぶられた。この社会に居場所があるのかとずっと生きづらく、ものすごく孤独だったけれども、ウーマンリブの活動で仲間ができて一人ではなくなったともはなしをしてくれた。よくわかる。

あなたはあなたのままでいいんだよと教えてくれた美津さん、本当にありがとう。

【田中美津さんブックリスト】

（1）『新版　いのちの女たちへ――とり乱しウーマン・リブ論』現代書館、二〇一六年

・『かけがえのない、大したことのない私』インパクト出版会、二〇〇五年

・『この星は、私の星じゃない』岩波書店、二〇一九年

書斎にて、猫のカメカと。執筆の際はいつも猫たちが近くにいました。

# あとがき

「グレートウーマンに会いに行く」というYouTubeの企画をはじめた。わたしが、勝手に「グレート!」だと思う人に勝手に会いに行く。参議院議員会館に来ていただいた方もいるが、できるだけご自宅を訪問することで、その人の生活や人生をより知ることができた。会って直接おはなしをすることが、本当に楽しかった。貴重な経験であり、その時間と空間はわたしにとって至宝である。

それぞれの女性が思いを抱え、人生を切り拓き、たくさんの女性やたくさんの人と連携し、活動をされてきたことに本当に感動した。ものすごく力をもらった。この出会いを糧に、これからもさらにがんばっていただきたいと心から思う。

今回対談をした二十二名の女性たちは、それぞれ年齢も環境も取り組んでいるテーマも、まったく違う。だけど、それぞれの人生と活動にリスペクト。地域で長年いろんな女の人たちと手をつなぎ、とてもすばらしい活動している女性たちがたくさんいる。今回グレートウーマンとして登場してくださった方々は、その代表選手である。

この企画を通じて、全国津々浦々にいる長年よい活動をしているお一人お一人こそが本当に「グレートウーマン」で、そのような人が日本にたくさん存在すると改めて感じた。彼女たちは、まさしく日本の宝物である。
わたしたちの周りには、そして各地には、なんとたくさんのグレートウーマンがいることか。「あなたがグレートウーマンです」と、たくさんの人に伝えたくなった。あなたのこういうところがすばらしい、そう伝えたくなった。これからも「グレートウーマンに会いに行く」を続け、それぞれの人生と活動にリスペクトをしながら、つながっていきたいと思っている。

わたしに翼、あなたに翼、みんなに翼。あなたがグレートウーマンである。

改めて対談に応じてくださった二十二名のみなさんに心から感謝いたします。そして、二〇二四年八月七日にご逝去されたウーマンリブの旗手、田中美津さんに心からお悔やみを申し上げます。
また、本にしてくださった現代書館のみなさん、とりわけ編集担当の重留遥さん、福島みずほ事務所で担当してくれた鍋野哲さん、本当にありがとう！

二〇二四年八月　福島みずほ

# 「グレートウーマン」関連年表

| 元号 | 年 | 日本・世界の主なできごと | 「グレートウーマン」にかかわる国内外のできごと |
|---|---|---|---|
| 昭和 | 1948年（昭和23年） | 極東軍事裁判（東京裁判）<br>「優生保護法」公布・施行 | 12月　免田事件 |
| | 1950年 | 朝鮮戦争 | |
| | 1952年 | 「サンフランシスコ講和条約」発効 | |
| | 1953年 | | 11月5日　徳島ラジオ商殺し事件 |
| | 1954年 | 米・ビキニ環礁で水爆実験 | |
| | 1956年 | 「売春防止法」公布 | |
| | 1960年 | 日米安保条約改定反対運動広がる<br>「日米安保条約」改定、日米地位協定 | |
| | 1962年 | キューバ危機 | 「女子大生亡国論」 |
| | 1963年 | キング牧師による人種差別反対デモ<br>ジョン・F・ケネディ大統領暗殺 | 5月1日　狭山事件（2024年現在、再審請求中） |
| | 1964年 | 東海道新幹線開業 | |

| 昭和 | | |
|---|---|---|
| | 東京オリンピック | |
| 1966年 | 全日空羽田沖墜落事故<br>中教審「期待される人間像」 | 6月30日　現静岡市清水区で殺人・放火事件発生。袴田巖さんが被疑者として逮捕される |
| 1968年 | ロバート・ケネディ暗殺<br>三億円事件<br>安保改定反対運動・ベトナム反戦運動・全共闘運動（日大、東大など）激化 | 10-11月　永山則夫連続射殺事件 |
| 1970年 | 大阪万博開催<br>よど号ハイジャック事件 | 10月21日（国際反戦デー）　田中美津率いる「ぐるーぷ・闘う女」によるはじめての女性解放街頭デモ開催 |
| 1971年 | 成田新空港反対闘争<br>❖このころから公民館活動、盛んになる | 8月　田中美津が開いた「リブ合宿」に全国から多数参加<br>12月　連合赤軍山岳ベース事件 |
| 1972年 | 沖縄返還<br>「勤労婦人福祉法」公布<br>札幌冬期オリンピック開催 | 2月19日～28日　連合赤軍浅間山荘事件<br>5月30日　テルアビブ空港乱射事件<br>6月14日　中ピ連結成<br>9月1日　関東大震災朝鮮人虐殺（1923年）から50年 |
| 1973年 | 第四次中東戦争勃発<br>第一次オイル・ショック | 9月26日　「動物愛護管理法」制定（その後2019年まで、4度の改正） |

| 元号 | 年 | 日本・世界の主なできごと | 「グレートウーマン」にかかわる国内外のできごと |
|---|---|---|---|
| 昭和 | 1974年 | 三菱重工ビル爆破事件<br>「雇用保険法」公布〈1975年施行〉 | 4月　井上輝子、和光大学に「女性学」講座開く<br>7月27日　日比谷野外音楽堂で第1回魔女コンサート開催 |
| | 1975年 | ベトナム戦争終結 | ＊国際婦人年（目標：平等、発展、平和）<br>1月13日　「国際婦人年をきっかけとして行動を起こす女たちの会」（のちの「行動する女たちの会」）発足<br>6-7月　第1回世界女性会議〔メキシコシティ〕<br>7月1日　「世界行動計画」採択<br>12月　「国際婦人年日本大会の決議を実現するための連絡会」（のちの「国際婦人年連絡会」）結成 |
| | 1976年 | ロッキード事件 | 国外で先駆的なDV防止法が相次ぎ制定〔イギリス、アメリカ・ペンシルバニア州〕 |
| | 1977年 | ダッカ日航機ハイジャック事件 | 「RAWA」（アフガニスタン女性革命協会）設立 |
| | 1978年 | 新東京国際空港（成田空港）開港<br>中東和平会談 | 日本鉄鋼連盟給料等請求事件<br>4月～　金井康治さん自主登校開始 |
| | 1979年 | 第二次オイル・ショック<br>イギリスで初の女性首相・サッチャー政権誕生 | 12月18日　「女性差別撤廃条約」（女性に対するあらゆる形態の差別の撤廃に関する条約）成立 |
| | 1980年 | イラン・イラク戦争 | 6月22日　中山千夏、参議院議員に当選 |

| 昭和 | | |
|---|---|---|
| | | 7月　第2回世界女性会議〔コペンハーゲン〕 |
| 1981年 | | 9月　グリーナムコモン女性平和キャンプ開始〔イギリス〕 |
| 1983年 | 大韓航空機撃墜事件<br>田中角栄元首相に実刑判決 | 3月18日　樋口恵子「高齢化社会をよくする女性の会」（のちの「高齢社会をよくする女性の会」）を発足<br>7月15日　免田事件再審無罪判決<br>9月　東京・強姦救援センター設立 |
| 1984年 | グリコ・森永脅迫事件 | 5月25日　国籍法改正〈1985年1月1日施行〉<br>アイヌ肖像権裁判 |
| 1985年 | 豊田商事会長、刺殺事件<br>日航ジャンボ機墜落事故 | ギリック事件判決〔イギリス〕<br>うないフェスティバル〔沖縄県〕〈1985年～2014年〉<br>5月17日　「男女雇用機会均等法」成立〈1986年4月1日施行〉<br>7月　第3回世界女性会議〔ケニア・ナイロビ〕<br>7月5日　「労働者派遣法」公布〈1986年7月1日施行〉<br>7月9日　徳島ラジオ商殺し事件再審無罪判決<br>7月25日　「女性差別撤廃条約」批准 |
| 1986年 | チェルノブイリ原子力発電所事故発生〔ソビエト連邦〕 | 「女性の家HELP」設立<br>9月　土井たか子、日本社会党党首に |
| 1987年 | | 7月　「アグネス論争」はじまる |

| 元号 | 年 | 日本・世界の主なできごと | 「グレートウーマン」にかかわる国内外のできごと |
|---|---|---|---|
| 昭和 | 1988年 | リクルート事件 | 武藤類子ら「脱原発福島ネットワーク」結成 |
| 平成 | 1989年（平成元年） | 天安門事件〔中国〕<br>ベルリンの壁崩壊〔ドイツ〕 | 7月　参議院選挙で日本社会党が大勝。日本社会党を率いた土井たか子は「山が動いた」と表現<br>8月5日　「福岡セクシャルハラスメント裁判」（日本初のセクシャルハラスメント裁判） |
| | 1990年 | 東西ドイツ統合<br>バブル崩壊 | 2月11日　府中青年の家事件<br>4月　家庭科男女共修となる |
| | 1991年 | 湾岸戦争勃発<br>ソビエト連邦崩壊<br>「育児休業法」成立〈1992年施行〉 | 市場恵子ら「ウィメンズセンター岡山」設立<br>8月14日　金学順さん、自ら「慰安婦」であったことを証言 |
| | 1993年 | 細川連立内閣が誕生<br>五五年体制崩壊 | 12月20日　国連総会で「女性に対する暴力の撤廃に関する宣言」採択 |
| | 1994年 | 「パートタイム労働法」公布・施行<br>自社さ連立の村山内閣発足<br>「政治改革法」成立、小選挙区導入 | 2月10日　狩俣信子、日本初の沖縄県高教組委員長に就任 |
| | 1995年 | 阪神・淡路大震災<br>地下鉄サリン事件 | 3月24日　「横浜セクシャル・ハラスメント事件」判決<br>9月4日～15日　第4回世界女性会議〔北京〕 |

| 平成 | | |
|---|---|---|
| | 「育児休業法」改正。「育児・介護休業法」に | 9月4日　沖縄米兵少女暴行事件<br>10月　強姦救援センター・沖縄（REICO）設立<br>10月21日　沖縄県民総決起集会<br>11月　高里鈴代ら「基地・軍隊を許さない行動する女たちの会」立ち上げ〔沖縄県〕 |
| 1996年 | 法務省法制審議会民法部会、選択的夫婦別氏制度導入を提言<br>「母体保護法」施行<br>❖このころから、性教育やジェンダーに対するバッシングはじまる | 『沖縄・米兵による女性への性犯罪』（初版）刊（2023年第13版）<br>7月　沖縄県男女共同参画センター「てぃるる」開館<br>12月17日　在ペルー日本大使公邸占拠事件 |
| 1997年 | 神戸連続児童殺傷事件<br>山一証券廃業<br>「北海道旧土人保護法」廃止<br>「新しい歴史教科書をつくる会」発足 | 「第1回軍事主義を許さない国際女性ネットワーク会議」開催〔沖縄県〕<br>12月17日「介護保険法」成立〈2000年4月1日施行〉 |
| 1998年 | インドとパキスタンが地下核実験 | 7月　福島みずほ、社民党から参議院比例第1位で初当選 |
| 1999年 | 東海村核燃料加工会社で国内初の臨界事故 | 6月23日　「男女共同参画社会基本法」公布・施行<br>10月6日　「女性差別撤廃条約選択議定書」採択（日本は |

| 元号 | 年 | 日本・世界の主なできごと | 「グレートウーマン」にかかわる国内外のできごと |
|---|---|---|---|
| 平成 | 1999年 | 「児童買春・ポルノ禁止法」施行 | 2024年現在、未批准〉 |
| | 2000年 | 初の南北朝鮮首脳会談開催〈平壌〉<br>第26回　主要国首脳会議〈九州・沖縄サミット〉開催 | 2月6日　太田房江、大阪府知事選で日本初の女性知事に<br>11月24日　「ストーカー規制法」成立<br>12月1日　「改正動物愛護法」施行 |
| | 2001年 | 大阪教育大学附属池田小学校事件<br>アメリカ、同時多発テロ事件<br>アメリカ、テロ首謀者をかくまっているとしてアフガニスタン攻撃 | 狩俣信子、那覇市議会議員に<br>4月6日　「DV防止法」〈配偶者からの暴力の防止及び被害者の保護等に関する法律〉成立〈同年10月13日施行〉 |
| | 2002年 | 学習指導要領改正により学校週5日制開始<br>初の日朝首脳会談 | 9月　NPO法人「暮らしネット・えん」設立総会開催〈埼玉県新座市〉<br>11月　鴨桃代「全国コミュニティ・ユニオン連合会〈全国ユニオン〉」会長就任 |
| | 2003年 | 米英軍イラク攻撃<br>自衛隊イラク派遣決定 | 狩俣信子、沖縄県議会議員に〈～2008年、2012～2020年〉<br>7月16日　「次世代育成支援対策推進法」公布〈同日施行〉<br>7月23日　「少子化社会対策基本法」公布〈同年9月1日施行〉<br>11月　福島みずほ、社民党首に |
| | 2004年 | 新潟中越地震 | 8月13日　米軍普天間基地所属の米軍ヘリが墜落事故 |

| 平成 | | |
|---|---|---|
| | イラクで日本人拘束、殺害される | |
| 2006年 | 北朝鮮が核実験、ミサイル発射<br>いじめによる自殺が各地で続発 | 5月1日　日米両国政府が沖縄米軍基地「再編実施のための日米のロードマップ」公表<br>8月　「おなご先生養成プロジェクト」さくら寮、第一期生受け入れ開始〔ネパール〕 |
| 2008年 | 後期高齢者医療制度（長寿医療制度）スタート<br>リーマン・ショック<br>派遣切り増大 | 1月　林陽子、国連女性差別撤廃委員会の委員に。のち、委員長就任<br>10月21日～　京品ホテル自主管理闘争<br>12月31日～　年越し派遣村 |
| 2009年 | 裁判員裁判開始<br>民主・社民・国民新党の3党連立合意により連立政権誕生<br>新型インフルエンザの感染広がる | 5月　認定NPO法人「ウィメンズアクションネットワーク」（WAN）設立<br>6月23日　足利事件の菅家利和さん再審開始決定（2010年無罪確定）<br>7月19日　衆院選で民主党の鳩山代表、普天間基地の移設問題「最低でも県外」発言<br>9月16日　福島みずほ、少子化対策・男女共同参画担当大臣に就任 |
| 2010年 | 日本年金機構発足 | 5月28日　日米両政府が米軍普天間基地移設先を「名護市辺野古」周辺と明記した共同声明発表 |

| 元号 | 年 | 日本・世界の主なできごと | 「グレートウーマン」にかかわる国内外のできごと |
| --- | --- | --- | --- |
| 平成 | 2011年 | アラブの春<br>東日本大震災／東京電力福島第一原子力発電所事故、放射能汚染広がる | 3月12日～ 福島県から県内外への避難者多数<br>9月19日 「さようなら原発 5万人集会」 |
| | 2012年 | 「子ども・子育て支援法」成立 | 福島原発刑事訴訟団告訴 |
| | 2013年 | 「特定秘密保護法」成立〈2014年施行〉<br>「アベノミクス」始動 | 8月10日 『標的の村』公開<br>12月27日 沖縄県の仲井真弘多知事、辺野古埋め立て承認 |
| | 2014年 | ウクライナ危機<br>政府、解釈改憲で集団的自衛権容認 | 3月27日 袴田事件 東京高裁が再審開始を決定<br>4月 田中優子、法政大学総長に就任<br>11月16日 沖縄県知事選 翁長雄志氏初当選 |
| | 2015年 | 「安全保障関連法」成立<br>渋谷区・同性パートナー制度<br>「女性活躍推進法」公布 | 2月 「犬猫の殺処分ゼロをめざす動物愛護議員連盟」創立<br>5月 市場恵子「女たちのおしゃべり会」発足<br>5月23日 『戦場ぬ止み』公開<br>10月13日 沖縄県翁長雄志知事、辺野古埋め立て承認を取り消し。法廷闘争に |
| | 2016年 | 熊本地震<br>相模原障害者施設殺傷事件 | 3月 「若草プロジェクト」設立 |

| | | | |
|---|---|---|---|
| 平成 | 2017年 | 天皇退位、改元<br>性犯罪の厳罰化、強姦罪の非親告罪化（改正刑法施行） | 3月11日　『標的の島 風かたか』公開<br>「#Mee Too」運動拡大 |
| | 2018年 | オウム松本死刑囚らの刑執行<br>米朝が史上初の首脳会談<br>民法の一部を改正する法律（成年年齢関係）成立〈2022年施行〉<br>政治の「候補者男女均等法」公布 | 齊藤朋子「あまみのねこひっこし応援団！」旗揚げ（「奄美大島における生態系保全のためのノネコ管理計画」策定を批判）<br>7月21日　『沖縄スパイ戦史』公開<br>8月2日　医学部入試女性差別事件発覚<br>12月14日　政府、辺野古沿岸部へ土砂投入を開始 |
| 令和 | 2020年（令和2年） | 新型コロナウイルス大流行 | |
| | 2021年 | 新型コロナウイルス流行続く<br>東京オリンピック・パラリンピック無観客開催 | 8月15日　ターリバーン復権〈アフガニスタン〉<br>11月25日　沖縄県玉城デニー知事、辺野古設計変更を不承認<br>12月24日　自衛隊と米軍による台湾有事を想定した新たな日米共同作戦計画 |
| | 2022年 | ロシア、ウクライナに侵攻<br>安倍元首相撃たれ死亡<br>女性の再婚禁止期間廃止<br>岸田政権、安保関連3文書を閣議決定 | 5月19日　「困難な問題を抱える女性への支援に関する法律」（女性支援法）成立〈2024年4月1日施行〉 |

| 元号 | 年 | 日本・世界の主なできごと | 「グレートウーマン」にかかわる国内外のできごと |
|---|---|---|---|
| 令和 | 2023年 | 新型コロナウイルス「5類」移行<br>「LGBT理解増進法」公布・施行<br>福島第一原子力発電所、処理水の海洋放出を開始<br>イスラエル、ガザ侵攻 | 6月14日　「認知症基本法」（共生社会の実現を推進するための認知症基本法）成立〈2024年1月1日施行〉<br>9月1日　関東大震災、朝鮮人虐殺（1923年）から100年<br>9月6日　『神奈川県関東大震災　朝鮮人虐殺関係資料』刊<br>9月8日　1都5県の151人、処理水海洋放出の差し止めを求めて提訴 |
| | 2024年 | 「セキュリティ・クリアランス法」成立<br>「重要経済安保情報保護法」成立<br>当事者の強い反対にもかかわらず、これまでの単独親権に加えて共同親権の選択ができる制度に民法改正<br>「食料供給困難事態対策法」成立<br>ジェンダー・ギャップ指数　146か国中118位（世界経済フォーラム） | 3月16日　『戦雲』公開<br>4月　NHK朝の連続ドラマ『虎に翼』はじまり、話題を呼ぶ<br>8月7日　田中美津、死去 |

＊本年表は対談中の「グレートウーマン」の発言を中心に抜粋、編集部作成。

福島みずほ（ふくしま　みずほ）

社会民主党党首、参議院議員（全国比例区・五期目）、弁護士。

一九五五年宮崎県生まれ。東京大学法学部卒業。弁護士として選択的夫婦別姓制度、婚外子差別、外国人差別、セクシュアル・ハラスメントなどに取り組む。日弁連両性の平等に関する委員会委員、川崎市男女平等推進協議会会長、東京都エイズ専門家会議委員などを歴任。

国会では、環境・人権・女性・平和を四本柱に据え幅広く活動中。主な活動分野は、脱原発、自然エネルギー促進、労働問題・非正規雇用者の待遇改善、選択的夫婦別姓・同性婚実現、平和問題、盗聴法廃止、被拘禁者・外国人・難民の人権擁護、犬猫殺処分ゼロなど。

法務委員会、憲法審査会、予算委員会、地方創生デジタル社会の形成に関する特別委員会に所属。

著書に『結婚と家族』（岩波書店）、『裁判の女性学』（有斐閣）、『みんなの憲法二四条』（明石書店）ほか多数。趣味は映画鑑賞と旅行。

グレートウーマンに会《あ》いに行《い》く
〜それぞれの人生《じんせい》と活動《かつどう》にリスペクトを込《こ》めて

二〇二四年十月八日　第一版第一刷発行

編　者　福島みずほ
発行者　菊地泰博
発行所　株式会社現代書館
東京都千代田区飯田橋三―二―五
郵便番号　102-0072
電　話　03（3221）1321
F A X　03（3262）5906
振　替　00120-3-83725
組　版　具羅夢
印刷所　平河工業社（本文）
東光印刷所（カバー・帯・表紙・扉）
製本所　鶴亀製本
装　幀　大森裕二

校正協力・高梨恵一
 ISBN978-4-7684-5968-3

http://www.gendaishokan.co.jp/



活字で利用できない方のための
テキストデータ請求券
『グレートウーマンに会いに行く』